化工期货投资

从入门到精通

鳄鱼 编著

中国宇航出版社
·北京·

图书在版编目（CIP）数据

化工期货投资从入门到精通 / 鳄鱼编著. -- 北京 : 中国宇航出版社，2022.7

ISBN 978-7-5159-2085-6

Ⅰ. ①化… Ⅱ. ①鳄… Ⅲ. ①化工产品－期货交易－基本知识 Ⅳ. ①F830.9

中国版本图书馆CIP数据核字(2022)第102981号

责任编辑　卢　珊　　　　封面设计　宋　航

出　版
发　行　中国宇航出版社

社　址　北京市阜成路8号　　邮　编　100830

（010）68768548

网　址　www.caphbook.com

经　销　新华书店

发行部　（010）68767386　　（010）68371900

（010）68767382　　（010）88100613（传真）

零售店　读者服务部

（010）68371105

承　印　三河市君旺印务有限公司

版　次　2022年7月第1版　　2022年7月第1次印刷

规　格　710×1000　　开　本　1/16

印　张　14.75　　字　数　202千字

书　号　ISBN 978-7-5159-2085-6

定　价　49.00元

掌握供需，把准化工期货价格波动的脉搏

（代序）

供给与需求，是影响商品价格的决定性因素。几乎所有外界其他因素的变化，最后都会落实到供给与需求的变化层面，最终促使商品价格发生变化。

在期货市场上，化工板块是一个庞大的家族，包含的品种非常多，目前上市的品种多达 12 种 13 个合约（天然橡胶包括两种合约）。当然，这个数字并不是一成不变的，未来随着市场的需要，各大商品交易所可能会增加或减少若干个品种或合约。

化工板块的期货品种有以下两个共同点。

其一，化工板块的直接或间接上游，总是与能源有关（天然橡胶除外）。这就使得整个化工板块的价格受到能源期货较大的影响，能源产品的价格会直接影响到化工期货的供给价格（成本）。

其二，化工板块的下游或间接下游，关联着国民经济的方方面面。作为普通人，我们是不可能离开化工产品的，这就意味着化工产品的需求实际上与国民经济的发展密不可分。国民经济向好时，消费能力大增，化工板块自然会随之水涨船高；反之，则可能会处于下行态势。

回顾期货市场中的历次大行情，无一不与基本的供给与需求

层面发生大的改变有关。也就是说，只有供给与需求层面发生了根本性变化，市场才会与之相应地发动一波大的行情。而每波大行情，就是很多投资者实现“暴富”的最佳时间窗口。

本书对期货基本面的分析，主要是从供给与需求入手，力求通过对化工产品产业链的分析，帮助投资者了解影响商品供给与需求的因素。同时，再以供给与需求为中心，深入讲解影响价格走势的各个因素。当然，有些因素可能会真的对供给与需求产生一定的影响，有些因素产生的影响可能更多地停留在投资者的情绪方面。比如，某些临时性或突发性的事件，可能对供给与需求的影响只是暂时的，根本不可能持续，但在期货价格走势图上，也可能会产生一定的波动。但是从长远来看，这种影响势必会被抵消，价格自然也会回归正常。

对于期货投资来说，大行情的产生需要根本性的供给与需求层面的改变，小行情则只需要影响供给与需求的个别因素。到底要捕捉大行情还是做小波段，还要取决于投资者个人的投资计划与交易策略。

总之，化工期货各个品种基本面涉及的内容实际上是多方面的，很难用一本书将其讲透。本书选取其中最具代表性的供需因素来解读，力求通过四位一体分析法，即“全产业链分析、供需分析、价格影响因素分析和交易要点分析”，帮助投资者梳理化工期货的分析思路，做到快速入门。

目　录 CONTENTS

第一章　化工期货基本面分析基础

第十章 尿素期货基本分析策略

第十三章　纯碱期货基本分析策略

第一章

化工期货基本面分析基础

化工板块是整个期货家族最大的一个分支。从已经上市的化工期货品种来看，绝大多数化工品种都与石油、煤炭、天然气有关，也就是说，大部分化工期货品种都属于能源期货的下游品种。在对化工期货品种的基本面进行分析时，也离不开能源期货。从这一点上来看，化工与能源是不分家的。

第一节　化工期货的构成及核心领域

化工期货品种的上游多是能源期货品种，而且很多化工期货品种之间存在紧密的关系，甚至是直接的上下游关系。

一、整个化工板块的结构

从大的分类来看，整个化工期货领域的品种大部分来源于石油与煤炭等能源的加工与再加工。从大的产业链来看，整个化工期货品种的构成如图 1–1 所示。

图 1–1 中展示的化工产业链，涵盖了绝大多数化工期货品种，只是由于页面的限制，没有将个别化工期货品种标注其中。

这里有一个品种还需要特别注意。橡胶属于整个化工产业的中游化学品，但这里的橡胶属于合成橡胶类别，与本书提及的天然橡胶并不是同一类别。

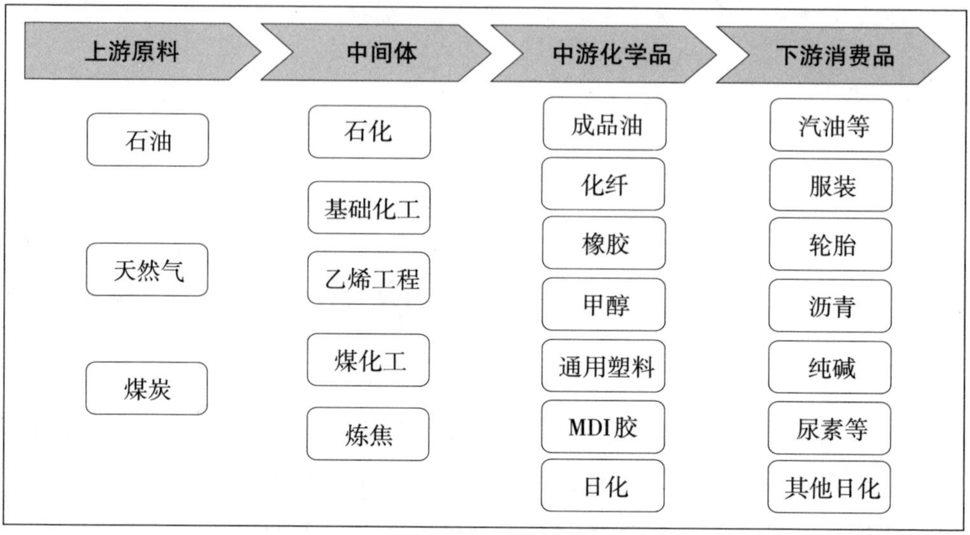

图 1-1　化工期货品种构成

二、化工板块中的合成树脂

合成树脂，又称人造树脂，是化工板块的重要分支领域。在化工期货领域，合成树脂期货品种的参与交易人数也非常多。

在合成树脂领域，有 5 种使用非常广泛的树脂材料，被称为五大树脂。如图 1-2 所示。

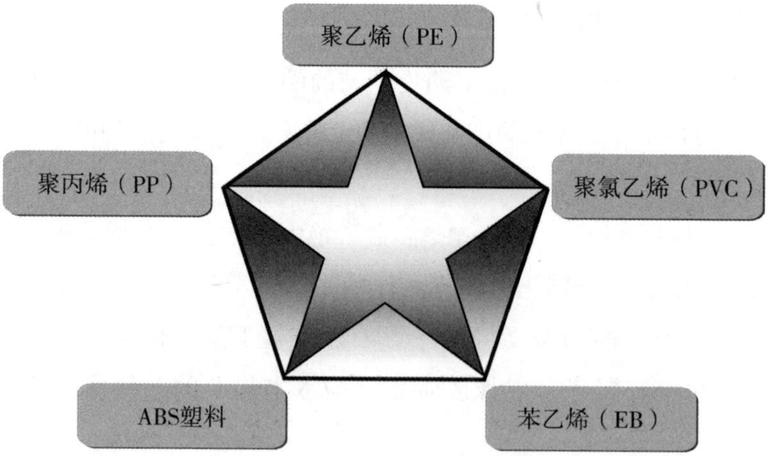

图 1-2　五大通用合成树脂

目前，PE、PP、PVC、EB 等四种树脂都已经在期货交易所上市交易，只有 ABS 塑料目前没有上市交易。

第二节　化工期货合约介绍

从已经上市的化工期货品种来看，还是以石油化工系为主，煤化工系为辅。尽管有些化工品种既可以通过石油化工获取，又可以通过煤化工获取，但市场上交易的品种仍是以石油化工生产作为交割基准品的。

总之，石油化工产品在化工期货领域占据绝对的主导地位，这也使得很多化工品种的价格走势与原油价格相关联。这也是我们分析期货价格走势时，需要重点关注的内容。

本书重点介绍了 12 种化工期货品种，供读者参考。

一、甲醇

甲醇又称羟基甲烷，是一种有机化合物，有毒，是结构最为简单的饱和一元醇。其不仅是生产甲醛的重要原料，还是甲醇制烯烃的重要原料，在化工领域拥有举足轻重的地位。

甲醇属于煤化工领域的经典期货品种。甲醇期货于 2011 年 10 月 28 日在郑州商品交易所上市交易。

甲醇期货合约如图 1–3 所示。

二、塑料（LLDPE）

塑料是一个通用名称。事实上，目前期货市场交易的只是塑料中的一个分支，即线型低密度聚乙烯（LLDPE）。

LLDPE 属于聚乙烯（PE）的一个分支，而聚乙烯（PE）为世界五大合成树脂之一，而且是产量和消费量最大的一个类别。LLDPE 期货合约于 2007 年 7 月 31 日在大连商品交易所上市交易，其期货合约如图 1–4 所示。

交易品种	甲醇
交易单位	10 吨 / 手
报价单位	元（人民币）/ 吨
最小变动价位	1 元 / 吨
涨跌停板幅度	上一交易日结算价 ±7%
合约交割月份	1—12 月
交易时间	每周一至周五（北京时间 法定节假日除外）上午：9:00—10:15 10:30—11:30 下午：1:30—3:00 连续交易时间：21:00 至 23:00
最后交易日	合约交割月份的第 10 个交易日
最后交割日	合约交割月份的第 13 个交易日
交割品级	见《郑州商品交易所期货交割细则》
交割地点	交易所指定交割地点
交割方式	实物交割
交易代码	MA
最低交易保证金	合约价值的 8%
上市交易所	郑州商品交易所
上市日期	2011 年 10 月 28 日

图 1-3　甲醇期货合约示例

交易品种	线型低密度聚乙烯
交易单位	5 吨 / 手
报价单位	元（人民币）/ 吨
最小变动价位	1 元 / 吨
涨跌停板幅度	上一交易日结算价 ±7%
合约交割月份	1、2、3、4、5、6、7、8、9、10、11、12 月
交易时间	每周一至周五上午：9:00—10:15 10:30—11:30 下午：1:30—3:00 夜盘交易时间：21:00 至 23:00
最后交易日	合约交割月份的第 10 个交易日
最后交割日	最后交易日后第 3 个交易日
交割品级	大连商品交易所线型低密度聚乙烯交割质量标准
交割地点	大连商品交易所线型低密度聚乙烯指定交割仓库
交割方式	实物交割
交易代码	L
最低交易保证金	合约价值的 11%
上市交易所	大连商品交易所
上市日期	2007 年 7 月 31 日

图 1-4　LLDPE 期货合约示例

三、聚丙烯（PP）

聚丙烯（PP）为无色、无臭、无毒、半透明的固体物质，属于热塑性树脂，在汽车工业、家用电器、电子、包装等领域被广泛使用。聚丙烯（PP）也是世界五大合成树脂之一，于 2014 年 2 月 28 日在大连商品交易所上市交易。其期货合约如图 1–5 所示。

交易品种	聚丙烯
交易单位	5 吨 / 手
报价单位	元（人民币）/ 吨
最小变动价位	1 元 / 吨
涨跌停板幅度	上一交易日结算价 ±8%
合约交割月份	1、2、3、4、5、6、7、8、9、10、11、12 月
交易时间	每周一至周五上午: 9:00—10:15 10:30—11:30 下午: 1:30—3:00 夜盘交易时间：21:00 至 23:00
最后交易日	合约交割月份的第 10 个交易日
最后交割日	最后交易日后第 3 个交易日
交割品级	大连商品交易所聚丙烯交割质量标准
交割地点	大连商品交易所聚丙烯指定交割仓库
交割方式	实物交割
交易代码	PP
最低交易保证金	合约价值的 11%
上市交易所	大连商品交易所
上市日期	2014 年 2 月 28 日

图 1–5　聚丙烯（PP）期货合约示例

四、聚氯乙烯（PVC）

与 PE、PP 相似，聚氯乙烯（PVC）也是世界五大合成树脂之一，因其具有极强的可塑性，广泛应用于服装、手袋、家居、玩具、医疗用品、电线光缆等领域。PVC 期货于 2009 年 5 月 25 日正式在大连商品交易所上市交易，其期货合约如图 1–6 所示。

交易品种	聚氯乙烯
交易单位	5 吨 / 手
报价单位	元（人民币）/ 吨
最小变动价位	1 元 / 吨
涨跌停板幅度	上一交易日结算价 ±8%
合约交割月份	1、2、3、4、5、6、7、8、9、10、11、12 月
交易时间	每周一至周五上午：9:00—10:15 10:30—11:30 下午：1:30—3:00 夜盘交易时间：21:00 至 23:00
最后交易日	合约交割月份的第 10 个交易日
最后交割日	最后交易日后第 3 个交易日
交割品级	质量标准符合《悬浮法通用型聚氯乙烯树脂（GB/T5761—2006）》规定的 SG5 型一等品和优等品
交割地点	大连商品交易所指定交割仓库
交割方式	实物交割
交易代码	V
最低交易保证金	合约价值的 11%
上市交易所	大连商品交易所
上市日期	2009 年 5 月 25 日

图 1-6　聚氯乙烯（PVC）期货合约示例

五、苯乙烯（EB）

苯乙烯（EB）在常温下为无色液体，不溶于水，能溶于汽油、乙醇和乙醚等有机溶剂，有毒、有特殊气味，也是五大合成树脂之一。其被广泛用作生产合成树脂和合成橡胶的原料，在整个产业链中“上承煤油，下接橡胶”，是一种非常重要的液体化工原料。

苯乙烯（EB）期货于 2019 年 9 月 26 日在大连商品交易所上市，其期货合约如图 1-7 所示。

六、精对苯二甲酸（PTA）

精对苯二甲酸（PTA）是重要的大宗有机原料之一，与乙二醇聚合，生产出聚对苯二甲酸乙二醇酯（PET）。PET 为一种树脂材料，在使用过程中可根据需要制成聚酯瓶片和聚酯切片。

PTA 在现代纺织工业中具有不可替代的作用。PTA 期货合约于 2006 年 12 月 18 日在郑州商品交易所上市交易。PTA 期货合约如图 1-8 所示。

交易品种	苯乙烯
交易单位	5 吨 / 手
报价单位	元（人民币）/ 吨
最小变动价位	1 元 / 吨
涨跌停板幅度	上一交易日结算价 ±10%
合约交割月份	1、2、3、4、5、6、7、8、9、10、11、12 月
交易时间	每周一至周五上午：9:00—10:15 10:30—11:30 下午：1:30—3:00 夜盘交易时间：21:00 至 23:00
最后交易日	合约月份倒数第 4 个交易日
最后交割日	最后交易日后第 3 个交易日
交割品级	大连商品交易所苯乙烯质量交割标准 (F/DCE EB001—2009)
交割地点	大连商品交易所苯乙烯指定交割仓库
交割方式	实物交割
交易代码	EB
最低交易保证金	合约价值的 12%
上市交易所	大连商品交易所

图 1-7　苯乙烯（EB）期货合约示例

交易品种	精对苯二甲酸（PTA）
交易单位	5 吨 / 手
报价单位	元（人民币）/ 吨
最小变动价位	2 元 / 吨
涨跌停板幅度	上一交易日结算价 ±6%
合约交割月份	1、2、3、4、5、6、7、8、9、10、11、12 月
交易时间	每周一至周五上午：9:00—10:15 10:30—11:30 下午：1:30—3:00 连续交易时间：21:00 至 23:00
最后交易日	交割月的第 10 个交易日
最后交割日	交割月的第 13 个交易日
交割品级	符合工业用精对苯二甲酸 SH/T 1612.1—2005 质量标准的优等品 PTA，详见《郑州商品交易所期货交割细则》
交割地点	交易所指定交割仓库
交割方式	实物交割
交易代码	TA
最低交易保证金	合约价值的 7%
上市交易所	郑州商品交易所
上市日期	2006 年 12 月 18 日

图 1-8　精对苯二甲酸（PTA）期货合约示例

七、乙二醇（EG）

乙二醇（EG），又名甘醇，是无色无臭、有甜味的液体，是合成聚酯纤维的重要原料。与 PTA 聚合，可生产出聚对苯二甲酸乙二醇酯（PET）。

EG 在现代纺织工业中同样具有不可替代的作用。EG 期货合约于 2018 年 12 月 10 日在大连商品交易所上市交易，是大连商品交易所上市的首个液体化工品种。其期货合约如图 1-9 所示。

交易品种	乙二醇
交易单位	10 吨 / 手
报价单位	元（人民币）/ 吨
最小变动价位	1 元 / 吨
涨跌停板幅度	上一交易日结算价 ±10%
合约交割月份	1-12 月
交易时间	每周一至周五上午：9:00—10:15 10:30—11:30 下午：1:30—3:00 夜盘交易时间：21:00 至 23:00
最后交易日	合约月份倒数第 4 个交易日
最后交割日	最后交易日后第 3 个交易日
交割品级	大连商品交易所乙二醇质量交割标准 (F/DCE EG001—2018)
交割地点	大连商品交易所乙二醇指定交割仓库
交割方式	实物交割
交易代码	EG
最低交易保证金	合约价值的 12%
上市交易所	大连商品交易所

图 1-9　乙二醇（EG）期货合约示例

八、尿素

尿素又称碳酰胺，被称为粮食的“粮食”，是使用量较大的一种化学氮肥，在现代农业中具有不可替代的作用。

尿素期货合约于 2019 年 8 月 9 日在郑州商品交易所上市交易。尿素期货合约如图 1-10 所示。

交易品种	尿素
交易单位	20 吨 / 手
报价单位	元（人民币）/ 吨
最小变动价位	1 元 / 吨
涨跌停板幅度	上一交易日结算价 ±7%
合约交割月份	1–12 月
交易时间	每周一至周五（北京时间 法定节假日除外）上午：9:00—10:15 10:30—11:30 下午：1:30—3:00
最后交易日	合约交割月份的第 10 个交易日
最后交割日	合约交割月份的第 13 个交易日
交割品级	见《郑州商品交易所期货交割细则》
交割地点	交易所指定交割地点
交割方式	实物交割
交易代码	UR
最低交易保证金	合约价值的 8%
上市交易所	郑州商品交易所

图 1–10　尿素期货合约示例

九、石油沥青

沥青是由不同分子量的碳氢化合物及其非金属衍生物组成的黑褐色复杂混合物，是高黏度有机液体。沥青主要用于涂料、塑料、橡胶等工业以及铺筑路面等。根据来源的不同，可以分为煤焦沥青、石油沥青和天然沥青三种。石油沥青的产量和消费量最大，因而上市的沥青期货也是以石油沥青为交割标的的。

石油沥青期货于 2013 年 10 月 9 日在上海期货交易所上市交易，其期货合约如图 1–11 所示。

十、涤纶短纤

涤纶短纤，又称聚酯短纤维，是重要的纺织原料，可用于家装面料、包装用布、填充料和保暖材料等。

涤纶短纤期货于 2020 年 10 月 12 日在郑州商品交易所上市交易，其期货合约如图 1–12 所示。

交易品种	石油沥青
交易单位	10 吨 / 手
报价单位	元（人民币）/ 吨
最小变动价位	1 元 / 吨
涨跌停板幅度	上一交易日结算价 ±13%
合约交割月份	最近 1–12 个月为连续月份以及随后四个季月
交易时间	每周一至周五上午：9:00—10:15 10:30—11:30 下午：1:30—3:00 连续交易时间：21:00 至 23:00
最后交易日	合约月份的 15 日（遇国家法定节假日顺延，春节月份等最后交易日交易所可另行调整并通知）
最后交割日	最后交易日后第三个工作日
交割品级	70 号 A 级道路石油沥青，具体内容见《上海期货交易所石油沥青交割实施细则（试行）》
交割地点	交易所指定交割地点
交割方式	实物交割
交易代码	BU
最低交易保证金	合约价值的 15%
上市交易所	上海期货交易所
上市日期	2013 年 10 月 9 日

图 1–11　石油沥青期货合约示例

交易品种	涤纶短纤
交易单位	5 吨 / 手
报价单位	元（人民币）/ 吨
最小变动价位	2 元 / 吨
涨跌停板幅度	上一交易日结算价 ±7%
合约交割月份	1–12 月
交易时间	每周一至周五（北京时间 法定节假日除外）上午：9:00—10:15 10:30—11:30 下午：1:30—3:00 夜盘交易时间：21:00 至 23:00
最后交易日	合约交割月份的第 10 个交易日
最后交割日	合约交割月份的第 13 个交易日
交割品级	见《郑州商品交易所期货交割细则》
交割地点	交易所指定交割地点
交割方式	实物交割
交易代码	PF
最低交易保证金	合约价值的 8%
上市交易所	郑州商品交易所

图 1–12　涤纶短纤期货合约示例

十一、纯碱

纯碱，又称苏打、碱面，主要成分为碳酸钠，分为工业纯碱和食品纯碱两大类别。纯碱作为基础化工原料，被广泛应用于建材、石油化工、冶金、食品、纺织、国防等众多领域。

纯碱期货合约于 2019 年 12 月 6 日在郑州商品交易所上市交易，其期货合约如图 1-13 所示。

交易品种	纯碱
交易单位	20 吨 / 手
报价单位	元（人民币）/ 吨
最小变动价位	1 元 / 吨
涨跌停板幅度	上一交易日结算价 ±8%
合约交割月份	1-12 月
交易时间	每周一至周五（北京时间 法定节假日除外）上午：9:00—10:15 10:30—11:30 下午：1:30—3:00 夜盘交易时间：21:00 至 23:00
最后交易日	合约交割月份的第 10 个交易日
最后交割日	合约交割月份的第 13 个交易日
交割品级	符合《中华人民共和国国家标准 工业碳酸钠及其实验方法 第一部分：工业碳酸钠》（GB/T 210.1—2004）
交割地点	交易所指定交割地点
交割方式	实物交割
交易代码	SA
最低交易保证金	合约价值的 9%
上市交易所	郑州商品交易所
上市时间	2019 年 12 月 6 日

图 1-13　纯碱期货合约示例

十二、天然橡胶

天然橡胶广泛应用于国民经济生活的各个方面，其中，轮胎行业是天然橡胶最大的消费领域。目前，期货市场交易的橡胶期货共有两种，分别为天然橡胶（SCR WF）和 20 号胶。两个品种均为天然橡胶。

天然橡胶期货于 1993 年 11 月在上海期货交易所上市，属于老牌期货品种。20 号胶期货于 2019 年 8 月 12 日在上海国际能源交易中心上市交易。其期货合约如图 1-14、图 1-15 所示。

交易品种	天然橡胶
交易单位	10 吨 / 手
报价单位	元（人民币）/ 吨
最小变动价位	5 元 / 吨
涨跌停板幅度	上一交易日结算价 ±8%
合约交割月份	1、3、4、5、6、7、8、9、10、11 月
交易时间	每周一至周五上午：9:00—10:15 10:30—11:30 下午：1:30—3:00 连续交易时间：21:00 至 23:00
最后交易日	合约月份的 15 日（遇国家法定节假日顺延，春节月份等最后交易日交易所可另行调整并通知）
最后交割日	最后交易日后连续三个工作日
交割品级	标准品：1. 国产天然橡胶（SCR WF），质量符合国标 GB/T 8081—2008 2. 进口 3 号烟胶片（RSS 3，质量符合《天然橡胶质量等级的品质与包装国标标准（绿皮书）》（1979 年版）
交割地点	交易所指定交割仓库
交割方式	实物交割
交易代码	RU
最低交易保证金	合约价值的 10%
上市交易所	上海期货交易所
上市日期	1993 年 11 月

图 1-14　天然橡胶期货合约示例

交易品种	20 号胶
交易单位	10 吨 / 手
报价单位	元（人民币）/ 吨
最小变动价位	5 元 / 吨
涨跌停板幅度	不超过上一交易日结算价 ±8%
合约交割月份	1 月、2 月、3 月、4 月、5 月、6 月、7 月、8 月、9 月、10 月、11 月、12 月
交易时间	上午：9:00—10:15 10:30—11:30 下午：1:30—3:00 连续交易时间：每周一至周五 21:00 至 23:00
最后交易日	交割月份的 15 日（遇国家法定节假日、休息日顺延，上海国际能源交易中心可根据国家法定节假日、休息日调整并通知）
最后交割日	最后交易日后连续五个交易日
交割品级	1. 用于实物交割的 20 号胶，质量应当符合或优于上海国际能源交易中心 20 号胶质量标准 2. 组成每一标准仓单的 20 号胶，应当是上海国际能源交易中心的注册商品，并附有相应的质量证明； 3. 组成每一标准仓单的 20 号胶，应当是同一生产企业（工厂）生产的同一品牌、同一包装规格的商品
交割地点	上海国际能源交易中心指定交割仓库
交割方式	实物交割
交易代码	NR
最低交易保证金	合约价值的 10%
上市交易所	上海国际能源交易中心

图 1-15　20 号胶期货合约示例

第三节　正确认识化工期货

化工期货是整个期货领域最受关注的一个板块，参与者众多。同时，很多化工期货都与原油、煤炭等能源期货品种有着千丝万缕的联系，甚至可以将化工期货看成是能源期货的下游。正确认识化工期货的三个层次，如图1-16所示。

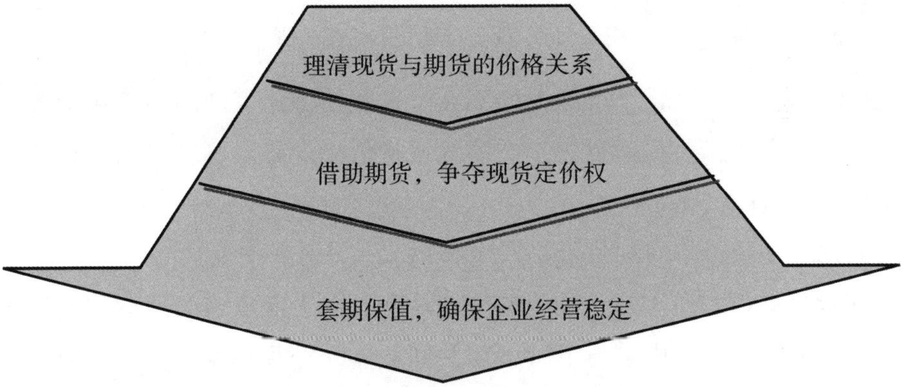

图 1-16　认识化工期货的三个层次

一、理清现货与期货的价格关系

现货与期货之间存在这样两种价格关系，如图 1-17 所示。

第一，现货价格是期货价格的基础。

现货价格是期货价格的基础，这是期货交易最核心的内容。无论期货价格如何波动，最终都会以现货价格作为基准。毕竟期货合约都有固定的交割期限，而期货的交割必然会回归至现货价格基准。

从这一点上来看，期货是不可能脱离现货独立存在的。现货价格的波动，在很大程度上源于供给端与需求端的变化。

化工期货还有一个特点，即直接关联上游的能源期货，能源期货品种更是属于国家的战略性资源。化工期货的下游又关联着国计民生的诸多行业，

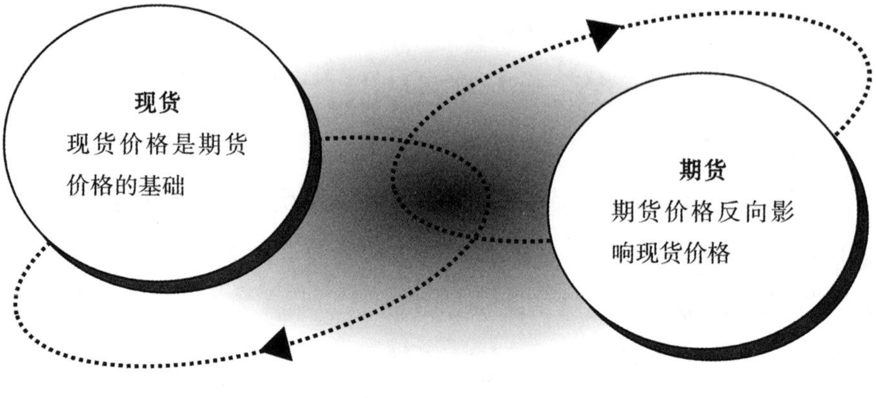

图 1-17　现货与期货的价格关系

在现代经济生活中，化工产品无处不在，这就使得化工产品的价格走势与国民经济形势密切相关。通过化工产品的现货价格走势，可以更加直观地了解国民经济的运行状况。

第二，期货价格对现货价格产生影响。

期货具有现货所不具备的价格发现功能。由于期货市场的参与方涵盖了整个产业链的上游、中游与下游各相关利益体，这些利益体在交易期货合约时，更多地着眼于未来的供给与需求的变化，这就使得期货价格要比现货价格更具前瞻性。目前，化工期货中的一些品种在很大程度上可以影响现货价格，甚至成为现货定价的基准，如天然橡胶等。

同时，由于期货合约都是远期的，也就是说，期货价格在一定程度上可以影响现货的远期交易价格。而现货的上游与下游参与者还可以根据期货价格的波动，调整远期的生产与经营活动。

二、借助期货，争取现货定价权

最近一些年，我国经济出现了持续、快速的发展势头，市场上对化工类产品的需求也越来越多，而且多数化工产品，我国都是国际市场上最大的生产国和消费国。

不过，与最大买方地位不匹配的是，在这些化工产品市场上，很多品种的定价权仍旧掌握在西方大型跨国企业手中，我国企业并没有获得足够的价格话语权。

大家知道，在市场上，如果不是特别稀缺的商品，那么买方的话语权都是比较大的，毕竟买方是付款方，是客户。但是在很多化工产品领域却并非如此，比如，一些石化产品的定价权，就一直掌握在日韩等国炼化企业手中，这就使得我国在化工产品交易过程中常常成为利益受损方。也正因如此，我国才在最近几年陆续推出了各类化工期货产品。

通过推出化工期货产品，可以在化工产品的定价方面掌握更多的话语权。特别是一些化工期货合约的设计，与我国的实际情况更吻合，更加符合我国企业的需要。

三、套期保值，确保企业经营稳定

从某种意义上来说，期货就是为了套期保值而产生的。在期货产生之前，现货市场总是会存在这样的情况：某一生产型企业需要大量的某种原材料，而这种原材料的价格总是处于波动之中，企业又不可能囤积大量的原材料，原材料价格的波动对企业的生产经营活动就会造成巨大的影响。一旦原材料价格大幅上涨，企业就会损失很多利润，甚至出现亏损。于是，具有套期保值功能的期货产品就诞生了。

化工期货更是如此。目前，国民经济的诸多行业都与化工产品有关。很多国民经济部门，如服装纺织、工业、农业、建筑业、交通运输业，都涵盖了若干化工产品的下游消费领域。

可以这样说，化工产品价格的波动，实质上会对国民经济中诸多产业链参与企业产生直接的影响。而化工期货的推出，则有利于这些企业锁定成本，稳定经营活动。

第二章

化工期货基本分析方法

对化工期货基本面的分析，既要重视宏观大环境的变动，又要考虑供给与需求方面的具体改善。

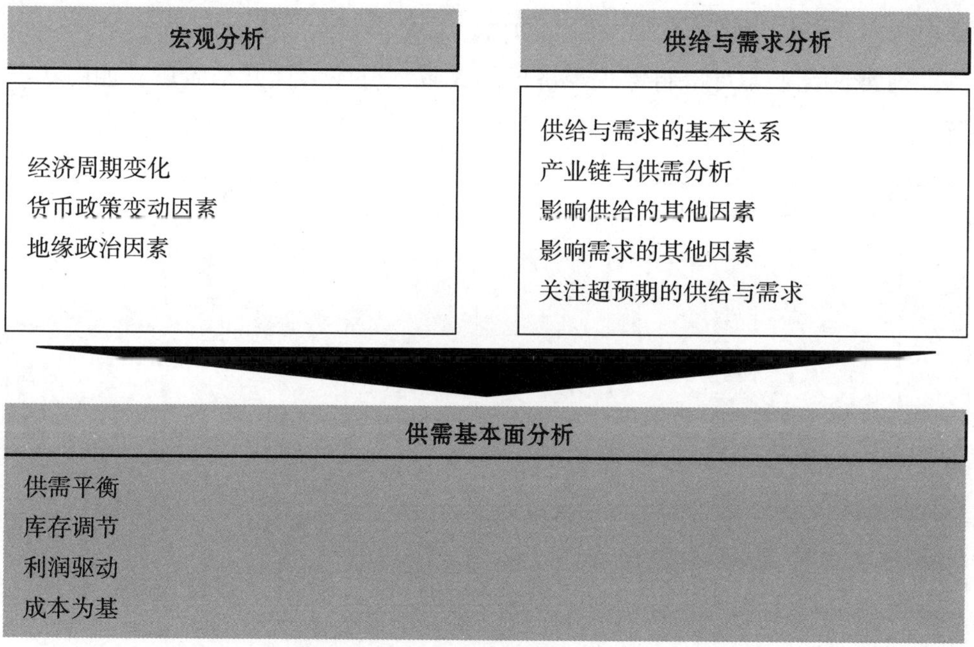

图 2–1　化工期货基本面分析维度

第一节 化工期货宏观分析

宏观因素是影响一个国家甚至全球经济形势的因素，这些因素对化工产品的价格变动具有重要影响。

一、经济周期变化

世界经济并不总是处于景气或不景气周期，而是处于一种动态循环之中。当经济出现一段时间的上升后，各方面对经济增长的预期就会升温，从而推动各方面积极投资，这样就会造成经济过热；其后，必然是经济开始降温，逐渐走向衰退；当经济衰退一段时间后，又会重新开启上升态势。

通常情况下，可以将宏观经济形势大致划分成这样几个阶段，如图 2-2 所示。

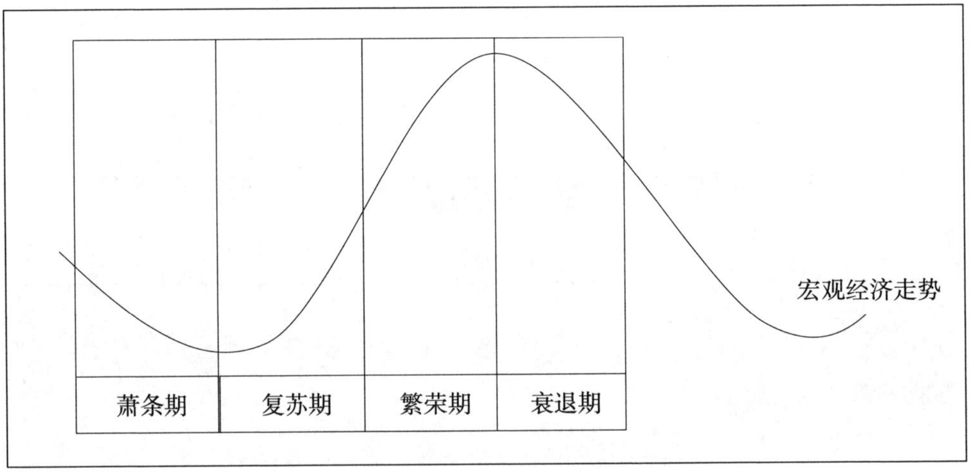

图 2-2 宏观经济走势的四个典型阶段

第一阶段：萧条期。

国民经济连续衰退，已经使很多投资者丧失了对经济的信心。国民经济各个方面都十分萧条，失业率激增。此时对各类原料的需求都会减弱，对化工产品的需求更少，化工产品的价格会在低位徘徊。当然，由于化工产品关联着国民经济的诸多日常消费领域，即使在国民经济运行的低位，也会有相当大的需求量。特别是像我国这样一个拥有 14 亿人口的大国，各方面的基本消费都是一个十分庞大的需求。

同时，在衰退期末端，政府为了提振经济，可能会发布一些有关基础设施建设的规划，毕竟这些大工程与国民经济的各个行业都有关联。这些规划和计划，在一定程度上能够对经济起到一定的刺激作用，从而推动化工产品期货的价格开始企稳。

第二阶段：复苏期。

随着大基建、大工程项目的启动，国民经济逐步走出低谷，投资者的信心也会随之恢复。一些工业、建材、机械等行业的发展，会大大强化对化工产品的需求。同时，由于这些大型项目的上马，必然会推动居民收入水平的提升，从而促使居民消费水平提升。这将从另一方面拉动整个市场的消费水平，促进整个社会对化工产品的需求。这也是化工期货产品大趋势展开的阶段。

第三阶段：繁荣期。

随着国民经济趋于稳定和繁荣，越来越多的投资者进入市场，同时也带来了更多的资金。在一派祥和之中，很多人对未来的经济状况会趋于乐观，更加积极地进行投资建设，各类商品的价格会逐渐到达顶峰。

与此同时，由于化工商品的产业链相对较长，一些上游产业在需求的带动下，会更加积极地开工建设，这则为未来的供给过剩埋下了隐患。

第四阶段：衰退期。

在经济繁荣的背后，往往酝酿着新的隐患。特别是一些当时刺激经济的政策引发的副作用，可能会在这个时段爆发出来。由于持续的供给大于需求，商品价格开始走低。先前盲目扩张的企业开始倒闭，工人失业率提升，更加削弱了市场需求，这些都促使化工产品的价格开始回落。

二、货币政策变动因素

从某种意义上来说，货币政策也是反映经济周期变化的一个指标。货币政策最直接的调控工具就是货币供给量。货币供给量增加，很多资金流入商品现货或期货市场，就会推动期货价格上行；反之，当货币供给量减少时，市场资金短缺，通货紧缩开始显现，市场上所有商品的价格都会出现下跌，期货价格自然走低。

事实上，货币政策的调整往往又会与经济环境相配合。当经济出现衰退或过热时，国家的货币政策势必会进行相应的调整，以利于经济的长远发展。与股市不同，期货市场对货币政策的反应会慢一些，但从长远来看，还是不可避免地会受其影响。

2020 年上半年，为了挽救被疫情重创的美国经济，美联储推出了无限量化宽松货币政策。此后，西方一些主要国家也先后推出了货币宽松政策。这就使得投放到市场的货币量大大增加，直接促成了 2020 年下半年的大宗商品期货价格上扬行情，其中整个化工板块都掀起了一波上升狂潮。下面看一下化工板块指数的走势，如图 2–3 所示。

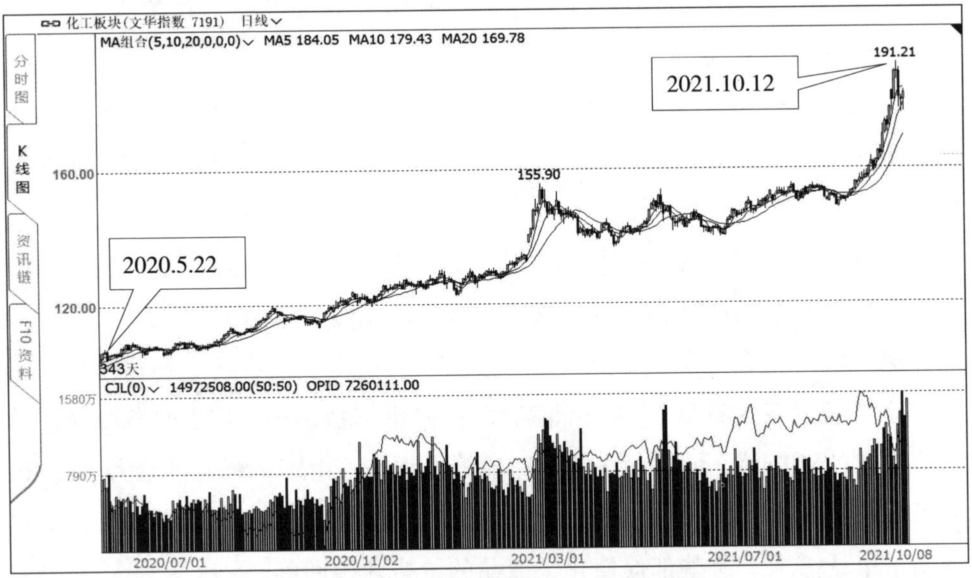

图 2–3 化工板块指数日 K 线走势图

从图 2–3 中可以看出，化工期货的价格在 2020 年 4 月底 5 月初触底后出现了振荡上扬走势，这与美联储以及西方国家推出大量的货币宽松政策密切相关。随着货币投放量的增加，化工商品的价格出现大幅上升走势，整个化工板块的指数近乎实现了翻倍。

三、地缘政治因素分析

化工产品的上游直接关联着能源产品，特别是原油，而原油对一个国家的重要性不言而喻。地缘政治冲突势必会破坏原油等能源产品的供给与需求链条，从而引发能源价格大幅上扬，进而推动化工板块价格走高。

地缘政治因素对化工产品的影响包括但不限于以下三个方面，如图 2–4 所示。

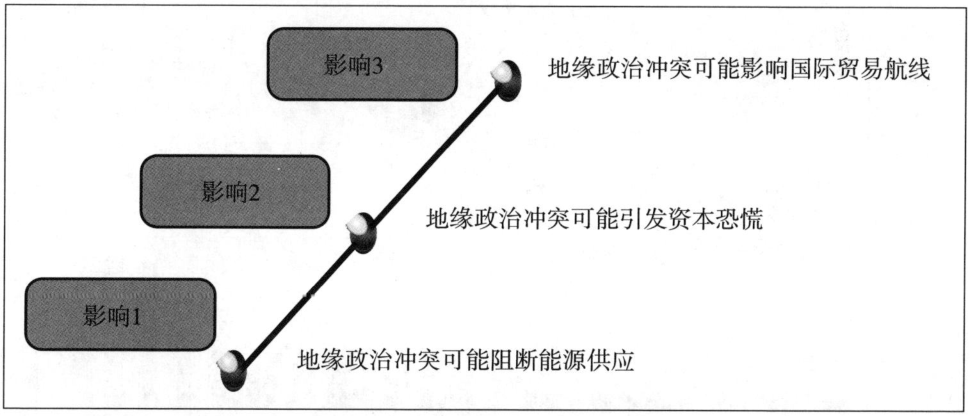

图 2–4　地缘政治因素的影响

第一，地缘政治冲突可能会直接阻断原油以及大宗商品的供应，进而引发相关商品价格大幅跳涨。化工产品中的部分品种以能源产品为上游原料，就会促使整个化工产品板块价格的大幅上升。比如，2022 年初的俄乌冲突，直接导致原油、天然气供应受阻，天然气和原油价格大幅上扬。另外，在中东地区发生的一些地缘政治冲突，也可能会引发国际原油市场对原油供应的担忧，进而造成原油价格上扬。这些无一例外地会促使化工产品价格上涨。

第二，地缘政治冲突，特别是大国之间的冲突，更可能会引发全球资本市场的恐慌，避险情绪升温，化工期货品种也会随着原油价格的走高而上扬。

第三，地缘政治冲突可能会对全球贸易航线产生直接影响，特别是一些海运线路受阻，会对进出口贸易产生直接的影响，从而引发相应商品价格的波动。

地缘政治冲突对化工期货影响最为直接的一个案例，就是 2022 年 2 月 24 日爆发的俄乌冲突。尽管在直接冲突前，市场已经有所反应，原油价格出现了一定程度的上扬，化工期货也随之上扬。但当冲突真的爆发后，受原油价格暴涨的影响，化工期货也同步出现大幅上升态势，如图 2–5 所示。

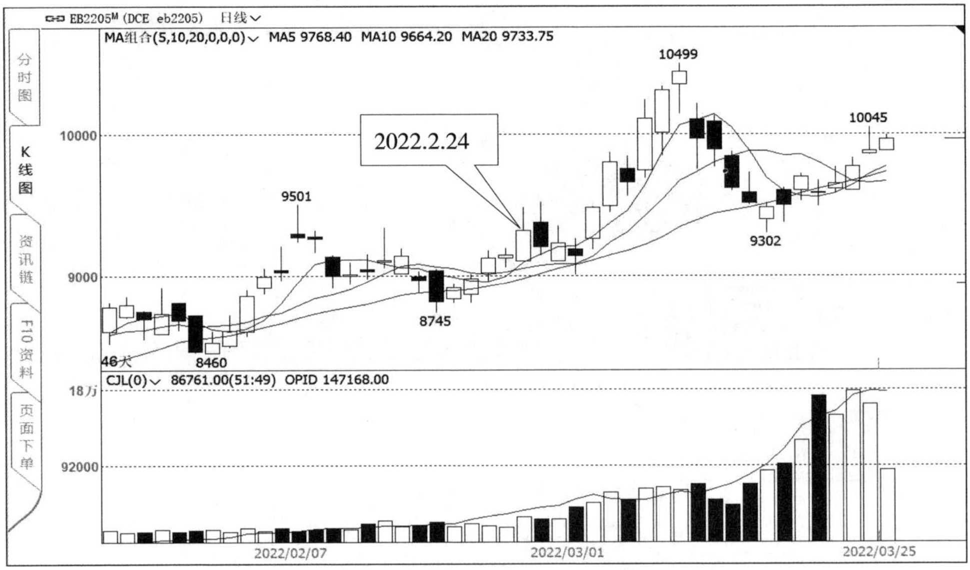

图 2–5　EB 2205 合约日 K 线走势图

如图 2–5 所示，2022 年 2 月 24 日之前，市场已经感知到俄乌之间的紧张氛围，化工期货板块出现了一波持续的振荡上升走势。

2 月 24 日，当俄乌冲突真正爆发后，随着原油价格大幅走高，化工板块也同步上升，EB2205 期货合约同步大幅上升。冲突爆发后，由于市场时不时地对和谈产生憧憬，也导致化工期货价格出现短暂的回落。但总体上来看，只要冲突没有结束，原油价格很可能会持续运行于高位，化工板块的价格也很难出现大幅下跌态势。当然，毕竟化工板块只是原油产业链的下游，其价格必然还会受其他供需因素的影响，这也使得化工板块的振荡幅度要小于原油板块。

第二节　供给与需求分析

在期货基本面分析领域，供给与需求分析是最核心的内容。很多影响价格波动的因素，最终也可以归结到供给与需求变化的层面。

在供给与需求分析中，需要特别关注以下五个维度的内容，如图 2–6 所示。

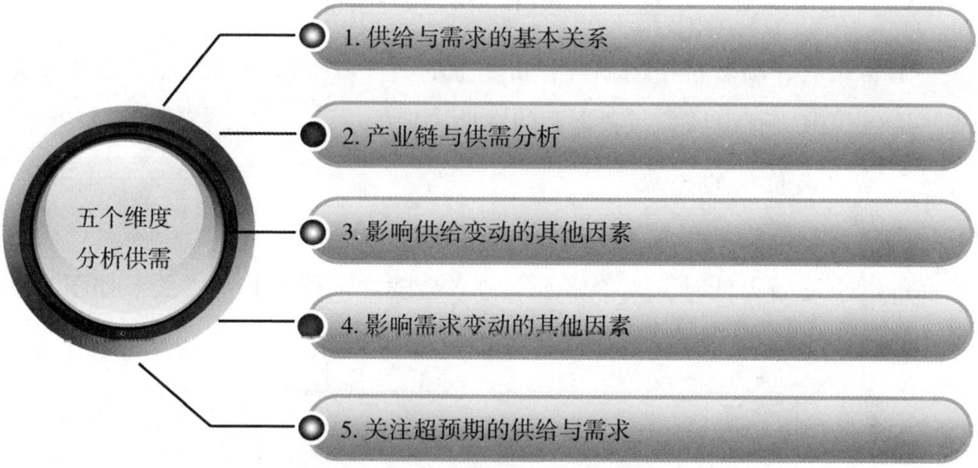

图 2–6　供给与需求分析的五个层面

一、供给与需求的基本关系

供给与需求之间的关系，是所有商品以及商品期货价格波动的内在动力。通常来说，供给大于需求，价格就会进入下行通道；供给小于需求，价格就会处于上行通道。

1. 供给与价格的关系

一般来说，商品价格越高，市场上的生产者越有动力加大供给力度，同时也更加愿意将其库存水平降低；反之，当商品价格走低时，生产者就会有意识地减少供给量，增加库存量。其基本关系如图 2–7 所示。

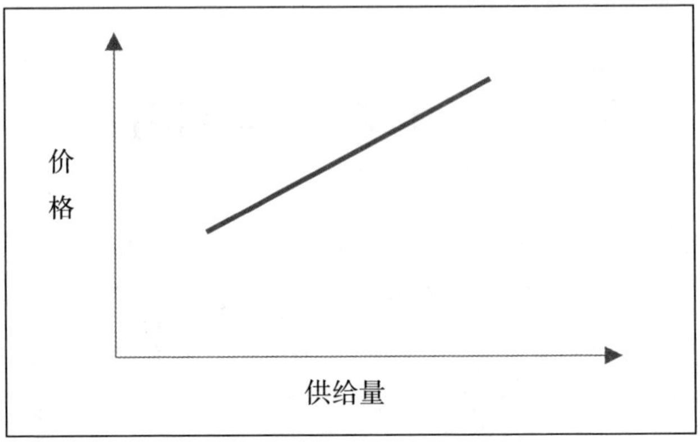

图 2-7　供给与价格之间的关系

通常来看，随着价格的攀升，市场上的生产者提供的供给肯定会越来越多，这也是由所有市场参与者逐利的本性决定的。

2. 需求与价格的关系

和供给与价格之间的关系相似，需求越少，价格越低。当市场上对某一商品的需求逐渐走低时，其价格水平势必会随之下行。其基本关系如图 2-8 所示。

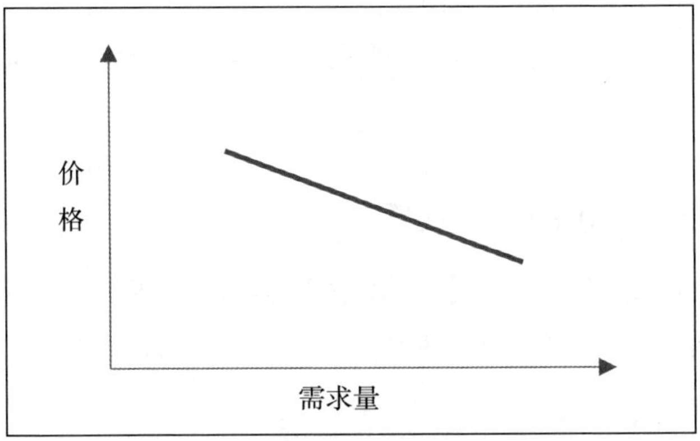

图 2-8　需求与价格之间的关系

理论上来说，需求量走低，价格肯定会同步下行。在化工类商品中，这一规律也是存在的。化工产品的需求量逐渐走低，势必促使价格下行。比如，2020 年初出现的疫情，在某种程度上对经济活动造成了很大影响，使全球对化工商品的需求减弱，这在一定程度上推动了化工产品价格的下行。下面以PTA价格走势为例说明，如图2-9所示。

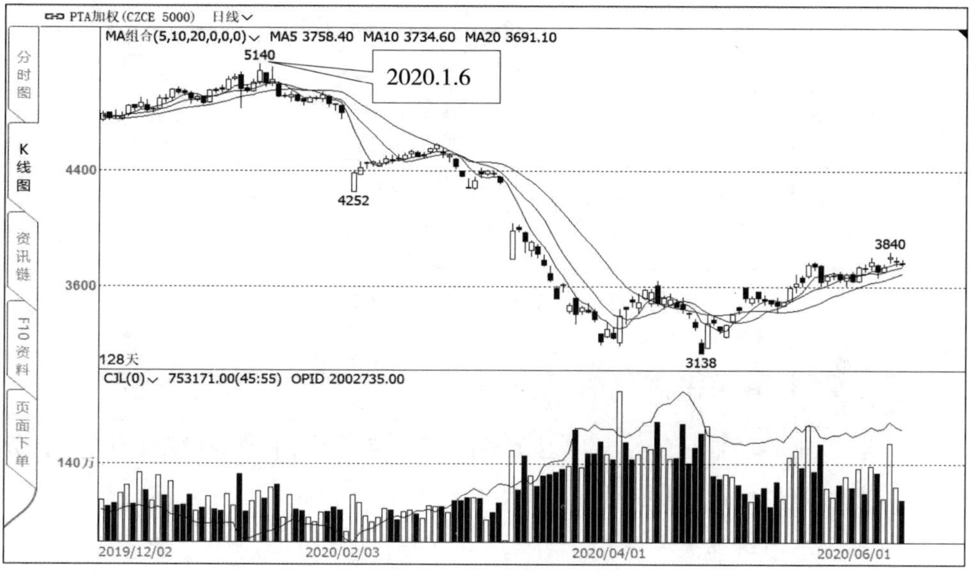

图2-9 PTA加权合约日K线走势图

如图2-9所示，2020年初，随着全球疫情的持续爆发，很多国家的经济陷入了停顿状态，对化工商品的需求开始减弱，PTA期货合约的价格也同步自2020年1月初开始大幅跳水。

3. 供给与需求的交互关系

按照经典的经济学原理，价格最终肯定是由供给与需求共同决定的（即供给曲线与需求曲线的交点），如图2-10所示。

也就是说，在某一价格水平线位置，供给量与需求量达到了平衡。通常来说，市场对某种商品的需求量预测相对困难，而供给量的预测相对要简单一些，毕竟产能与库存相对比较透明。

事实上，当一种商品因需求上升而推动价格上升后，生产商必然会从追逐利益的角度提升产能，从而使供给与需求相对平衡。

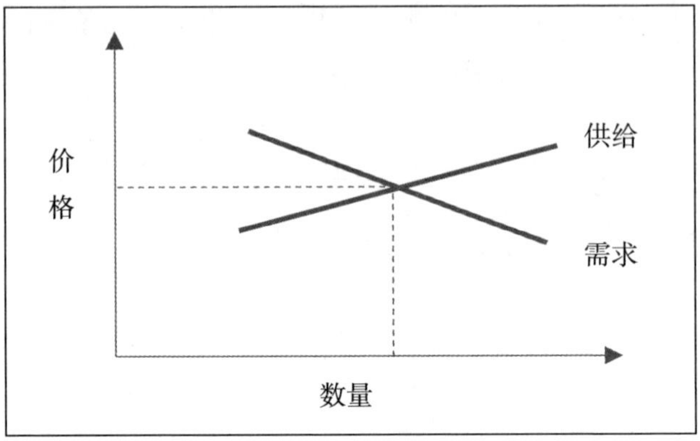

图 2-10　供给、需求与价格之间的关系

二、产业链与供需分析

一般产业的产业链中涵盖了生产商、仓储与物流企业、贸易商以及消费方等。当然，在产业链中所处的位置（上游还是下游），其实都是相对的，在这一产业链中可能属于下游，在另一产业链中又可能属于上游了。一般来说，每个产业链大致都包括三个核心环节，如图 2-11 所示。

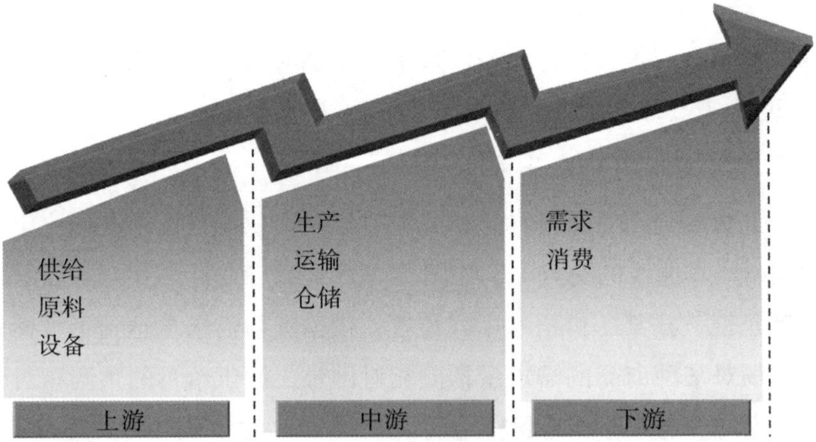

图 2-11　产业链的基本构成

上游：供给。

产业链的上游所关联的每个产业的供给，是每个产业链的开始端，包括

重要资源和原材料的采掘、供应以及零部件制造和生产行业，这一行业决定着其他行业的发展速度。在化工领域，产业链的直接上游或间接上游大多与能源类产品有关，其中以煤化工、石油化工为多。

中游：生产、运输与仓储。

中游环节会因行业或产业的不同而有所不同。在化工类产业中，中游一般为生产、运输和仓储，其中又以化工产品的生产为核心。化工产业链的中游，为整个产业链的核心环节。中游是连接上游与下游的桥梁，也是连接原料和消费品的中间纽带。

下游：需求与消费。

产业链的下游则为需求方和消费方。这里的消费方只是在该产业链中的消费方或需求方，可能还不是最终的消费方。比如，很多化工企业的下游，可能还是另外一些化工企业的上游。

三、影响供给变动的其他因素

由于化工商品多属于不可再生资源，因而影响其供给的变动因素，与其他商品存在明显的不同。具体来说，影响供给变动的因素除了之前介绍的几种外，还包括以下几个方面。

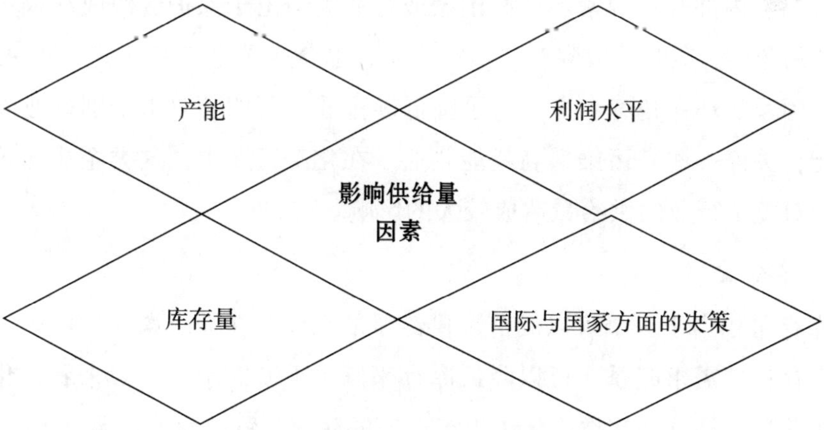

图 2–12　影响供给变动的因素

1. 产能

产能规模是整个产业链供给量的天花板，也是在相当长的一段时间内产量能够达到的最大限额。化工行业的产能情况，应该关注这样几个数字。

第一，行业内目前的产能数据；

第二，行业内月度或季度设备检修或停工的产能数据；

第三，行业内可能会淘汰的产能数据；

第四，行业内月度或季度新增产能数据等。

2. 利润水平

行业利润水平是推动整个行业发展的核心要素。若行业平均利润水平较高时，产业链中的各个环节都会趋向于扩充产能，提升开工率；反之，若行业内平均利润水平走低，则新投放的产能就会下降，且开工率很可能会降低。

3. 国际与国家方面的决策

国际与国家方面的决策也是影响化工商品供给的一个重要因素。一直以来，影响供给量的决策因素包括这样两类。

其一，外部政策因素。国家之间的贸易纠纷，如反倾销调查等，会对某个进出口量较高的行业产生较大的影响。

其二，内部政策因素。一些国家或行业组织出于保护资源或获取更多经济利益的角度，适时采取限产或增产措施，也会造成化工市场供给量的波动。比如，国家从环保角度考虑，为了降低碳排放，可能会要求个别行业淘汰落后产能，关停一些高污染、高耗能企业。在化工行业中，这类企业比较多，就可能对整个行业的供给量造成较大的影响。

4. 库存量

库存量相当于一个可以调节水供给量的水库。在需求淡季，可以适当地增加库存；在需求旺季，可以降低库存来满足下游需求。一般来看，化工行业的库存量包括这样几类：化工生产厂商的库存、贸易商（含港口）的库存、下游消费企业的库存。

四、影响需求变动的其他因素

化工产业在国民经济的诸多方面都有应用，因此，影响需求的因素也是多方面的。一般来说，除了之前介绍的几类外，还大致包括这样几个方面。

第一，国家的环保与化工政策。

随着全球变暖趋势的加强，越来越多的国家开始加大环保监管的力度。因此，一些化工相关行业可能会受到严格的管控，这在一定程度上会抑制对化工产品的需求，或者市场更加积极地寻找替代品。

第二，化工产业的发展与进步。

随着化工行业的发展，一些化工产品的新型用途可能会被开发出来，从而被应用于新型产业，这无疑会拓展对上游化工原料的需求。

第三，替代产业的发展。

替代产业的发展也是影响化工商品需求的重要因素。随着新化工技术的发展，一些新型环保材料将会对原有的化工材料起到一定的替代作用。

五、关注超预期的供给与需求

市场可以包容一切信息，而期货本身又具有独特的价格发现功能，这就使得期货的价格走势总是领先于现货市场，同时又能够包容现货市场未来的供给与需求变化。

比如，当市场上某种化工材料的供给趋于紧张时，市场可能就会先一步通过需求以及供给方面的细节有所感知，并在期货价格方面有所反应。因而，当这种供给紧张的消息放出来的时候，尽管可能会引发短暂的价格加速上行，但也存在部分先前的获利盘兑现平仓的可能。事实上，我们在关注供给与需求时，应该更加关注超预期的情况。比如，同样是供给紧张的信息，由于市场先前已经有了一定的预期，当这种供给紧张的消息出现时，市场的反应往往是不同的。

第一，若实际供给紧张程度超过预期，则期货合约的报价势必会加速上升，以修正之前的预期。也就是说，虽然先前期货合约价格已经出现了上涨，但上涨幅度还不够大，有必要进行修正。

第二，若实际供给紧张程度低于预期，则期货合约的报价势必会出现回调，以修正之前的预期。当然，这种回调的发生也会有所不同，有时可能会直接低开回调，有时可能会高开低走回调，这与市场环境有关。

当然，这种修正幅度一般比较有限，而且还要综合考虑其他渠道的信息，毕竟市场价格是一系列信息综合的结果。

第三节　供需基本面分析思路

化工期货基本面分析思路，重点需要从供需平衡、库存、利润以及成本等几个角度来综合考量。

一、供需平衡，是市场调节的必然

价格波动的内在原因多是由供给与需求不平衡造成的。当供给大于需求时，价格就会承压；反之，当供给小于需求时，价格就会上行。因此，分析期货的基本面，首先需要了解整个产业链的供给与需求情况。

1. 供给

影响商品供给量的因素包括以下几个方面。

（1）产能。

产能是整个市场供给量的天花板。由于目前商品市场是全球一体化的，因而在分析产能时，还要考虑全国产能和全球产能两个方面。当然，有些期货品种与国际市场连接不紧密，只考虑国内市场的产能即可。

（2）开工率。

事实上，几乎没有哪个行业的产能能够得到满负荷的利用。在实际生产过程中，基于各种原因，产能的利用率有高有低。有的行业可能达到90%以上，有的行业可能不足50%。影响开工率的因素包括以下几个方面。

第一，行业利润率。这是决定开工率的主要因素。若行业利润高企，产业链内的企业就会积极开工，提升设备利用率，开工率自然较高；反之，则较低。

第二，设备检修计划。很多行业内的设备都会有各自的检修与保养计划，在此期间，生产设备就会处于停工状态。当然，一般来说，企业从自身利益出发，会优先选择生产淡季进行设备检修。

第三，其他因素。影响开工率的其他因素包括上游原料供给情况、下游需求变动情况、库存量大小等。

（3）产量。

产量是能够供给给产业链的产品总量。在分析某一产品的产量时，要充分考虑全球产量和国内产量情况。

2. 需求

相对供给来说，需求数量的统计与计算更为复杂，特别是很多行业的消费量还具有一定的弹性，这就为统计行业的需求量增加了难度。正因如此，在统计需求时，常常用表观消费量来体现需求情况。

所谓的表观消费量，是指当年产量加上净进口量（当年进口量减出口量）。这样，表观消费量数据的获得就会相对比较容易。

3. 进口量

进口量是对国内供给量的一个补充。由于我国消费市场庞大，且需求多样，因而很多行业都维持了较大的进口量。通过进口可以有效地弥补国内产量的不足。

4. 出口量

出口量本身也是产品需求端的一部分。在很多细分领域中，出口量也是维持整个产业链供需平衡的关键环节。若出口量出现异动，也可能对整个产业链的供需产生较大的影响。

一般来说，投资者可以通过下面的供需平衡表来逐年、逐季度地分析供给与需求数据。表 2–1 为年度供需平衡表示例。

表 2-1　供需平衡表

年度	产能	产能增速	开工率	产量	进口量	出口量	表观消费量	表观消费量增速
2017								
2018								
2019								
2020								
2021								
2022								

二、库存，供需平衡的调节器

库存量像是调节供给与需求的“水库”。短期内，若产量小于需求量，库存就会降低，以满足市场的需求；反之，若产量大于需求量，库存量就会上升。同理，通过库存量的变化，也可以感知市场价格的运行趋势。通常来说，当库存量持续下降时，意味着市场需求强劲，价格存在走高的动力；反之，若库存量持续上升，意味着市场需求不足，短期内价格必然承压。

整个市场的库存构成包括以下几个方面。

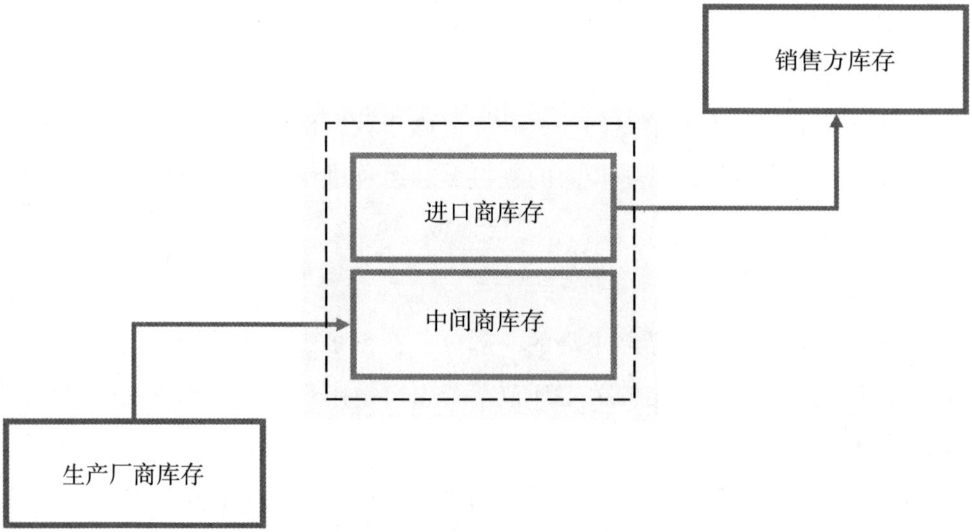

图 2-13　整个市场库存构成

第一，生产厂商的库存。通常情况下，厂商为了满足市场需求的同时，会尽可能地提供部分富裕的产量，以应对市场临时的变化，这就需要生产厂商拥有部分库存。当然，这部分产能也会根据下游需求情况进行调节。

第二，中间商、贸易商的库存。这是保证供给与需求稳定的中坚力量。由于中间商、贸易商逐利的本性，其库存水平更能反映市场供需状况。一般来说，当产品价格走高时，中间商、贸易商就会倾向于降低库存量；反之，当价格走低时，可能会适当地补充库存。

第三，下游消费方的库存。对于下游消费方，特别是生产企业，就特别需要建立相应规模的库存，以保证生产的稳定。若消费方库存不足，则说明整个产业链的供应趋于紧张，价格存在上行的基础；反之，则价格承压。

第四，进口商或港口库存。尽管经过多年的发展，化工行业对外依赖程度已经降低，但在很多化工产品领域仍有较高的进口量。这些进口商或港口库存，也是投资者观察整个产业链供需平衡的一个风向标。

三、利润，驱动供给与需求转化

产业链各个环节内的参与方，都以追逐利润为中心。若产业链各个环节的利润水平较高，那么，各参与方势必会加速提升产能，以实现利润最大化；反之，若产业链内利润水平较低，甚至个别环节出现全部亏损的情况，那么必然会打击其生产积极性，产业链内参与方的开工率就会下降，产能利用率走低。

当然，利润水平的高低，其实也是整个产业链供需关系的一种反映。通常来看，当产业链内供给紧张时，利润水平就会走高；反之，当供给过剩时，利润水平必然下降，直至出现亏损。从这一点上来看，整个市场其实也是一个自发调节的循环。如图 2-14 所示。

从图 2-14 中可以看出，所谓产业链内的厂商，其做出供给增加与减少的决策，更多地还是以利润为中心的。只要有利可图，就会有厂商愿意增加产能，供应更多的产品，直至供给大于需求，利润水平降低；反之，当利润水平走低甚至亏损时，厂商生产意愿下降，市场供给不足，价格就具备了提升的基础。

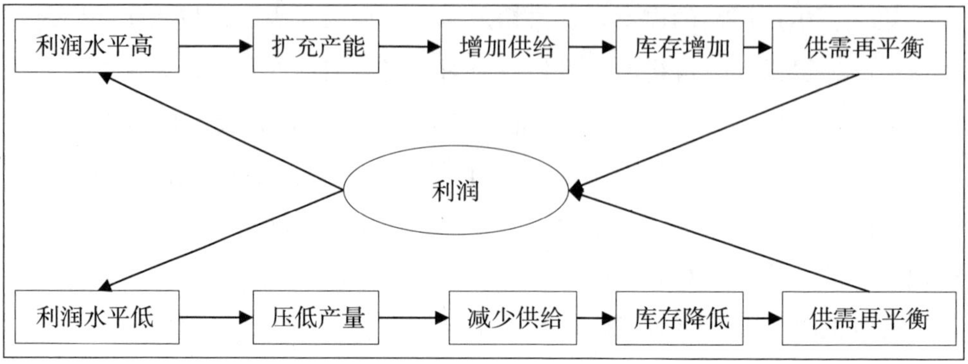

图 2-14　以利润为中心的供需循环系统

四、成本，价格走势与上游密切相关

化工板块中绝大多数品种都属于能源期货的下游产品，天然橡胶和纯碱除外。因而，化工板块大多数期货品种的价格走势或多或少都会受到原油、煤炭价格走势的影响，特别是很多化工产品的核心原料就是原油和煤炭。

诸多化工商品的生产成本与原油、煤炭的价格关系极为紧密。下面来看一下化工板块指数走势与原油价格走势的对比图，如图 2-15 所示。

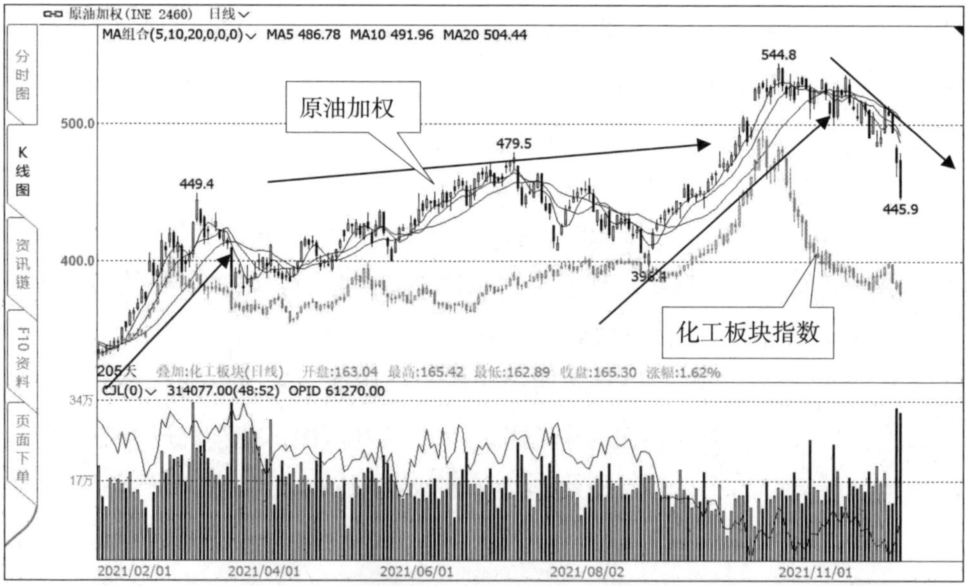

图 2-15　原油加权与化工板块指数走势对比图

图 2–15 为 2021 年年初到 11 月期间，原油加权价格走势与化工板块指数走势的日 K 线对比图。从图中可以清晰地看出，在原油价格大幅上攻时，化工板块指数也随之大幅上攻。在原油价格开始横向振荡期间，化工板块的价格走势也同步出现了横向振荡。不过，总体上而言，化工板块的波动幅度要小于原油板块，这与化工板块的价格走势还受其他供需因素的影响有直接关系。

第三章

甲醇期货基本分析策略

我国是世界上最大的甲醇生产国和消费国，而且无论是产能还是消费量都呈现逐年上升态势。2011 年 10 月 28 日，经中国证监会批准，甲醇期货合约在郑州商品交易所上市交易。

第一节　甲醇及甲醇的来源

甲醇在化工领域的用途非常广泛，其价格波动不可避免地会受到上游与下游的影响。

一、甲醇及其产业链

甲醇是基本有机原料之一，用于制造氯甲烷、甲胺和硫酸二甲酯等多种有机产品，也是农药（杀虫剂、杀螨剂）、医药（磺胺类、合霉素等）的原料，是合成对苯二甲酸二甲酯、甲基丙烯酸甲酯和丙烯酸甲酯的原料之一。其整个产业链如图 3-1 所示。

二、甲醇的三类基本来源

通过甲醇产业链可以看出，目前通过煤、天然气以及焦炉气等都可以生产、制造甲醇，而这三类原料生产甲醇的工艺又稍有不同。同时，原料的不同，对上游原料供给的要求也不尽相同。目前，三者生产的甲醇占比有一定的波动（以 2021 年年中数据为例），总体占比情况如图 3-2 所示。

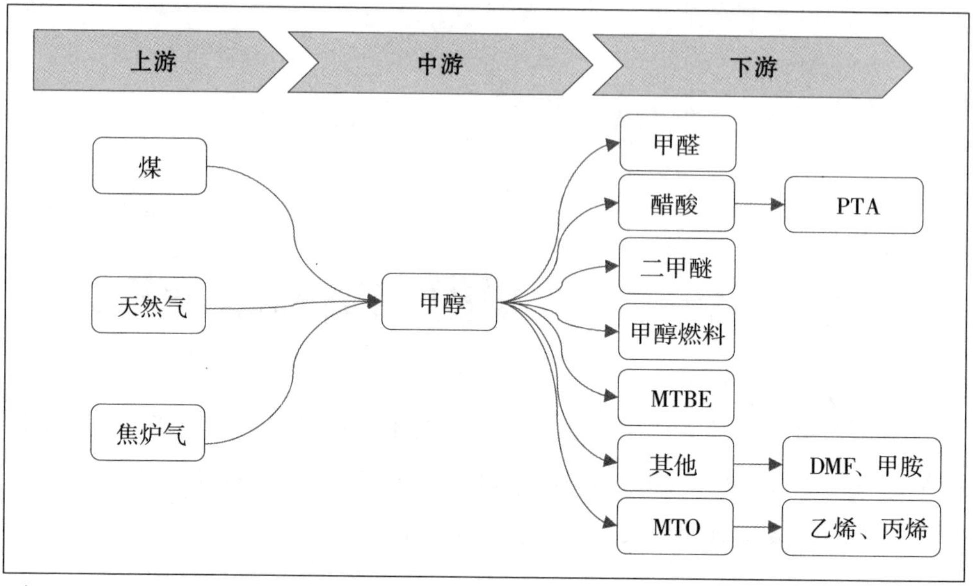

图 3-1　甲醇产业链

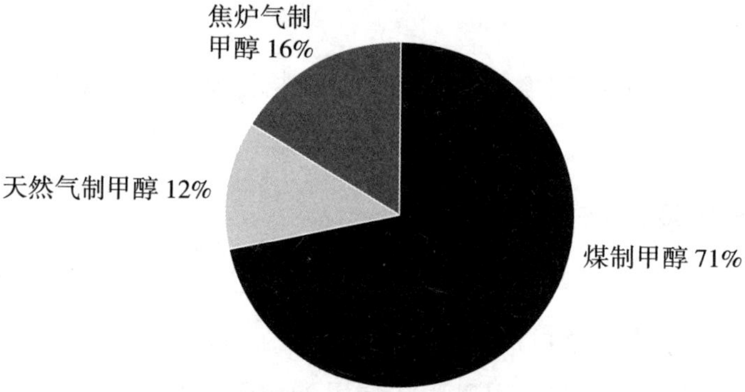

图 3-2　甲醇来源占比

1. 煤制甲醇

煤制甲醇，是以煤为原料生产甲醇，这是传统煤化工中成熟的技术和产品，属于基础化学工业。目前，市场上绝大多数的甲醇是通过煤来生产制造的。也就是说，煤炭价格走势对甲醇的生产成本具有重要的影响。

在传统的甲醇生产工艺中，以无烟块煤为主。在煤炭大家族中，无烟块煤不仅可以用于生产甲醇，还可以用来生产尿素。二者共同构成了无烟块煤最核心的应用领域，也使得无烟块煤成为主要的化工用煤。无烟块煤的市场价格也与甲醇和尿素的价格存在一定的关系。

近些年来，随着化工技术的发展和甲醇生产设备的升级，越来越多的其他煤种和无烟末煤被用来生产甲醇，这就促使甲醇的生产成本逐渐走低。

煤制甲醇的生产厂家和产能主要集中在西北、华北、山东、西南等地区。

2. 天然气制甲醇

天然气生产甲醇也是一种比较主要的甲醇生产工艺，也是目前国际上主流的生产甲醇的工艺。特别是在天然气资源非常丰富的中东、东南亚、南美等国家，天然气生产甲醇更为普遍。相比煤制甲醇，天然气生产甲醇的规模更大，成本更低，质量更好。

在我国，天然气制甲醇的发展情况并不理想，受天然气和甲醇价格波动影响较大。

3. 焦炉气制甲醇

焦炉气制甲醇，是指焦化企业利用焦煤炼焦过程中产生的焦炉气制取甲醇的技术。目前中国是世界上唯一掌握此技术的国家，也就是说，我国是世界上唯一使用焦炉气制甲醇的国家。此类装置主要集中于华北地区的焦化企业。

第二节　甲醇基本供需分析

供给与需求是影响甲醇价格走势的重要因素之一，因此，甲醇的国际、国内供给与需求都是我们需要了解的内容。

一、甲醇供给

甲醇的供给与其产能、产量密切相关。通常来说，当价格上升时，产能的利用率就会走高，产量就会接近产能；反之，当价格走低时，产能利用率就会走低，产量也会大幅低于产能。

同时，由于国际贸易全球化趋势的加强，我们分析甲醇的产能时，还需要从国际和国内两个方面入手。

1. 甲醇全球产能分布

从甲醇的全球产能来看，中国的产能远远超过其他国家和地区。以 2020 年的产能占比为例，如图 3-3 所示。

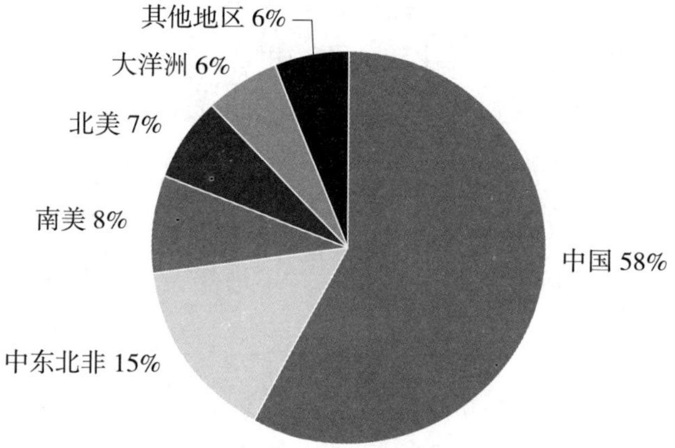

图 3-3　甲醇全球产能占比

从图 3-3 中可以看出，中国在甲醇产能领域拥有无可替代的地位，中国产能的利用情况，对全球甲醇供应起到非常大的决定性作用。

不过，产能并不一定会转化为产量，比如伊朗、委内瑞拉等国也拥有较多的甲醇产能，但受制裁的影响而无法将产能转化为相应的产量。

2. 甲醇全国产能分布

通过甲醇提取方式的介绍可以知道，我国甲醇生产对煤炭的依赖性较大，因此，煤炭主产区西北地区也就成了甲醇的主产区。

根据 2021 年的产能数据，西北地区的甲醇产能在全国的占比进一步提升，占全国产能的比重达到了 55.32%。中煤、神华、大唐以及宁夏宝丰能源等诸多甲醇生产企业集中在该地区。

山东地区也是甲醇生产的一个主力地区。山东省的焦化企业较多，因而通过焦炉气提取甲醇的企业也相对较多。2021 年，山东地区的甲醇产能占全国产能的比重为 9.66%。

其他地区的甲醇产能相对要低一些。

3. 最近几年全国甲醇产量数据

最近几年全国甲醇的产能与产量数据如图 3-4 所示。

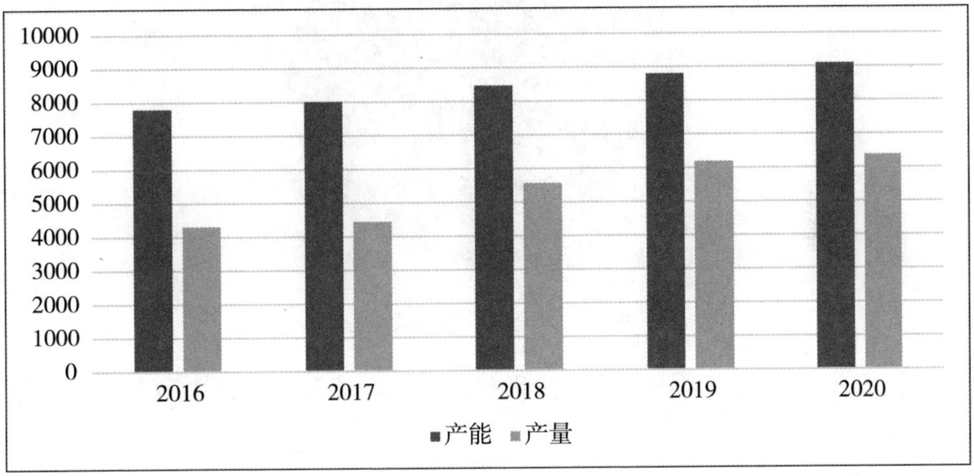

图 3-4　最近几年全国甲醇产能与产量数据（单位：万吨）

从全国甲醇的产能和产量数据来看，2018 年以来增长较为明显。即使 2020 年遇到了疫情的冲击，也出现了一定的增长。

2021 年，甲醇的产能更是突破了 1 亿吨大关。不过，受碳中和、能耗双控政策的影响，甲醇作为煤化工领域的重要分支，在 2021 年初的产能利用率明显不足。

二、甲醇需求

甲醇在产业链中并不是最终产品，其可以作为多种化工产品的原料。其中，对甲醇需求量较大的包括甲醛、醋酸、二甲醚、甲醇制烯烃、MTBE 等。换句话说，这些化工产品的需求量，在某种程度上决定了市场对甲醇的需求。

1. 甲醇全球需求占比

从全球来看，对甲醇的需求领域还是有一些特征的。除中国外，全球其他国家和地区 2020 年各领域甲醇需求情况如图 3-5 所示。

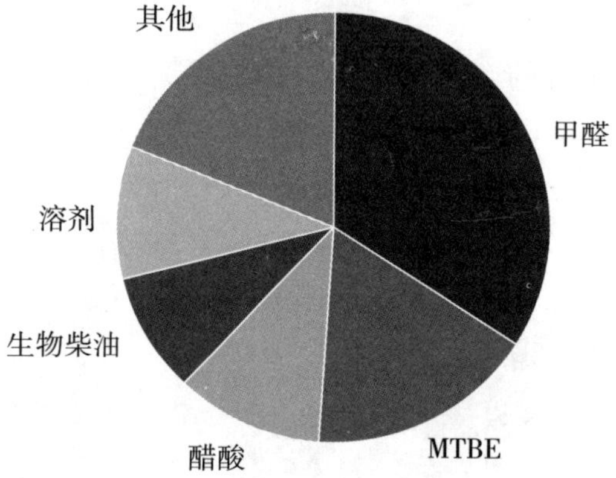

图 3-5　全球甲醇需求情况

从图 3-5 中可以看出，甲醛为甲醇的主要需求领域，其次为 MTBE、醋酸、溶剂等。

2. 甲醇国内需求占比

消费量数据并不像产量或产能数据那样容易统计，因此多用表观消费量来体现市场的需求状况。所谓表观消费量，即产量数据与净进口数据之和。最近几年甲醇表观消费量的数据如图 3-6 所示。

从最近几年甲醇的表观消费量来看，甲醇的市场需求仍保持了上扬的态势，当然，这也是建立在甲醇产能并未得到充分释放基础之上的。

国内各化工领域对甲醇的需求占比，与国际需求还是有所不同的，也正是这些需求支撑了国内甲醇市场的强劲走势，如图 3-7 所示。

从图 3-7 中可以看出，国内对甲醇的需求领域与其他国家和地区明显不同。特别是最近几年，国内借助甲醇制烯烃产业出现了大幅增长，支撑了大部分甲醇需求，而且该产业未来数年还可能会取得更大的发展。

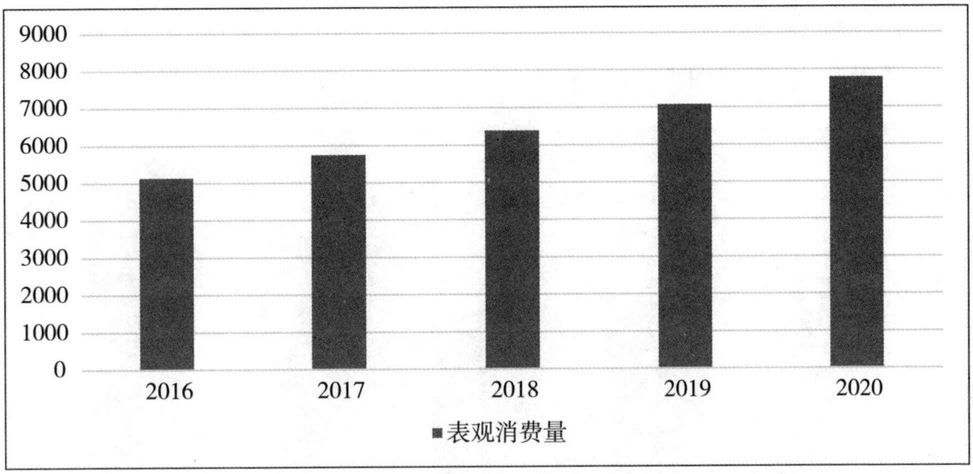

图 3-6　最近几年全国甲醇产表观消费量数据（单位：万吨）

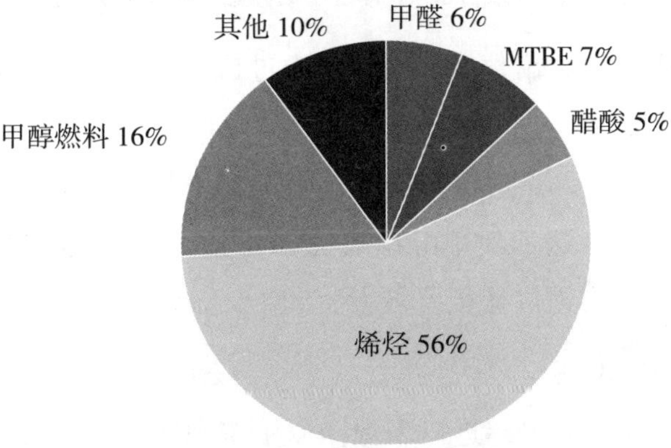

图 3-7　国内甲醇需求占比

三、甲醇进出口

从总产能与消费量情况来看，事实上，国内甲醇整体上是存在产能过剩情况的。不过，甲醇产能更多地集中于西北地区，而甲醇最主要的消费地区集中于华东地区，这就使得甲醇供需存在一定的空间上的失衡。同时，华东地区靠近沿海，从国外进口甲醇也比较容易，且中东地区的甲醇价格相对便宜，质量较佳，这也使得我国常年从国外进口大量的甲醇。

1. 甲醇进口数据

最近几年，国内甲醇进口情况如图 3-8 所示。

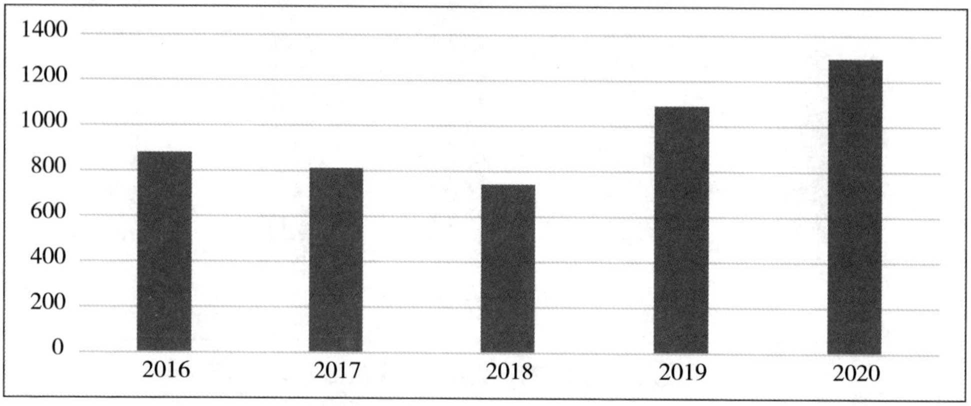

图 3-8　最近几年甲醇进口量数据（单位：万吨）

从图 3-8 中可以看出，最近两年国内进口甲醇数量出现了大幅上升，其实这也与甲醇制烯烃产业的快速发展有关。

与进口情况相反，受疫情影响，国际上对甲醇需求持续低迷，国内甲醇价格优势并不明显，这都使甲醇出口业绩不佳。2020 年，甲醇出口量仅为 10 多万吨的水平，与进口量相差极大。

2. 甲醇进口来源国

一般来说，我国的甲醇进口来源国以中东地区为主，其次是东南亚、大洋洲等地区的国家。同时，由于国内国际因素的影响，进口来源国的数据占比也会出现波动。以 2020 年为例，我国甲醇进口来源国主要包括以下几个，如图 3-9 所示。

从图 3-9 中可以看出，我国甲醇进口来源国还是以中东国家为主，这些国家同时也是最主要的产油国和天然气生产国。这也就意味着，这些国家的甲醇大多都是以天然气为原料生产出来的。

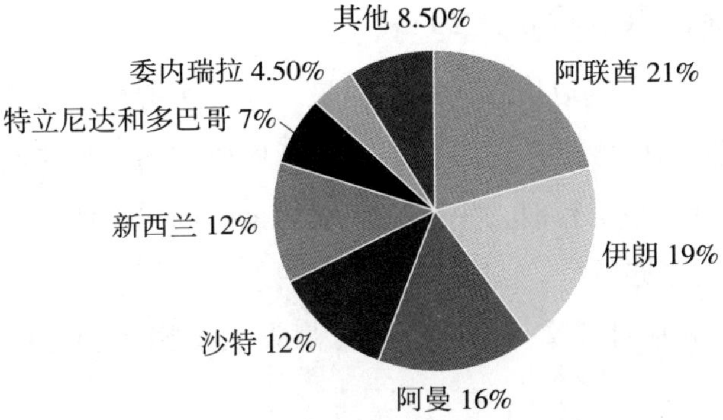

图 3-9 甲醇进口来源国占比

第三节 影响甲醇期货价格的因素

通过之前对甲醇供需结构的分析可知，长期以来，甲醇的产能要远远大于需求量，加之大量的进口量，更抑制了甲醇价格的上行。不过，甲醇期货的价格走势，除了受供需影响外，还与诸多其他因素有关。比较典型的因素包括如图 3-10 所示的几个方面。

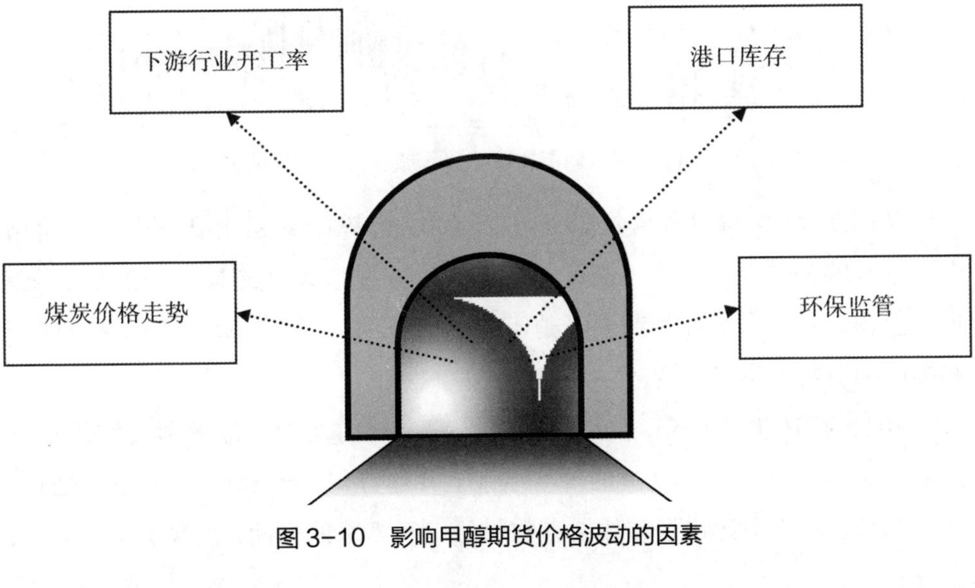

图 3-10 影响甲醇期货价格波动的因素

一、上游：煤炭价格走势

目前，利用煤炭制取甲醇仍是国内最主要的甲醇生产方式。同时，我国又是世界上最大的甲醇生产国，这就决定了甲醇的生产成本与煤炭价格走势息息相关。煤炭价格上行时，甲醇生产成本也会同步大幅上升，必然带动甲醇价格走高；反之亦然。

下面以焦煤为例，看一下甲醇与焦煤期货价格走势之间的关系，如图 3-11 所示。

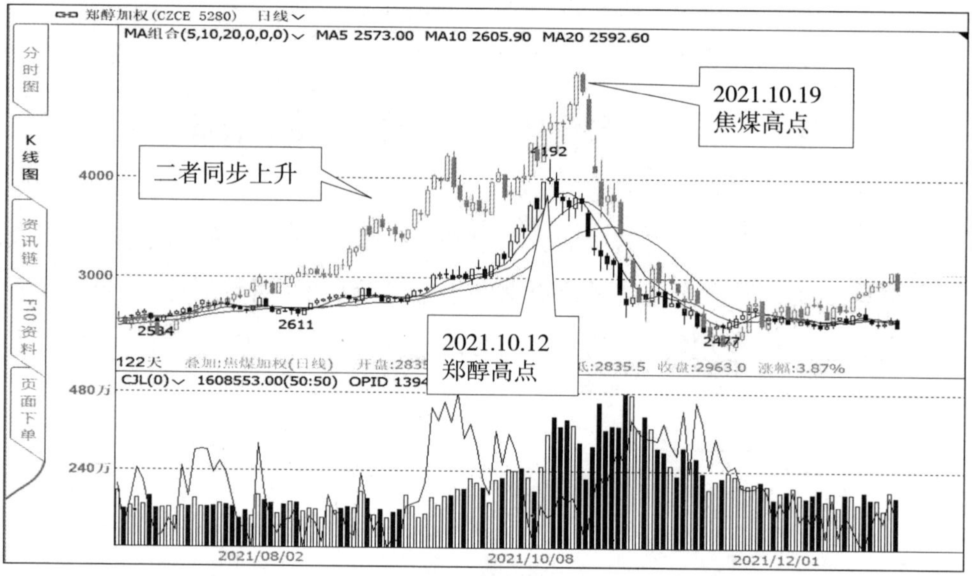

图 3-11 焦煤期货加权与郑醇加权日 K 线走势图

从图 3-11 中可以看出，郑醇期货的价格走势在 2021 年下半年焦煤价格大幅上升的基础上，出现了振荡上扬态势。不过，这种成本上升带动的甲醇价格上扬，对生产商而言都属于迫不得已的行为，因而，其上攻的持续时间和幅度都要弱于焦煤期货。

2021 年 10 月 12 日，在焦煤价格继续上攻的途中，郑醇期货的价格开始触顶回落。此后，郑醇期货的价格结束上升趋势，先于焦煤进入了下行通道。

当然，由于甲醇市场整体上存在供给大于需求的局面，煤炭价格上升时，甲醇价格存在同步上升的需求，但也会考虑市场供需情况。若煤炭价格上升幅度不大时，甲醇价格上升的幅度将更加有限，甚至不会跟随上升；反之，在煤炭价格下行时，却可能会跟随其下行。

二、下游：甲醇需求行业开工率

2010年以前，市场上对甲醇的需求以传统型的需求为主，即甲醛、醋酸、二甲醚等生产需要以甲醛为原料。2010年神华集团（于2017年11月28日与国电集团重组为国家能源集团）建设投产两套甲醇制烯烃装置后，特别是2013年我国沿海第一套甲醇制烯烃装置的顺利投产，推动甲醇需求向新的消费领域扩展。

到2020年，甲醇制烯烃对甲醇的需求，已经占到了甲醇需求总量的55%以上，未来还可能进一步走高。这就意味着甲醇制烯烃行业的开工率或产能利用率，将会直接决定甲醇的需求情况。从目前情况来看，甲醇制烯烃行业的开工率明显较高，很多地区能够达到90%以上，这是一个相当不错的数据。另外，甲醇燃料也是一个不可忽视的新兴消费领域。

事实上，除了甲醇制烯烃等新兴消费领域外，其他甲醇需求行业的开工率都存在明显的不足。2020年底甲醇需求行业的开工率水平如图3-12所示。

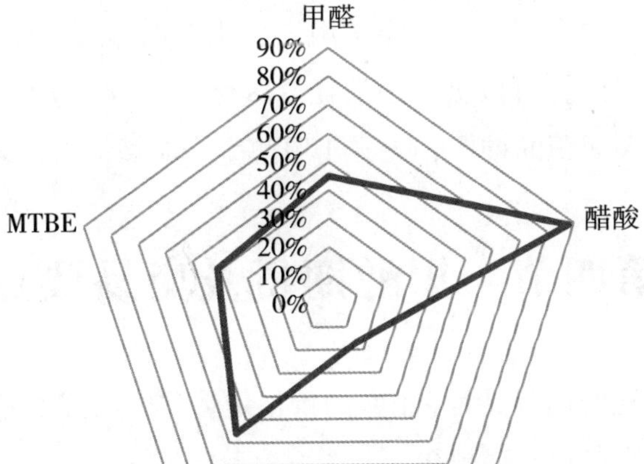

图3-12　甲醇传统下游需求行业的开工率

从图 3-12 中可以看出，除了醋酸、氯化物等行业的开工率尚可外，其他行业的开工率明显不足。当然，这与这些行业长期以来利润率走低、厂商生产动能严重不足有关，这也是甲醇价格长期走低的原因所在。

三、中游：港口库存量

港口库存量一直以来都是相关商品价格走势的风向标，在甲醇行业也是如此。事实上，由于国内甲醇供给已经大于需求，进口库存量情况更是抑制甲醇价格上行的一个指标。特别是最近两年来，受疫情的影响，甲醇的国际需求走低，而另一方面，国内甲醇进口量却逆势走高，这在一定程度上提升了甲醇港口库存量。甲醇港口库存量的增加，更加抑制了甲醇价格的上扬。

由于华东、华南地区为甲醇进口的主要地区，因而这两个地区的甲醇进口库存量也可以为投资者提供参照。

四、环保监管的影响

由于甲醇行业属于典型的化工行业，其受环保监管的影响也非常大。在碳中和、碳达峰战略下，煤制甲醇所受的冲击无疑是巨大的，毕竟煤制甲醇存在一个污染环境的问题。

当然，从另一个方面来看，对于新型的甲醇生产工艺，也可能是一个较佳的机会。目前，很多国家开始尝试用二氧化碳加氢来制取甲醇。通过二氧化碳加氢来制取甲醇，可以极大地消耗二氧化碳，减少温室气体排放。若该类生产工艺得到大面积的推广，无异于甲醇生产领域的一次革命。

第四节　甲醇期货及交易要点

作为一种独立的期货品种，甲醇的价格走势尽管与煤炭的关系非常密切，但也有其自身的特点和波动规律。

一、甲醇期货合约及交割要点

在设计甲醇期货合约时，重点考虑了以下几方面内容，如图 3-13 所示。

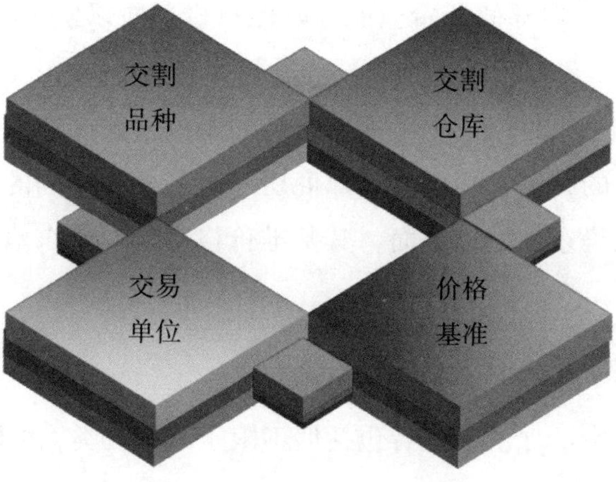

图 3-13 甲醇期货合约设计要点

第一，甲醇交割品种。

甲醇产品本身是有国家标准的。按照国家标准，市场上交易的甲醇大致分为优等品、一等品和二等品三种。其中，优等品主要用于精细化工，如生产醋酸、DMF、甲烷氯化物、医药和农药等。一等品主要用于生产甲醛、二甲醚等。不过，由于优等品与一等品的价格相差不大，很多企业在生产甲醛、二甲醚时也倾向于使用优等品。因此，整个市场上流通的甲醇 90% 以上为优等品。因此，期货合约中将甲醇的优等品列为交割基准品种，即“符合《中华人民共和国国家标准工业用甲醇》（GB 338—2004）规定的优等品甲醇”。

第二，在甲醇仓库交割方面，在指定交割仓位标准仓单交割的基础上，以厂库交割为辅。目前，甲醇交割仓库大部分集中于华东地区，西北、华北也设有一些仓库。由于甲醇属于国家限定的危险化学品，其运输、仓储都需要具备相应的资质，因而，一般来看，在甲醇期货进入交割月份前，不得交割客户都需要进行平仓处理。进入交割月份第一个交易日起，自然人客户将不得开立新的仓位。

第三，交易单位设置。目前甲醇期货合约每手设置为 10 吨。在 2014 年以前甲醇期货合约上市初期，甲醇期货合约为每手 50 吨，后来为了提升交易活跃度，降低交易资金门槛，将每手交易量下调至 10 吨。其实在甲醇期货上市初期，郑商所在对相关企业进行调研时，很多企业就倾向于使用每手

10 吨的交易单位，但郑商所希望能够降低投机，所以使用了每手 50 吨的交易单位。

第四，交割基准价格。甲醇期货合约的基准交割品在基准交割仓库出库时的汽车板交货的含税价格。按照郑商所对甲醇期货合约的设计，其主要指定交割库设置在华东地区，因而，其基准价格也是以华东地区现货价格为基准的。

二、甲醇期货的套期保值

甲醇期货的套期保值参与者包括但不限于以下几类，如图 3–14 所示。

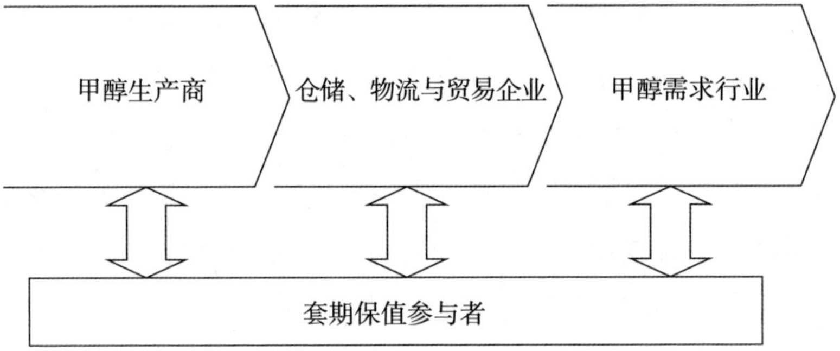

图 3–14　甲醇期货套期保值参与者

1. 生产商

甲醇的生产商是甲醇期货套期保值的重要参与者。这类企业需要防范甲醇价格大幅下行给企业造成较大的亏损。

2. 仓储、物流与贸易企业

仓储物流企业以及各类商贸企业也是甲醇期货套期保值的主要参与者。这类企业尽管不是甲醇的生产者或消费者，但手中却可能存有大量的甲醇库存。因而，确保这部分甲醇不贬值，就成为这类企业的首选目标。

3. 甲醇消费方

甲醇的消费行业包括的企业较多，涵盖了诸多化学品生产厂商，如甲醛生产商、二甲醚生产商、醋酸生产商、烯烃生产商等。当然，这些生产商也可能不只生产一种需要甲醇的产品。不过，防止甲醇价格大幅上升，却是这类厂商最主要的出发点。

三、甲醇市场套期保值操作

甲醇的套期保值也需要遵守期货套期保值的基本规则，即数量相同、月份相近、方向相反原则。甲醇期货套期保值分为多头套期保值和空头套期保值两类。

1. 多头套期保值

甲醇多头进行套期保值，都是出于防止甲醇价格大幅上升侵蚀自身利润的目的而进行的。进行多头套期保值的参与方多为甲醇下游的消费方，以各类甲醇化工企业为主。比如，2022 年 1 月，某醋酸生产企业想要在 5 月份购入 5000 吨甲醇，此时，华东地区甲醇现货价格（装车后）为每吨 2500 元。那么，该企业为了防止 5 月份甲醇价格大幅上扬，就可以在 1 月份做多买入 5000 吨 5 月份的甲醇期货合约（价格为每吨 2550 元）。

到了 5 月份，如果甲醇现货价格上涨至每吨 3500 元，而 5 月份甲醇期货合约的价格也上涨至 3520 元左右，该醋酸生产商可以将手中的期货合约平仓。现货市场每吨多花的 1000 元，在期货市场补回了 970 元，也是不错的交易（不含手续费、佣金）。

2. 空头套期保值

空头进行套期保值主要是担心卖出甲醇时价格下跌或手中的甲醇库存出现贬值的情况。甲醇空头套期保值的参与方包括甲醇产业链的上游和中游企业，如甲醇生产商等。

比如，2022 年 1 月，某甲醇生产企业计划在 5 月份卖出 5 万吨甲醇，此时甲醇价格为每吨 2500 元（装车后）。那么，该企业为了防止 5 月份甲醇价格大幅下跌，就可以在 1 月份做空卖出 5 万吨 5 月份的甲醇期货合约（价格为每吨 2550 元）。

到了 5 月份，如果甲醇现货价格下跌至每吨 2000 元，而 5 月份甲醇期货合约的价格也下跌至 2020 元左右。该甲醇生产企业可以将手中的期货合约平仓，现货市场每吨少赚的 500 元，在期货市场补回了 530 元，也是不错的交易（不含手续费、佣金）。

四、与煤炭价格背离，反转战法

甲醇是以煤炭为原料的。购买煤炭的支出，也是甲醇最主要的生产成本，因而，甲醇的价格与煤炭的价格走势具有一定的联动性。当然，由于甲醇的价格还受供需关系的影响，特别是最近几年甲醇的供给大于需求，使得甲醇的价格总是在低位徘徊。但是，若煤炭价格持续走高，甲醇生产企业在成本逐渐高企的情况下，势必也会采取提价来应对，这就会使甲醇期货价格走高。

从具体的实战操作来看，在煤炭价格上升初期，若甲醇价格反向走低，即甲醇价格与煤炭出现背离的情况，此后，如果煤炭价格继续走高，则甲醇价格反向上攻的概率就会大大增加。当然，这种反向上攻的时机还要结合当时的市场环境等因素。

下面来看一下甲醇与焦煤期货的价格走势对比情况，如图 3–15 所示。

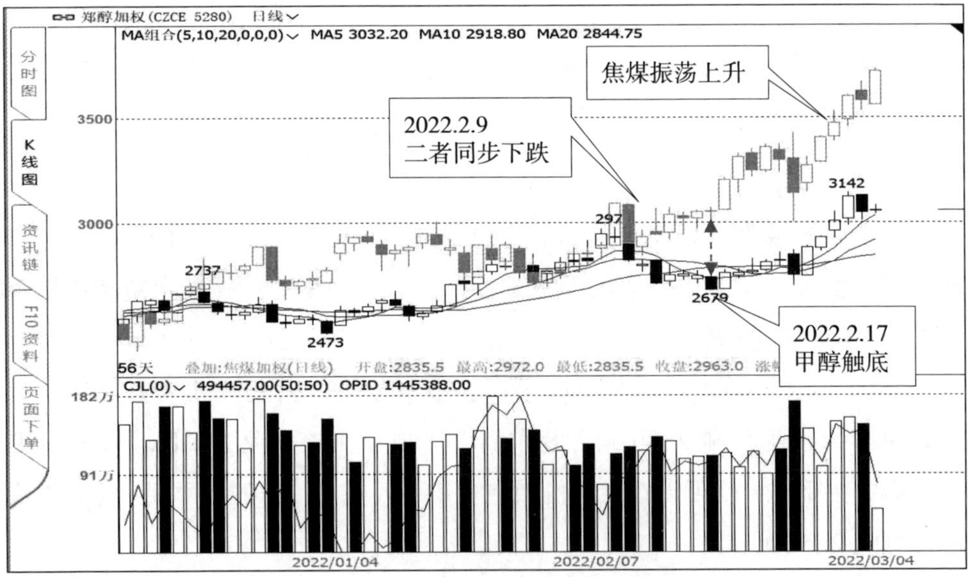

图 3–15 郑醇加权与焦煤加权的日 K 线走势图

如图 3–15 所示，郑醇加权的价格走势与焦煤比较相近。2022 年 2 月 9 日，二者同步大幅下挫，此后二者走势出现分化，焦煤期货的价格振荡上升，而郑醇的价格却反向下行，二者出现了明显的背离。

2022 年 2 月 17 日，郑醇价格触及短期低点，而焦煤期货的价格仍处于上升通道。此后，焦煤期货的价格连续大幅上升。投资者应该清楚，毕竟甲醇需要以煤炭为原料，在原料价格大幅上升的基础上，甲醇价格的上升只是时间问题。

此后，甲醇价格开始与焦煤价格同步进入上升通道。

第四章

塑料（LLDPE）期货基本分析策略

目前，市场上交易的塑料期货合约的交割标的物为线型低密度聚乙烯（LLDPE）。聚乙烯（PE）为世界五大合成树脂之一，其产量占世界通用树脂产量的 40% 以上，也是我国用量最多、进口量最多的树脂品种。其实，塑料期货的名称是文华财经上的名称，事实上还是叫聚乙烯或者 LLDPE 更为合适。

LLDPE 期货合约于 2007 年 7 月 31 日在大连商品交易所上市交易。

第一节 LLDPE 及 LLDPE 产业链

聚乙烯（PE）主要分为线型低密度聚乙烯（LLDPE）、低密度聚乙烯（LDPE）和高密度聚乙烯（HDPE）三个类别。期货市场上交易的主要是 LLDPE 合约。

一、LLDPE 的三大优点

LLDPE 为无毒、无味、无臭的乳白色颗粒。与 LDPE 相比，具有较高的软化温度和熔融温度，具有如下几方面的优点，如图 4–1 所示。

正是由于 LLDPE 的显著优点，使其广泛应用于工业、农业、医药、卫生和日常生活用品等领域。

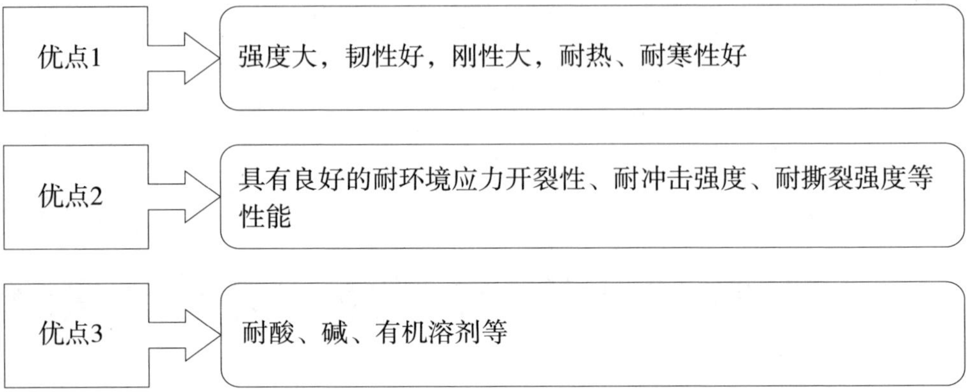

图 4-1　LLDPE 的三大优点

二、LLDPE 产业链

LLDPE 整个产业链如图 4-2 所示。

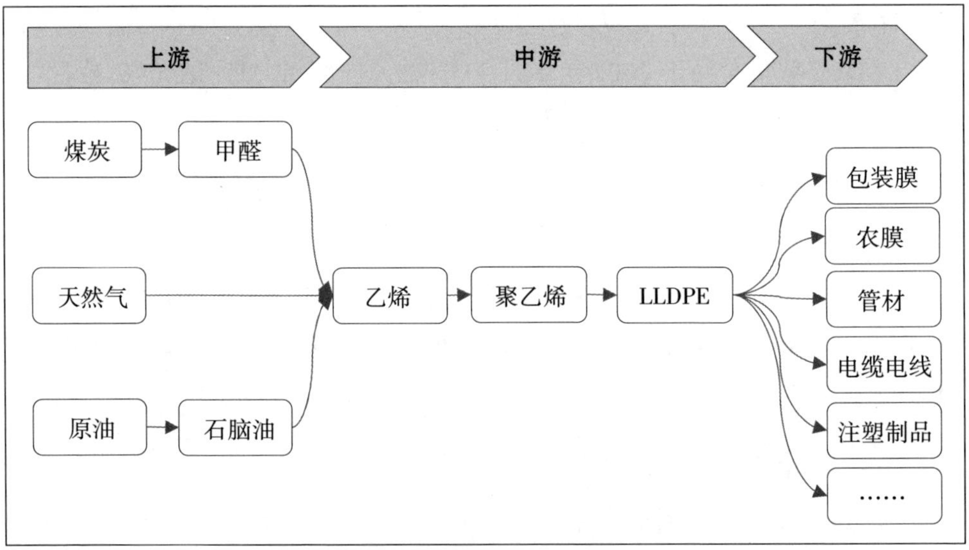

图 4-2　LLDPE 产业链

从 LLDPE 产业链可以看出，LLDPE 的上游关联着能源的三大核心领域，即原油、煤炭与天然气，而下游则关联着最常用的一些化工产品，如各类包装膜、农膜、管材等。

尽管通过煤炭、原油、天然气都可以实现 LLDPE 的生产，但我国目前主要还是通过石油化工的途径获得 LLDPE，中东国家和美国则通过天然气获得。通过煤化工实现 LLDPE 的生产，则是我国未来的重点发展方向。

第二节　LLDPE 基本供需分析

目前，我国是世界上最大的聚乙烯进口国和第二大消费国。LLDPE 的产量和消费量都十分庞大。同时，LLDPE 的供给和需求变动，对其价格波动具有决定性的影响。

一、LLDPE 供给

随着 LLDPE 应用领域的逐渐扩大，世界各国都加大了 LLDPE 的扩产力度。据相关机构统计资料显示，从 2017 年到 2021 年，全球 LLDPE 产能一直处于快速扩张阶段。五年时间内，各国新增产能装置达到 1226 万吨。

1. 全球聚乙烯（PE）以及 LLDPE 产能情况

从大的方向来看，近些年来，全球 PE 产能与 LLDPE 产能同步呈现逐渐增加的态势，其中 LLDPE 产能的增幅更大，如图 4-3 所示。

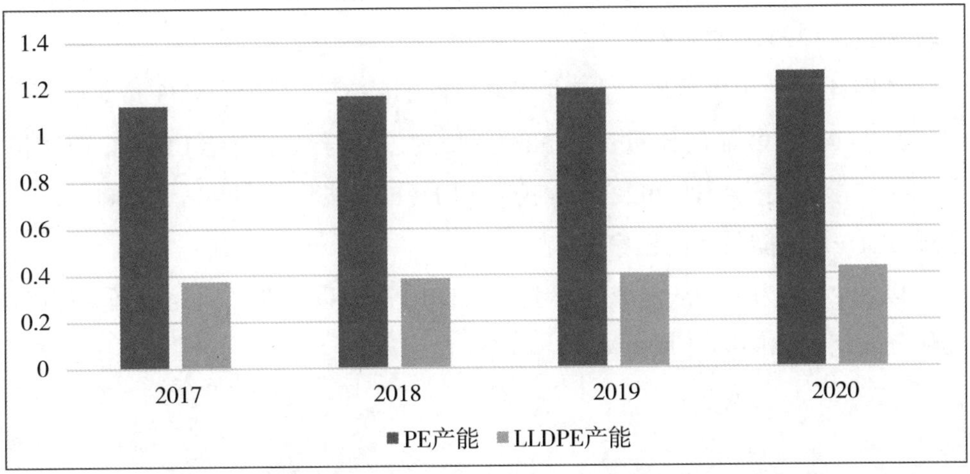

图 4-3　最近几年全球 PE 及 LLDPE 产能数据（单位：亿吨）

2. 全球 LLDPE 产能分布

2020 年全球 LLDPE 产能分布情况，如图 4–4 所示。

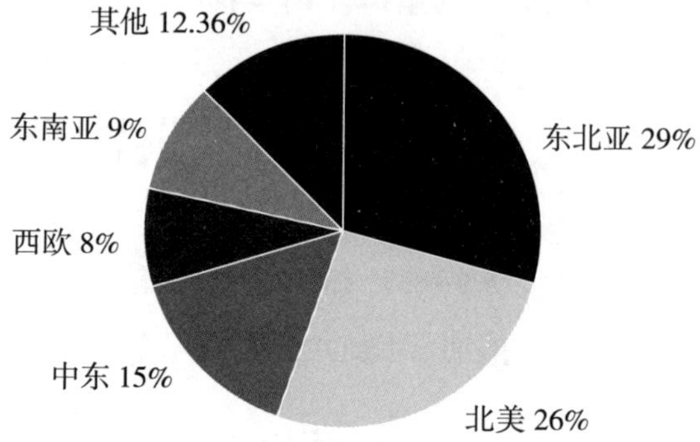

图 4–4 全球 LLDPE 产能分布占比

从图 4–4 中可以看出，全球 LLDPE 产能主要还是分布在东北亚、北美以及中东等国。这些国家除了属于原油供应国外，还贴近 LLDPE 的消费市场。特别是我国经济发展较快，对 LLDPE 的消费量也是逐年大幅增加。

3. LLDPE 国内供给

从国内 PE 产业来看，石油化工和煤化工的产能对比为 80% 比 20%，而在石油化工中，70% 的产能都属于中国石油和中国石化的下属企业。

最近几年，PE 产能出现了显著的增长，而 LLDPE 的增幅相比不是很高，其具体数据如图 4–5 所示。

从图 4–5 中可以看出，在 PE 领域，LLDPE 的产能增长幅度并不是最大的，其占 PE 总产能的比重不到 30%。其实，这与最近两年 LLDPE 产能扩充相对较慢有关。预计 2022 年，我国 LLDPE 产能将达到 966.3 万吨，成为全球 LLDPE 产能最大的国家。

以 2021 年为例，从地域上来看，LLDPE 产能以华北和西北地区为最高，具体分布情况如图 4–6 所示。

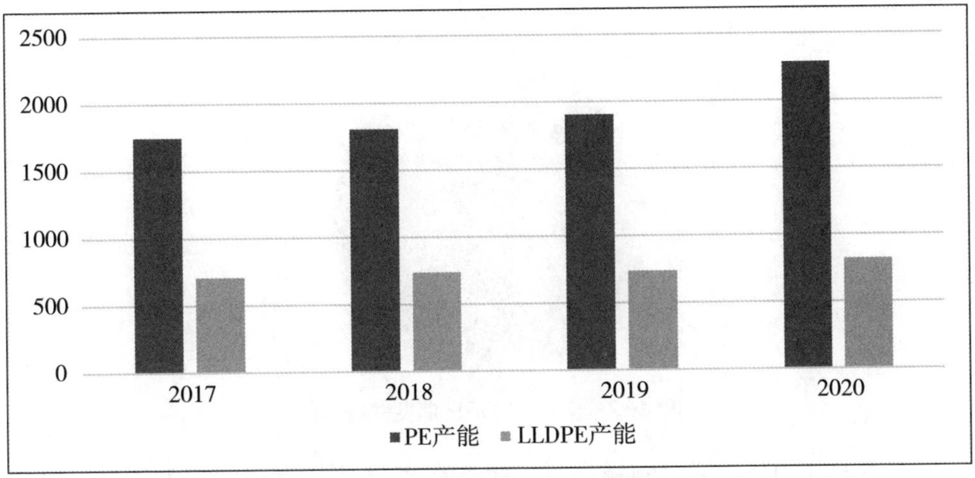

图 4-5　最近几年全国 PE 及 LLDPE 产能数据（单位：万吨）

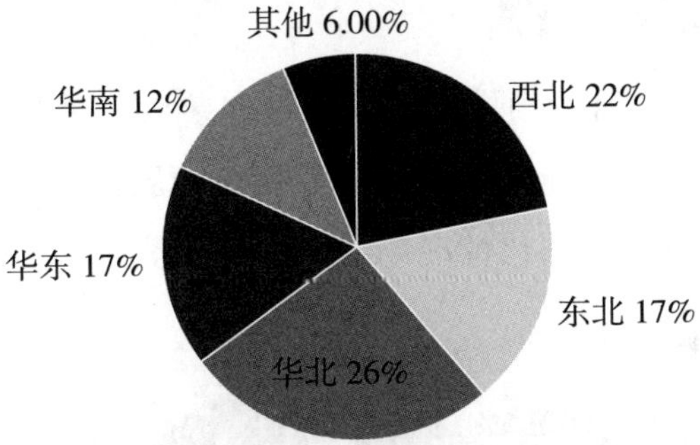

图 4-6　国内 LLDPE 产能分布占比

从图 4-6 中可以看出，三北地区的 LLDPE 产能占比超过总产能的 60% 以上，这与这几个地区煤炭、石油资源相对丰富有直接的关系。

二、LLDPE 需求

LLDPE 的需求情况，需要从全球整体需求结构和国内需求等多方面来分析。

1. 全球 LLDPE 需求情况

据相关结构统计，过去几年内，整个 LLDPE 行业的需求保持了较快的增长。其具体消费领域如图 4-7 所示。

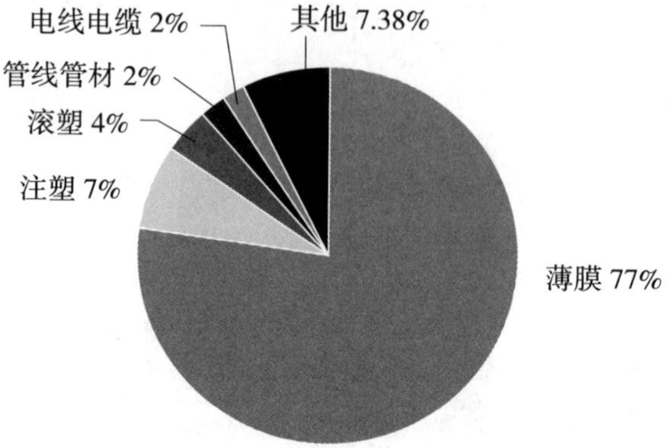

图 4-7　全球 LLDPE 消费领域占比

从全球 LLDPE 消费领域来看，生产薄膜仍是其第一大需求领域。这与国内 LLDPE 产业的消费领域有些类似。

2. 国内 LLDPE 需求情况

LLDPE 最主要的消费领域就是薄膜、包装膜。最近几年，随着快递业的快速发展，包装膜的需求量大增，这就使得薄膜的消费占比要比全球消费占比更高。各消费领域的占比情况如图 4-8 所示。

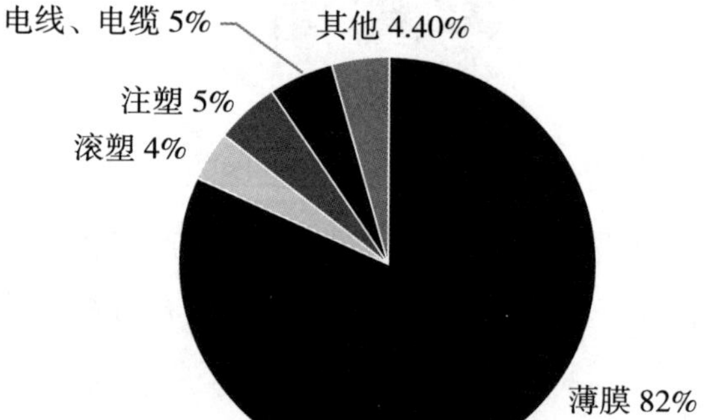

图 4-8　全国 LLDPE 应用领域占比

从图 4-8 中可以看出，在全国 LLDPE 消费领域，薄膜的占比达到了绝对高位，超过了 80% 的比重。当然，这里的薄膜涵盖了包装薄膜、农用薄膜等品种。

3. 国内 LLDPE 表观需求量

最近几年 LLDPE 的需求量表现出了明显的上升态势。历年表观需求量如图 4-9 所示。

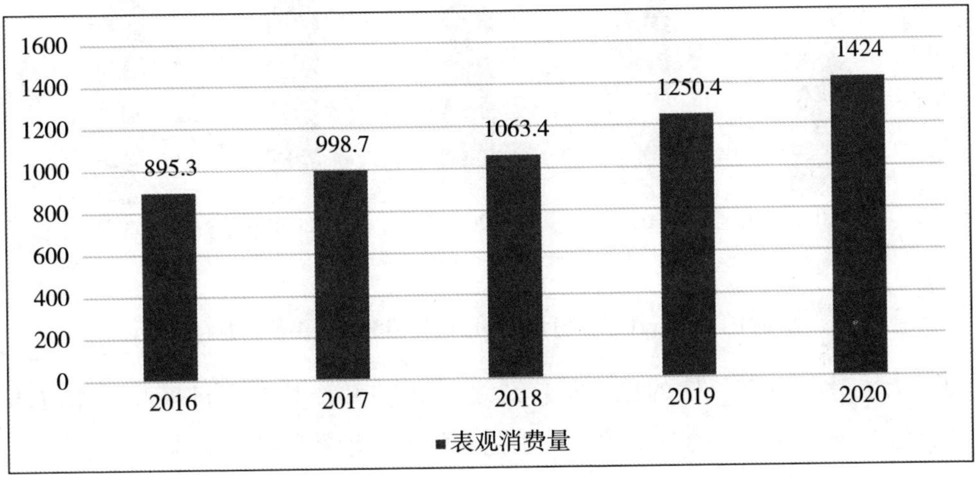

图 4-9 最近几年全国 LLDPE 表观消费量数据（单位：万吨）

从图 4-9 中可以看出，最近几年 LLDPE 的需求量呈现了节节攀升态势，这说明国内对 LLDPE 的需求还是不错的。特别是在下游限塑令、可降解、新工艺及替代品等随处可见的情况下，需求量保持增长更加难能可贵。

未来几年，这种需求态势还有望进一步保持。

三、LLDPE 进出口

通过之前国内 LLDPE 产能和表观需求量来看，二者之间存在一个较大的缺口，这个缺口事实上就是每年的净进口数量。最近几年 LLDPE 的进口量数据如图 4-10 所示。

通过图 4-10 可以看出，2021 年中断了连续多年的上升态势，出现了一个较为明显的下滑，这与疫情原因和国际政治经济形势有关。未来，国内 LLDPE 厂商因同质化严重，面对的国内与国际竞争也将越来越激烈。

目前，我国 LLDPE 进口来源国主要为东南亚地区的新加坡、泰国、马来西亚、印度尼西亚；中东地区的沙特阿拉伯、伊朗、阿联酋等。从美国、

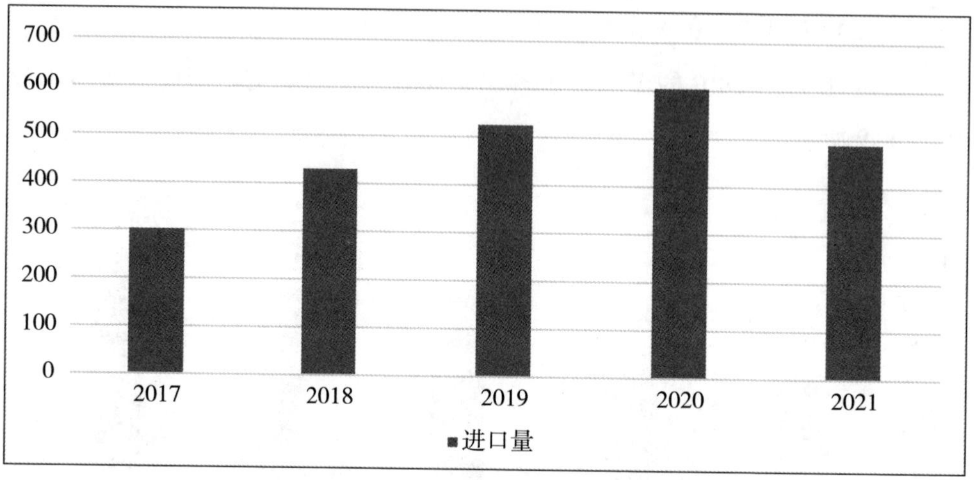

图 4-10　最近几年全国 LLDPE 进口量数据（单位：万吨）

加拿大、韩国也有一定的进口量。总之，LLDPE 产品的进口来源国相对比较分散。进口量最多的三个国家分别是新加坡、沙特阿拉伯和泰国。

第三节　影响 LLDPE 价格的因素

影响 LLDPE 价格波动的因素，包括但不限于如下几个方面，如图 4-11 所示。

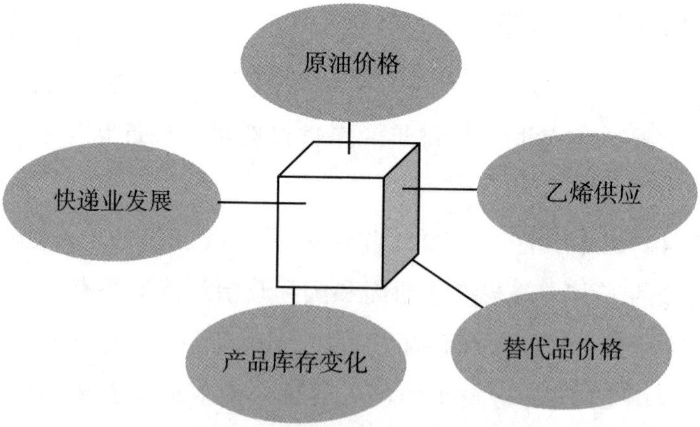

图 4-11　影响 LLDPE 价格波动的因素

一、原油价格

目前，国内 PE 以及乙烯产业的上游仍是以原油为主。尽管我国已经开始尝试用煤化工来取代石油化工生产乙烯，但目前石油化工生产的乙烯占比仍在 80% 左右。而原料又占到乙烯总成本的 60% ～ 80%，也就意味着，作为原料的原油价格出现大幅波动，乙烯的生产成本自然随之振荡，LLDPE 期货的价格也会随之波动。

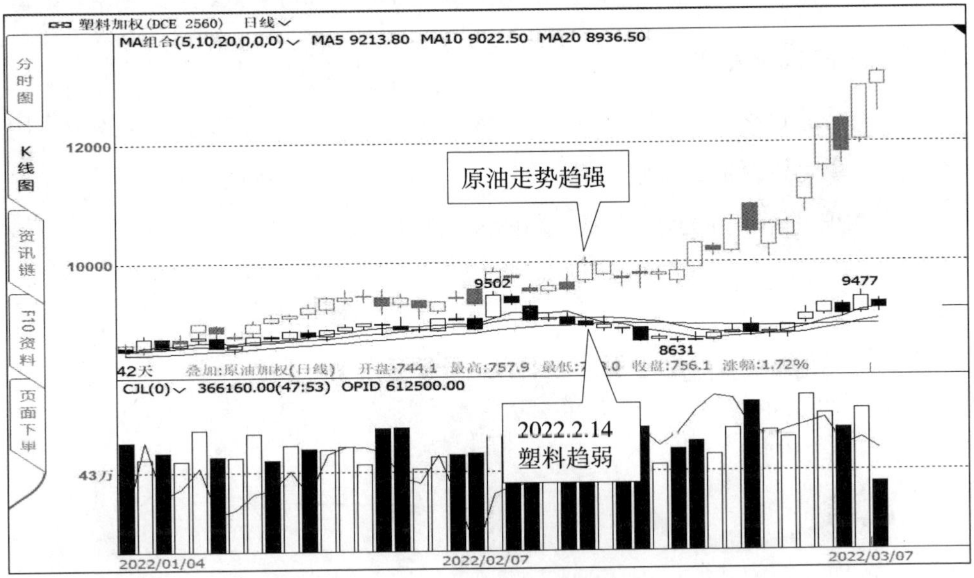

图 4–12　塑料（LLDPE）加权与原油加权日 K 线对比走势图

如图 4–12 所示，塑料（LLDPE）期货的价格走势在相当长的时间内与原油期货价格走势趋同，但塑料价格的波动一般都要小于原油期货价格。

2022 年 2 月 14 日之后，受俄乌冲突预期升温的影响，原油价格开始逐渐加快了上升速度，而塑料的价格走势却并没有随之大幅上升。毕竟塑料价格的波动除了成本因素外，还要考虑市场整体的供需情况。

二、乙烯供应

在 LLDPE 产业链中，乙烯是其直接上游，因而乙烯的供应量以及供应价格，都会在一定程度上对 LLDPE 的价格产生直接的影响。

从现货市场的实际情况来看，LLDPE 的价格一般都会高于乙烯 16% 左右，一般的波动幅度在 4% ～ 28% 之间。

投资者在操作 LLDPE 期货时，可以适时跟踪了解乙烯的市场价格，并对 LLDPE 期货价格走势进行预判。从实际操作角度来看，若乙烯价格与 LLDPE 之间的价差稳定在一定幅度之内，对具体的期货操作就不会产生太大的影响，如价差出现异动，则需要投资者特别关注。关于乙烯现货的价格走势情况，投资者可关注一些专业的网站，如生意社等。

三、替代品价格

替代品的价格，通常都会对某一商品的价格产生较大的影响。替代作用越强，受替代品价格的影响也越大。

LLDPE 的替代品包括两类，如图 4-13 所示。

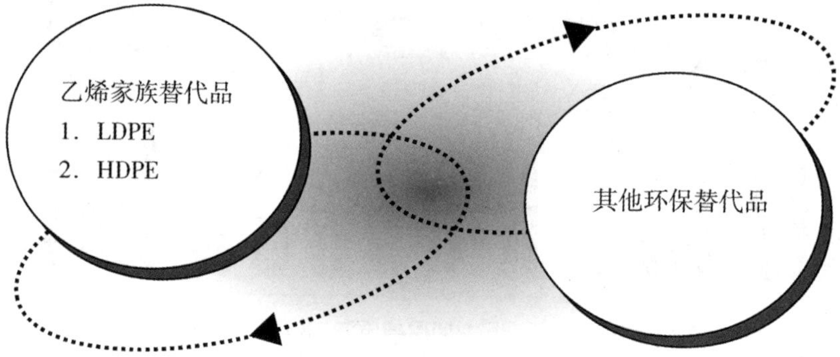

图 4-13　LLDPE 替代品

第一，乙烯家族替代品。

LLDPE 是通过乙烯生产的，而与之相似，LDPE 和 HDPE 也是由乙烯生产出来的。三者在某些情况下，其实是可以互相替代的。三者的价格走势尽管相似，但也会受各自产能与市场供需的影响而出现一定的波动。若 LDPE 和 HDPE 相对 LLDPE 的价格走低时，市场上很多消费方更倾向于用前两者替代 LLDPE，这在一定程度上就会压制 LLDPE 的价格。

第二，其他环保用品的替代效应。

目前，LLDPE 的最大使用领域为包装膜。随着环保意识的加强，未来使用更加环保的替代品势必会成为大趋势。当然，这种趋势何时到来或者对 LLDPE 产业的影响到底有多大，还是一个未知的变量。

四、产品库存变化

通常来看，产品库存越高，价格肯定会越低；反之，库存降低，则价格会走高。在 LLDPE 领域，投资者需要关注的库存信息包括以下几类，如图 4–14 所示。

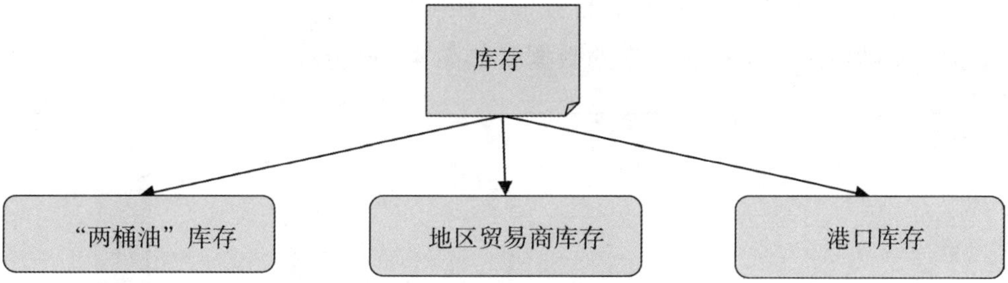

图 4–14　LLDPE 主要库存结构

第一，“两桶油”的库存情况。

目前，大部分乙烯产能属于中石油、中石化的下属企业，因而“两桶油”的库存水平，在一定程度上可以反映 LLDPE 的供需状况。若库存高企，则意味着价格承压，很难出现较大的上涨；反之，若库存较低，未来价格上升的概率相对较高。

第二，地区贸易商的库存。

地区贸易商的库存量，在一定程度上更可以成为 LLDPE 价格走势的风向标。当地区贸易商库存处于高位时，其必然倾向于低价向市场销售库存商品；反之，若库存处于低位，则必然存在惜售心理。

第三，港口库存。

相对而言，从国外进口的 LLDPE 数量目前还是比较高的（尽管 2021 年出现了下跌）。由于很多进口货源来自于中东地区，其生产乙烯的途径主要是天然气，这样，其产品的品质相对国内产品更高，且价格还比较便宜。

港口库存越高，意味着国内 LLDPE 价格将承受更大的压力；反之，若港口库存较低，则有利于价格上行。

五、快递业的快速发展

快递行业的发展，从某种意义上极大地推动了市场对 LLDPE 以及 PE 产业的需求。随着每年快递业务量的增长，对包装膜的需求量也持续增长。LLDPE 产品的 80% 用于薄膜生产，其中 70% 被用于包装膜的生产。由此可见，包装膜对 LLDPE 产业具有较强的提振能力。

下面来看一下快递业务量的数据，如图 4–15 所示。

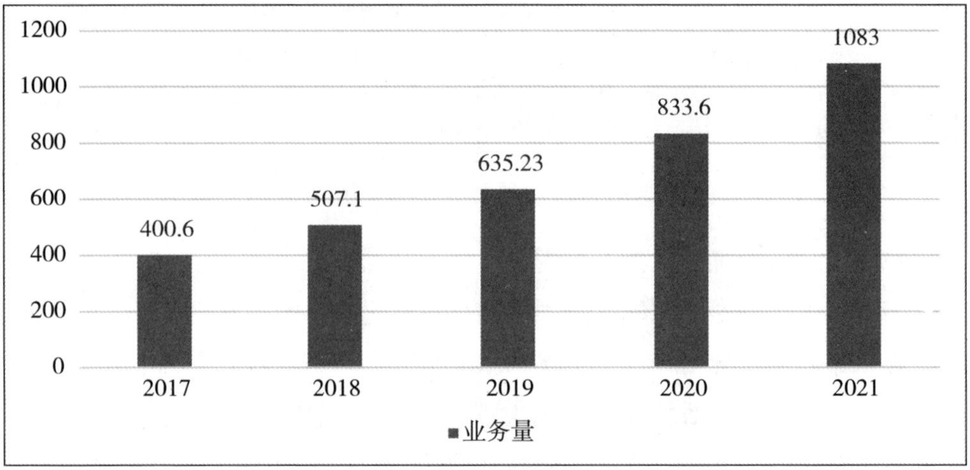

图 4–15　全国快递业务量数据（单位：亿件）

从图 4–15 中可以看出，全国快递业务量在这几年内取得了突飞猛进的发展，特别是 2021 年突破了 1000 亿件。未来这种趋势还将延续，也会在一定程度上支撑对 LLDPE 的需求。

第四节　LLDPE 期货及交易要点

作为一种独立的期货品种，LLDPE 的价格走势尽管与原油关系非常密切，但也有其自身的特点和波动规律。

一、LLDPE 期货合约及交割要点

在设计 LLDPE 期货合约时，重点考虑了以下几方面内容，如图 4-16 所示。

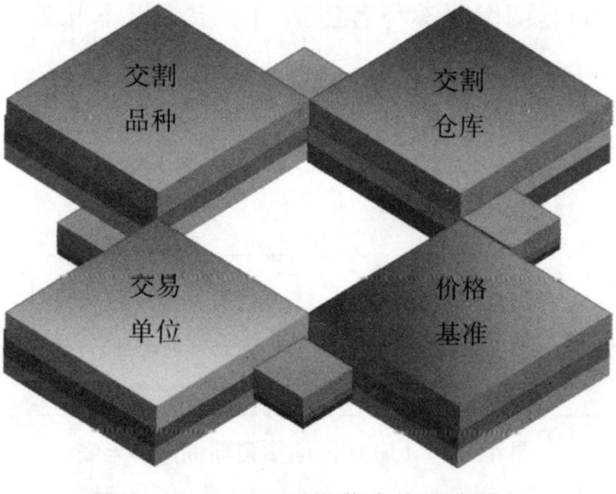

图 4-16　LLDPE 期货合约设计要点

第一，LLDPE 交割品种。按照国家标准，LLDPE 产品大致分为优等品、一等品和二等品三种。不过品种等级之间的品质差距不大，在市场上，更加倾向于用品牌区分，因此，大商所设置交割品种时，是通过确立可交割品牌来规范交割的。厂商可以自行向大商所申请成为注册的可交割品牌。目前，市场上的主流品牌基本上都已经进入可交割的品牌名录。

第二，在 LLDPE 仓库的交割方面。一般来说，交割仓库的设置都是为了交割双方的便利。目前，在 LLDPE 行业中，东北、西北产量相对较高，但消费量较低。相对而言，华东、华南地区属于主要消费地区，且便利的港

口条件有利于从国外进口 LLDPE 产品，因此，将上海、宁波等地设置为基准交割地。非基准交割地还包括广州、天津、潍坊等地。

第三，交易单位设置。目前 LLDPE 期货合约每手设置为 5 吨，这是综合考虑 LLDPE 市场价格、扩大流通性以及市场可交割量而设置的一个交易标准。

第四，交割基准价格。LLDPE 期货合约的基准价格是综合考虑广东塑料交易所、中塑在线、金银岛网交所的现货价格设置的。一般会按照三个现货市场的均价来设置基准价格。

二、LLDPE 期货的套期保值

LLDPE 期货的套期保值参与者包括但不限于以下几类，如图 4-17 所示。

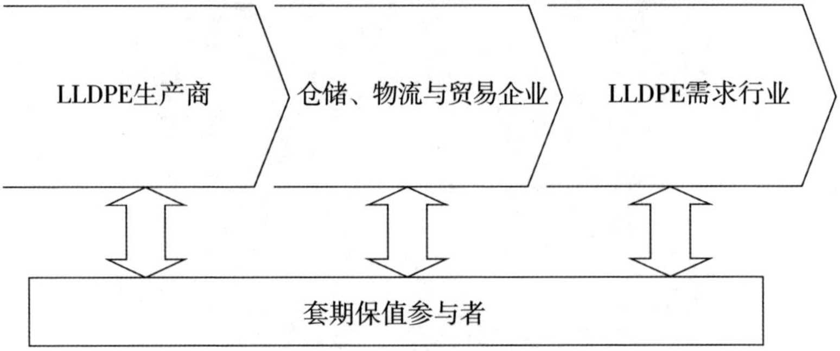

图 4-17　LLDPE 期货套期保值参与者

1. 生产商

LLDPE 生产商是 LLDPE 期货套期保值的重要参与者。这类企业需要防范 LLDPE 价格大幅下行，给自己企业造成较大的亏损。一般以中石油、中石化下属企业居多，还有一些中小型的 LLDPE 生产企业。

2. 仓储、物流与贸易企业

LLDPE 中游参与者包括仓储物流企业以及各类地区贸易企业。这类企业尽管不是 LLDPE 的生产者或消费者，但手中却可能存有大量的 LLDPE 库存。因而，确保这部分 LLDPE 不贬值，就成为这类企业的首选目标。

3. 下游消费方

LLDPE 消费行业包括的企业较多，涵盖了诸多薄膜、管材、塑料制品生产厂商，如包装膜生产商、塑料管材生产商等。当然，这些生产商也可能不只生产一种需要 LLDPE 的产品。不过，防止 LLDPE 价格大幅上升却是这类厂商最主要的出发点。

三、LLDPE 市场套期保值操作

LLDPE 的套期保值也需要遵守期货套期保值的基本规则，即数量相同、月份相近、方向相反原则。LLDPE 期货套期保值分为多头套期保值和空头套期保值两类。

1. 多头套期保值

LLDPE 多头进行套期保值，都是出于防止 LLDPE 价格大幅上升侵蚀自身利润的目的而进行的。进行多头套期保值的参与方多为 LLDPE 下游的消费方，以各类 LLDPE 化工企业为主。

比如，2022 年 1 月，某包装膜生产企业想要在 5 月份购入 1 万吨 LLDPE，此时，华东地区 LLDPE 现货价格为每吨 9000 元。那么，该企业为了防止 5 月份 LLDPE 价格大幅上扬，就可以在 1 月份做多买入 1 万吨 5 月份的 LLDPE 期货合约（价格为每吨 9100 元）。

到了 5 月份，如果 LLDPE 现货价格上涨至每吨 10000 元，而 5 月份 LLDPE 期货合约的价格也上涨至 10050 元左右。该包装膜生产商可以将手中的期货合约平仓，现货市场每吨多花的 1000 元，在期货市场补回了 950 元，也是不错的交易（不含手续费、佣金）。

2. 空头套期保值

空头进行套期保值主要是担心卖出 LLDPE 时价格下跌，或手中的 LLDPE 库存出现贬值的情况。LLDPE 空头套期保值的参与方包括 LLDPE 产业链的上游和中游企业，如 LLDPE 生产商、贸易商等。

比如，2022 年 1 月，某 LLDPE 贸易公司计划在 5 月卖出 5000 吨

LLDPE，此时 LLDPE 价格为每吨 9000 元。那么，该企业为了防止 5 月份 LLDPE 价格大幅下跌，就可以在 1 月份做空卖出 5000 吨 5 月份的 LLDPE 期货合约（价格为每吨 9100 元）。

到了 5 月份，LLDPE 现货价格下跌至每吨 8000 元，而 5 月份 LLDPE 期货合约的价格也下跌至 8050 元左右。此时该 LLDPE 生产企业可以将手中的期货合约平仓，现货市场每吨少赚的 1000 元，在期货市场补回了 1050 元，也是不错的交易（不含手续费、佣金）。

第五章

聚丙烯（PP）期货基本分析策略

与聚乙烯（PE）相似，聚丙烯（PP）也是世界五大合成树脂之一，其用途也十分广泛。PP 属于热塑性树脂，很多耐热塑制品都是由 PP 生产的，在汽车工业、家用电器、电子、包装等领域被广泛使用。

聚丙烯（PP）期货合约于 2014 年 2 月 28 日在大连商品交易所上市交易。

第一节　聚丙烯（PP）及其产业链

一、PP 特点

聚丙烯（PP）为无色、无臭、无毒、半透明的固体物质。与其他树脂材料相比，具有较高的耐高温特性。该类材料具有如下几方面优点，如图 5–1 所示。

正是由于 PP 具有这些显著优点，使其在农业、工业、渔业等产业中都得到了较大规模的应用。

二、PP 产业链

从生产工艺路径来看，PP 与 LLDPE 基本相同，其产业链如图 5–2 所示。

从 PP 产业链可以看出，PP 的上游与 LLDPE 相同，也关联着能源的三大核心领域，即原油、煤炭与天然气。下游则关联着最常用的一些化工产品，如各类编制品、注塑制品、薄膜制品、纤维制品、管材等。

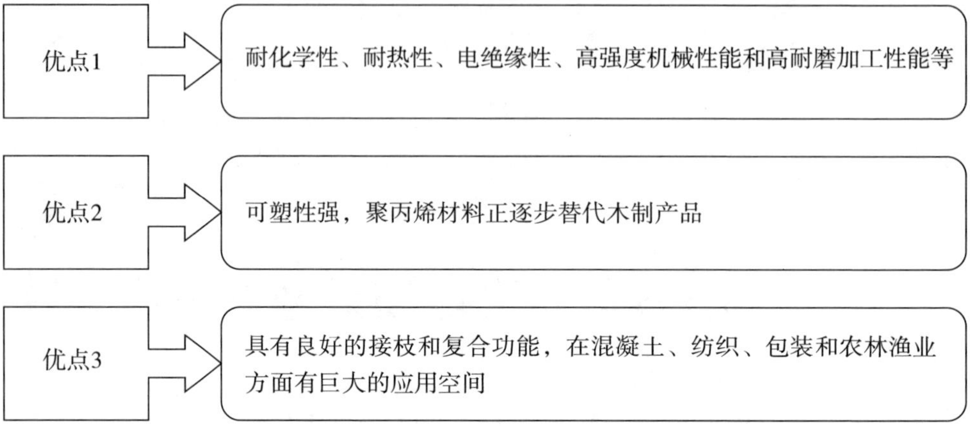

图 5-1　PP 的三大典型优势

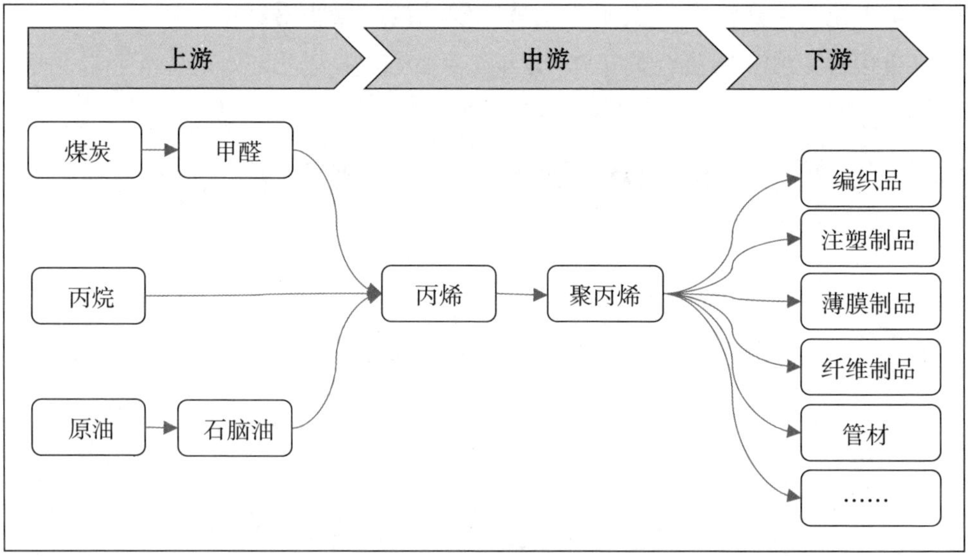

图 5-2　PP 产业链

尽管通过煤炭、原油、天然气都可以实现 PP 的生产，但我国目前还是主要通过石油化工途径获得 PP，中东国家和美国则通过天然气获得。未来，我国也会大力发展煤化工来生产 PP。

从生产成本来看，以“天然气 - 丙烷”路径生产的丙烯，成本最低，且质量较佳；以石油化工路径生产的丙烯成本最高；以“煤化工 - 甲醛”路径生产的丙烯，成本处于中间位置。以我国的国情来看，显然煤化工的路径更符合未来发展的需要。

第二节　聚丙烯（PP）基本供需分析

目前，我国是世界上最大的 PP 生产国，也是世界上最大的塑编制品生产国和消费国，更是世界上最具潜力的塑编生产市场和消费市场，PP 的产量和消费量都十分庞大。同时，PP 的供给和需求变动，对其价格波动具有决定性的影响。

一、PP 供给

由于聚丙烯的应用范围非常广泛，世界各国都加大了 PP 的扩产力度。

1. 全球聚丙烯（PP）产能情况

从大的方向来看，近些年来，全球 PP 产能呈现逐渐增加态势。平均产能利用率在 85% 左右，如图 5-3 所示。

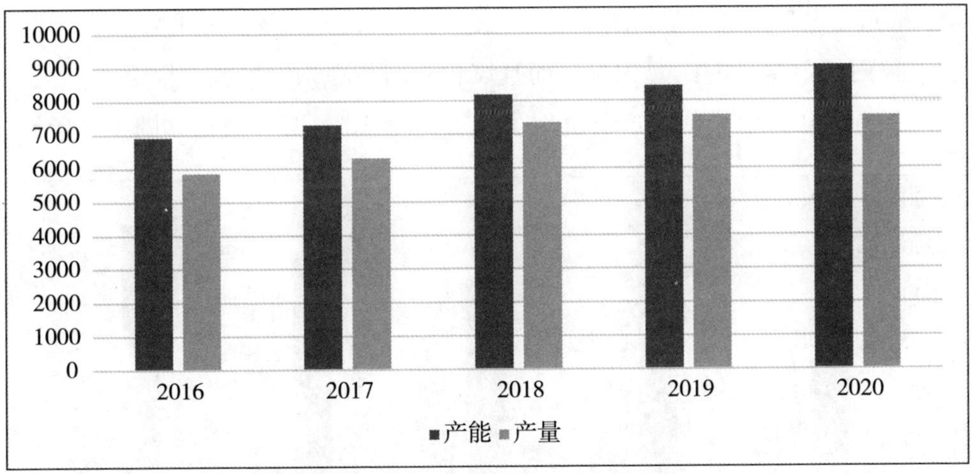

图 5-3　最近几年全球 PP 产能数据（单位：万吨）

2. 全球聚丙烯（PP）产能分布

2020 年，全球聚丙烯（PP）的产能分布情况如图 5-3 所示。

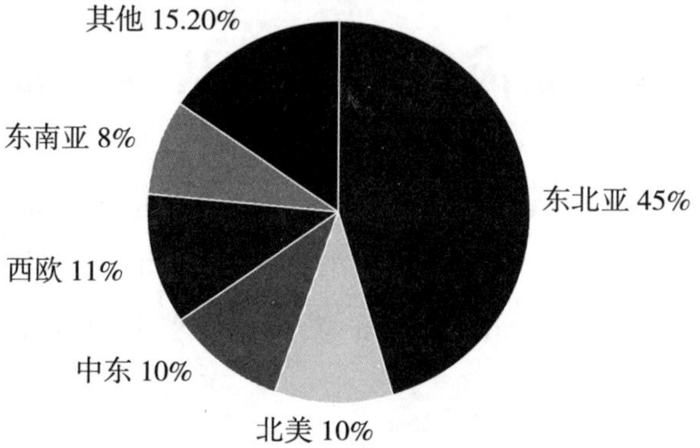

图 5-3　全球 PP 产能分布占比

从图 5-3 中可以看出，全球 PP 产能主要还是分布在东北亚、北美、西欧以及中东等国。其中，东北亚特别是中国的 PP 产能占有较高的比重。

3.PP 国内供给

从国内 PP 产业来看，PP 的来源结构更加均衡。最近几年新增扩产产能中，通过“煤－甲醛”路径的产能占比达到 33%，石油路径占比为 46%，“天然气－丙烷”路径占比为 21%，而且煤化工路径在未来可能增幅更大。

最近几年，PP 产能与产量出现了显著的增长，其具体数据如图 5-4 所示。

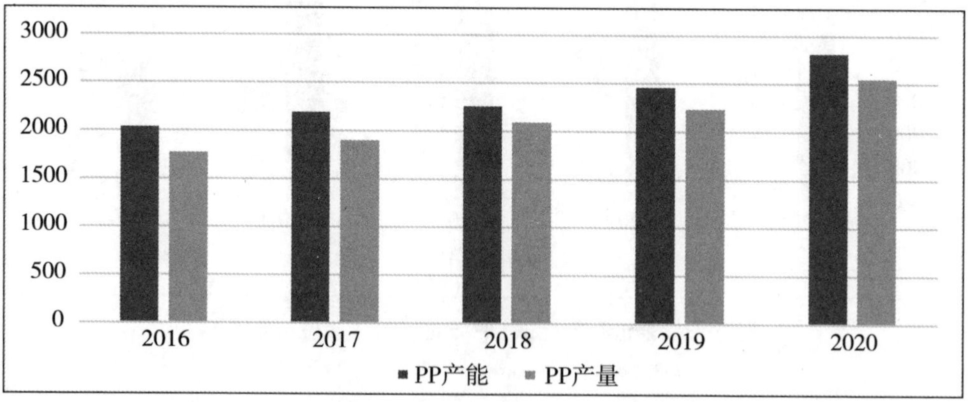

图 5-4　全国 PP 产能与产量数据（单位：万吨）

从图 5-4 中可以看出，PP 的产能一直保持了较快的增长，产量也随之出现了上升态势。最近几年，整体的产能利用率在 90% 左右，这是一个非常不错的水平，相比之前的 LLDPE 领域要好很多。未来，PP 的产能与产量有望进一步走高。

以 2020 年为例，从地域上来看，PP 产能以西北地区为最高，其具体分布情况如图 5-5 所示。

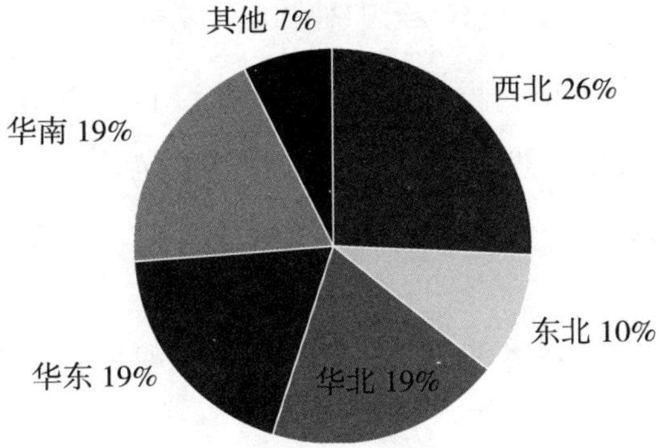

图 5-5　国内 PP 产能分布占比

从图 5-5 中可以看出，除了西北地区外，华东、华南与华北地区的 PP 产能也比较高，这些地区更加贴近消费市场，因而很多 PP 生产企业选择了贴近消费市场的产业布局。

二、PP 需求

PP 的需求情况需要从全球整体需求和国内需求等多方面来分析。

1. 全球 PP 需求情况

据相关机构统计，过去几年内，整个 PP 行业的需求保持了 4.5% 的增长，其中中国和印度对 PP 需求量的贡献最大。

2. 国内 PP 需求情况

PP 最主要的消费领域就是拉丝、注塑（包括共聚注塑和均聚注塑）、纤维等。各消费领域的占比情况（2020 年数据）如图 5-6 所示。

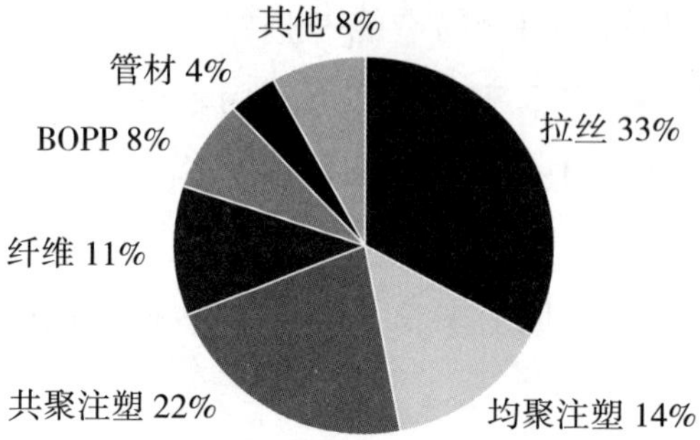

图 5-6　全国 PP 应用领域占比

从图 5-6 中可以看出，拉丝注塑为 PP 最核心的应用领域。从终端产品来看，拉丝制品主要用于粮食、化肥及水泥等的包装上，注塑制品主要用在小家电、日用品、玩具、洗衣机、汽车和周转箱上，薄膜 (BOPP) 制品主要用于食品包装领域。

同时，最近几年因疫情影响，口罩消费量大幅增长，在一定程度上也推动了拉丝的需求。

3. 国内 PP 表观需求量

最近几年 PP 需求量表现出了明显的上升态势。历年表观需求量如图 5-7 所示。

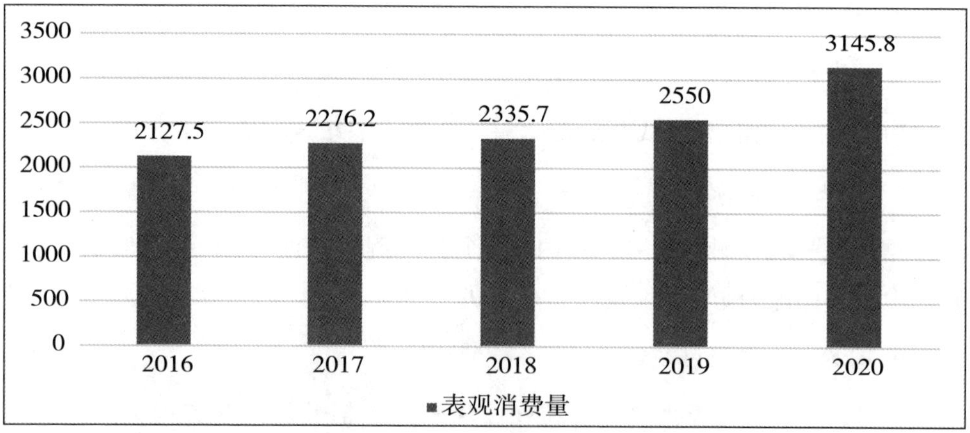

图 5-7　最近几年全国 PP 表观消费量数据（单位：万吨）

从图 5-7 中可以看出，最近几年 PP 的需求量呈现了节节攀升的态势。特别是 2020 年，在疫情的影响下，PP 的消费量呈现了大幅增长态势。不过，从整体上来看，产能过剩现象已经开始显现，未来 PP 价格的走势可能会承压。

三、PP 进出口

通过之前国内 PP 产能和表观需求量来看，二者之间存在一个较大的缺口，这个缺口事实上就是每年的净进口数量。最近几年，PP 进出口量数据如图 5-8 所示。

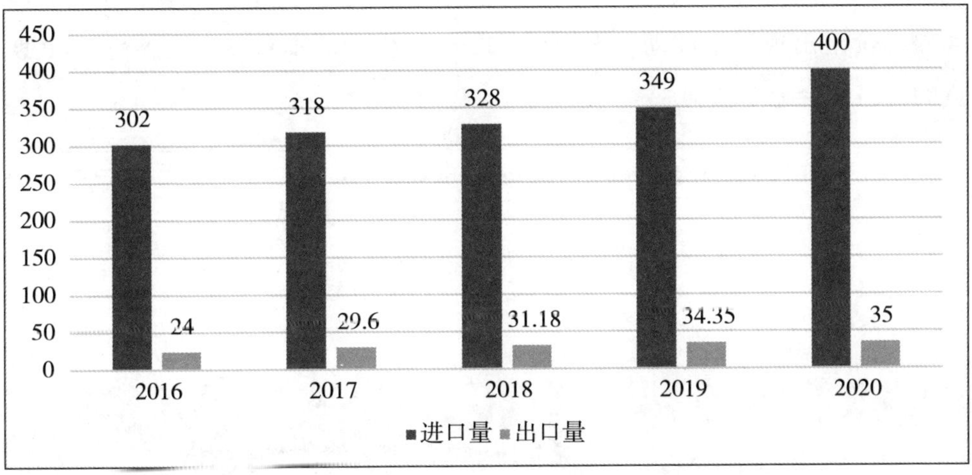

图 5-8　最近几年全国 PP 进出口量数据（单位：万吨）

通过图 5-8 可以看出，PP 产品的出口量一直处于低位，特别是相对于每年的进口量更是如此。PP 进口量一直呈现了较为明显的增长态势，这也给国内厂商带来了一定的压力。

目前，我国 PP 进口来源国主要为亚洲地区的韩国、沙特阿拉伯、阿联酋、新加坡、日本等。总体上来看，进口来源国相对比较分散，各国所占的比重都不算太大（2020 年数据）。

第三节　影响聚丙烯（PP）价格的因素

PP期货价格的波动因素包括很多，其中最为重要的包括三类：原油价格、丙烯供应以及PP库存情况。

一、原油价格

与PE相似，国内PP产业的上游仍是以原油为主。尽管煤化工新增产能在逐步扩大，但PP的生产原料仍是以石油为主。这就意味着，作为原料的原油价格出现大幅波动，聚丙烯（PP）的生产成本自然随之振荡，PP期货的价格也会随之波动。

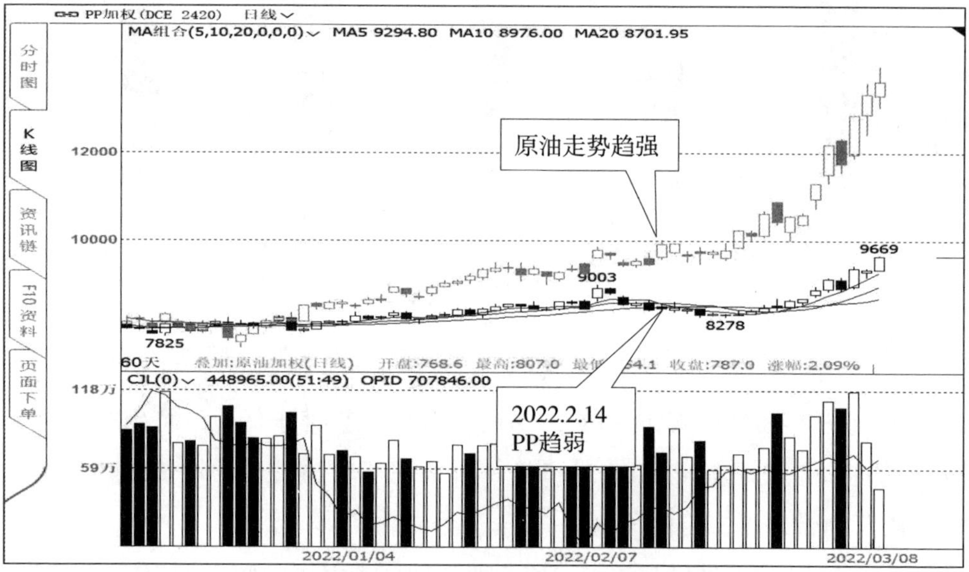

图5-9　PP加权与原油加权日K线走势图

如图5-9所示，PP期货的价格走势在相当长的时间内与原油期货价格走势趋同，但PP价格的波动一般都要小于原油期货价格。

2022年2月14日之后，受俄乌冲突预期升温的影响，原油价格开始逐渐加快了上升速度，而 PP 的价格走势却并没有随之大幅上升。毕竟 PP 的价格波动除了成本因素外，还要考虑市场整体的供需情况。

二、丙烯供应

在 PP 产业链中，丙烯是其直接上游，因而丙烯的供应量以及供应价格都会在一定程度上对 PP 的价格产生直接的影响。

从现货市场的实际情况来看，PP 的价格一般都会高于丙烯。从 PP 的生产来看，生产 1 吨 PP 大约消耗 1.17 吨丙烯，这也就决定了若丙烯与 PP 价差缩小，很多 PP 生产企业就会出现亏损的情况。

投资者在操作 PP 期货时，可以适时跟踪了解丙烯的市场价格，并对 PP 期货价格走势进行预判。从实际操作角度来看，若丙烯价格与 PP 之间的价差稳定在一定幅度之内，对具体的期货操作不会产生太大的影响，如价差出现异动，则需要投资者特别关注。关于丙烯现货的价格走势情况，投资者可关注一些专业的网站，如生意社等。

不过，从实际情况来看，市场上的投资者普遍更愿意关注原油的价格波动，而对丙烯价格波动关注的力度并不够。目前，国内丙烯产能主要集中在山东、华东地区的一些地方炼油企业，这也是需要投资者重点关注的。

三、库存情况

在 PP 领域，投资者需要关注的库存信息不仅包括成品库存信息，还要关注原料库存信息。如图 5-10 所示。

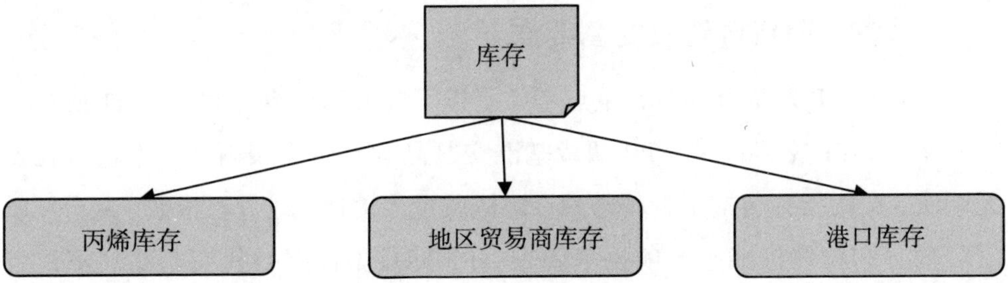

图 5-10　PP 主要库存结构

第一，丙烯库存情况。

丙烯是生产 PP 的主要原料，而丙烯的供应又与原油供需以及相关化工企业的利润情况有关。事实上，市场上经常出现 PP 生产厂商因丙烯供应不足而不得不停工待料的情况，这就需要投资者特别关注。

第二，地区贸易商库存。

地区贸易商的库存量，在一定程度上可以成为 PP 价格走势的风向标。当地区贸易商库存处于高位时，其必然倾向于低价向市场销售库存商品；反之，若库存处于低位，则必然存在惜售心理。

第三，港口库存。

相对而言，从国外进口的 PP 数量目前还是比较高的。事实上，随着最近几年国内 PP 产能的提升，PP 对外依存度有所减弱，但进口量在整个需求量的占比仍然比较高。特别是由于国外进口的 PP 质量相对较佳，且价格相对较低，这就使得很多企业不愿意放弃从国外进口 PP。

总之，港口库存越高，意味着国内 PP 价格将承受更大的压力；反之，港口库存较低，则有利于 PP 价格的上行。

第四节　聚丙烯（PP）期货及交易要点

作为一种独立的期货品种，PP 的价格走势尽管与原油关系非常密切，但也有其自身的特点和波动规律。

一、PP 期货合约及交割要点

在设计 PP 期货合约时，重点考虑了以下几方面内容，如图 5-11 所示。

第一，PP 交割品种。PP 期货基准交割品为窄带类聚丙烯，本色颗粒，无杂质。交割指标包括了颗粒外观、熔体质量流动速率、等规指数、灰分（质量分数）和拉伸性能等 5 项技术要求。PP 期货不设置替代交割品，不设置等级升贴水。

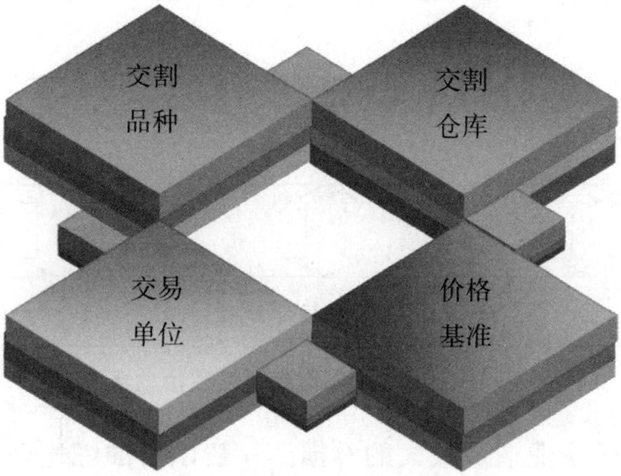

图 5-11　PP 期货合约设计要点

第二，在 PP 仓库的交割方面。与 LLDPE 期货相似，PP 交割仓库也分为基准仓库和非基准仓库。浙江、上海等地由于贴近主要消费市场，因而被设置为基准交割仓库；而山东（主要产地）、广东（主要进口地）等地的仓库则为非基准仓库。具体交割仓库由交易所指定，可能会不定期地进行调整。

第三，交易单位设置。目前 PP 期货合约每手为 5 吨，该设置与 LLDPE 合约相同。这是综合考虑 PP 市场价格、扩大流通性以及市场运输与包装等方面设置的一个交易标准。

第四，交割基准价格。PP 期货合约的基准价格是综合考虑华东地区的现货价格设置的，同时兼顾现货供需以及未来价格走势情况。比如，2014 年 2 月 28 日，上市当日的基准价为 10500 元 / 吨，而在浙江的现货市场，PP 价格为 10950 ～ 11200 元 / 吨。也就是说，大商所在设置 PP 基准价时，一方面考虑为期货合约上市当日预留一定的上涨空间，另一方面也考虑 P.P 现货市场的价格在未来可能会承受一定的压力。

二、PP 期货的套期保值

PP 期货的套期保值参与者包括但不限于以下几类，如图 5-12 所示。

1.PP 生产商

PP 生产商是 PP 期货套期保值的重要参与者。这类企业需要防范 PP 价

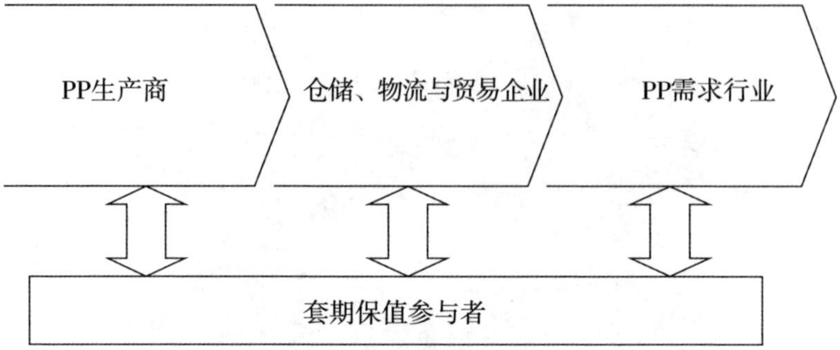

图 5-12 PP 期货套期保值参与者

格大幅下行给自己企业造成较大的亏损。一般以石油炼化企业居多，还有一些中小型的 PP 生产企业。

2. 仓储、物流与贸易企业

仓储物流企业以及各类地区贸易企业，包括 PP 进口商，也是套期保值的主要参与者。这类企业尽管不是 PP 的生产者或消费者，但手中却可能存有大量的 PP 库存。因而，确保这部分 PP 不贬值，就会成为这类企业的首选目标。

3. 下游消费方

PP 消费行业包括的企业较多，涵盖了诸多拉丝、注塑等塑料制品生产厂商，如编织袋生产商、各类注塑制品生产商等。当然，这些生产商也可能不只生产一种需要 PP 的产品，不过，防止 PP 价格大幅上升却是这类厂商最主要的出发点。

三、PP 市场套期保值操作

PP 的套期保值也需要遵守期货套期保值的基本规则，即数量相同、月份相近、方向相反原则。PP 期货套期保值分为多头套期保值和空头套期保值两类。

1. 多头套期保值

PP 多头进行套期保值，都是出于防止 PP 价格大幅上升侵蚀自身利润的目的而进行的。进行多头套期保值的参与方多为PP下游的消费方，以各类PP化工企业为主。

比如，2022年1月，某塑料编织生产企业想要在5月份购入1万吨PP，此时，华东地区PP现货价格为每吨8000元。那么，该企业为了防止5月份PP价格大幅上扬，就可以在1月份做多买入1万吨5月份的PP期货合约（价格为每吨8100元）。

到了5月份，PP现货价格上涨至每吨10000元，而5月份PP期货合约的价格也上涨至10050元左右。该生产商可以将手中的期货合约平仓。现货市场每吨多花的2000元，在期货市场补回了1950元，也是不错的交易（不含手续费、佣金）。

2. 空头套期保值

空头进行套期保值主要是担心卖出PP时价格下跌或手中的PP库存出现贬值的情况。PP空头套期保值的参与方包括PP产业链的上游和中游企业，如PP生产商、贸易商等。

比如，2022年1月，某PP贸易公司计划在5月卖出3000吨PP，此时PP价格为每吨8000元。该企业为了防止5月份PP价格大幅下跌，就可以在1月份做空卖出3000吨5月份的PP期货合约（价格为每吨8100元）。

到了5月份，PP现货价格下跌至每吨7000元，而5月份PP期货合约的价格也下跌至7050元左右。该PP生产企业可以将手中的期货合约平仓，现货市场每吨少赚的1000元，在期货市场补回了1050元，也是不错的交易（不含手续费、佣金）。

四、PP与LLDPE区间套利操作

无论是生产路径还是成本与成分方面，PP与LLDPE多有相似之处。因此，在期货市场上，二者之间的价格走势可以为投资者作重要的参照。

同时，由于二者的现货价格、期货价格相差不多，具有很高的相关性，且具备同涨同跌的特性，比较适合投资者进行区间套利操作。

套利操作的本质就是基于价差的投机。从理论上来说，两个商品价格之间应该保持相对稳定的价差。当二者之间的价差出现放大或缩小时，套利资金就会进入进行套利操作，从而推动价差回到合理的区间之内。

下面来看看一下 PP 加权和塑料加权的价格走势情况。

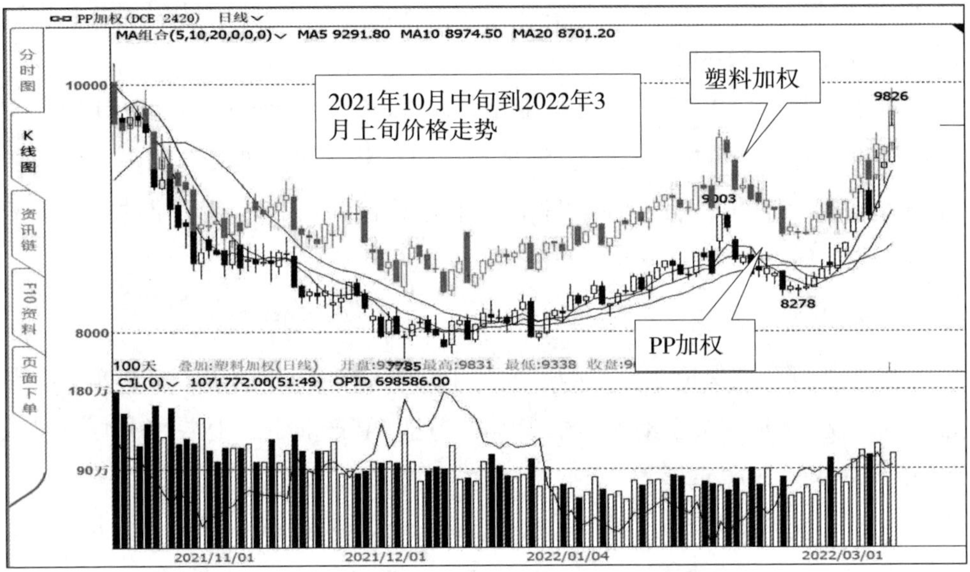

图 5-13 PP 加权与塑料加权的日 K 线走势图

从图 5-13 中可以看出，自 2021 年 10 中旬开始，PP 期货合约的价格与塑料期货合约同样经历了一波先下跌再上涨的过程。二者的价差也同样经历了由小到大，再由大到小的过程。这种价差的变化，其实非常有利于投资者进行跨品种套利操作。

第六章

聚氯乙烯（PVC）期货基本分析策略

与 PE、PP 相似，聚氯乙烯（PVC）也是世界五大合成树脂之一，用途非常广泛。其稳定性高，具有极强的可塑性，在服装、手袋、家居、玩具、医疗用品、电线光缆等领域的应用十分广泛。

PVC 期货于 2009 年 5 月 25 日正式在大连商品交易所上市交易。

第一节　聚氯乙烯（PVC）及其产业链

PVC 因其自身所具有的特性而被广泛地应用，成为目前使用量极大的合成树脂材料。

一、PVC 特点

聚氯乙烯（PVC）为无定形结构的白色粉末，无毒、无臭，化学稳定性很高。因其含氯，所以是五大合成树脂中唯一不推荐接触食品的塑料，也是五大合成树脂中唯一使用“增塑剂”的材料，这种“增塑剂”也就是人们谈之色变的“塑化剂”。该类材料之所以被广泛使用，与其自身的优势有直接关系。概括起来说，PVC 具有如下几方面优点，如图 6-1 所示。

PVC 材料被发现初期，由于其具有极强的隔水功能，被用作浴帘，后被广泛地应用于工业、农业、建筑、日常生活等诸多领域。

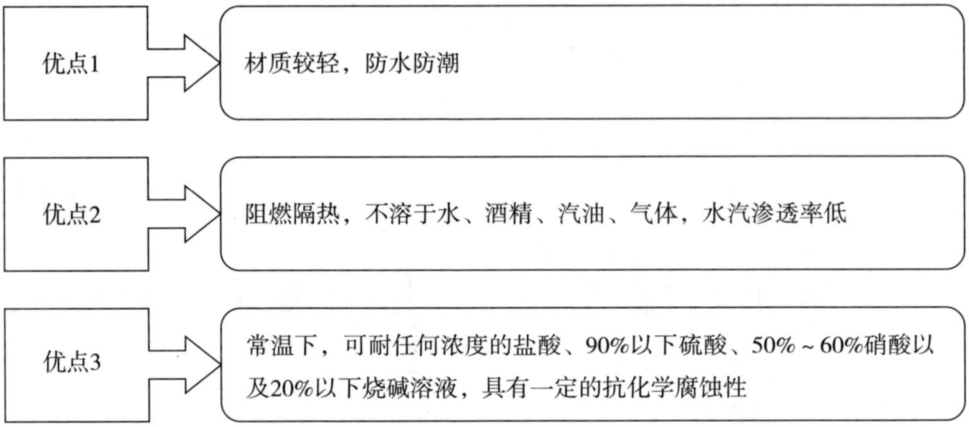

图 6-1　PVC 三大优点

二、PVC 产业链

从生产工艺路径来看，与PP和LLDPE基本相同，其产业链如图6-2所示。

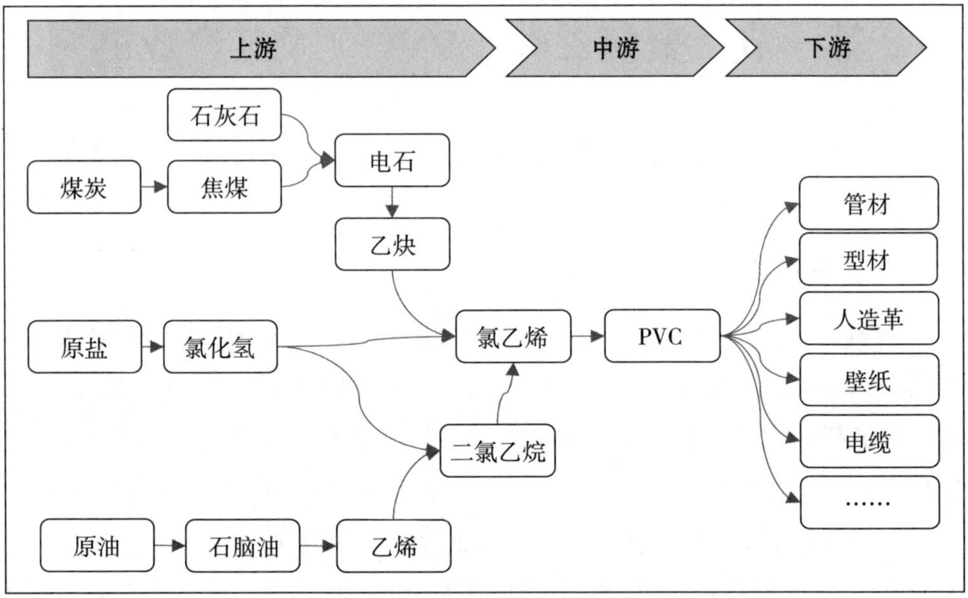

图 6-2　PVC 产业链

从PVC产业链可以看出，PVC的生产路径主要包括两条：其一，通过“石油－石脑油－乙烯”生产路径（乙烯法）；其二，通过“煤炭－电石－乙炔”

生产路径（电石法）。目前，国外 PVC 的生产路径主要是第一条，即通过石油生产 PVC，而国内主要通过第二条路径，即通过煤炭来生产 PVC，这与我国多煤少油的能源分布状态有直接关系。

第二节　聚氯乙烯（PVC）基本供需分析

目前，PVC 是我国第一、世界第二大通用型合成树脂材料，我国 PVC 的产量和消费量都十分庞大。同时，PVC 的供给和需求变动，对其价格波动具有决定性的影响。

一、PVC 供给

由于聚氯乙烯的应用范围非常广泛，世界各国都加大了 PVC 的扩产力度。

1. 全球聚氯乙烯（PVC）产能情况

从大的方向来看，近些年来，全球 PVC 产能呈现逐年增加态势，平均产能利用率在 85% 左右，如图 6-3 所示。

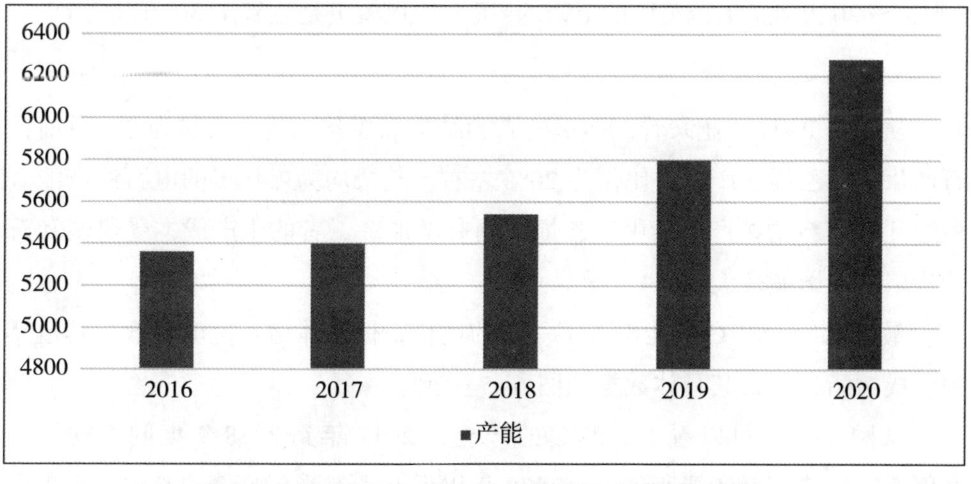

图 6-3　最近几年全球 PVC 产能数据（单位：万吨）

2. 全球聚氯乙烯（PVC）产能分布

其实，全球 PVC 的主要产能都集中在中国。2020 年，全球 PVC 产量为 5431 万吨，其具体分布情况如图 6-4 所示。

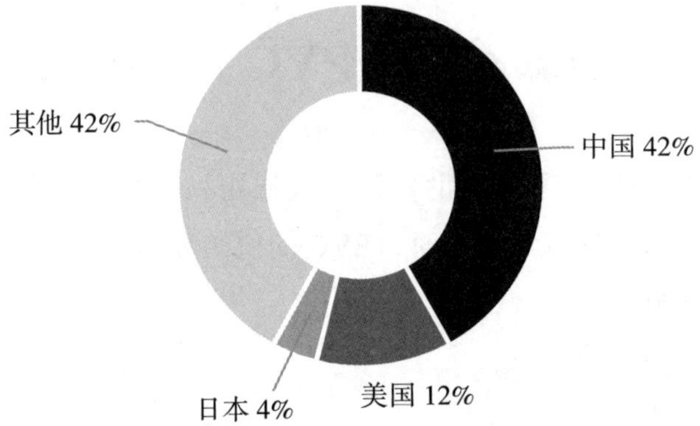

图 6-4　全球 PVC 产能分布占比

从图 6-4 中可以看出，全球 PVC 产能主要分布在中国、美国和日本等国，其他国家的产能占比相对较少。

不过，尽管我国 PVC 产能总体较高，但仍是以中小型企业为主。目前，我国 PVC 产业装置的平均规模不足 10 万吨 / 年，而国际上的装置平均规模在 15 ～ 20 万吨 / 年，美国的 PVC 装置平均规模更是达到了 30 万吨 / 年。

3.PVC 国内供给

从国内 PVC 产业来看，PVC 的来源结构以煤化工的电石法为主。目前，石油化工的乙烯法产能占比仅为 20% 左右，其余均为煤化工的电石法产能。最近几年的新增扩产产能中，乙烯法稍有增加。二者的生产成本受煤炭和石油价格波动影响较大。

最近几年，PVC 产能出现了一定的增长，但整体增长速度要低于其他几种合成树脂材料，其具体数据如图 6-5 所示。

从图 6-5 中可以看出，PVC 的产能在 2017 年到 2018 年期间出现了一些停滞（淘汰落后产能所致），2020 年以后并没有受到疫情的影响，出现了产能增加的情况。不过，从产能利用率角度来看，却并没有这么乐观。2020

年是产能利用率持续四年上升后首次出现下行的年份，也就是说，随着产能的扩大，实际产量并没有出现太大的增加，这也为产能过剩埋下了隐患。

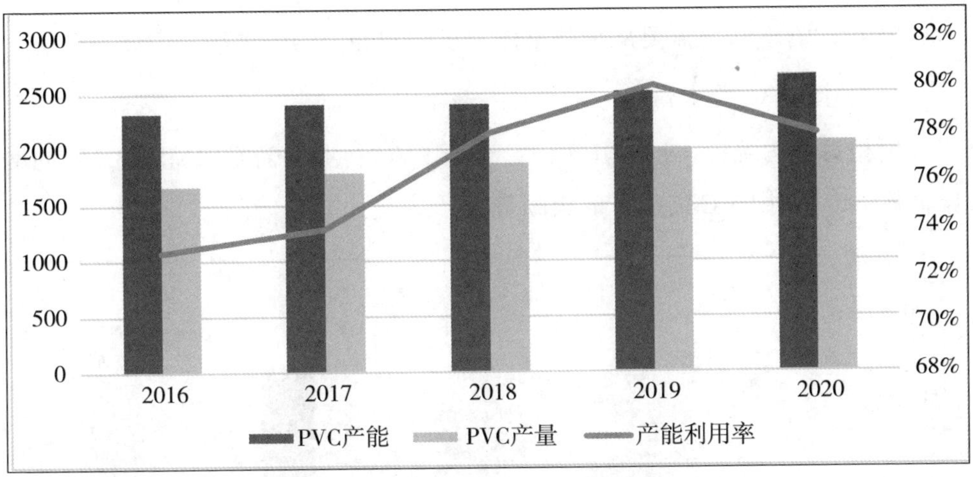

图 6-5 全国 PVC 产能数据（单位：万吨）

以 2020 年为例，从地域上来看，PVC 产能以西北为最高，其具体分布情况如图 6-6 所示。

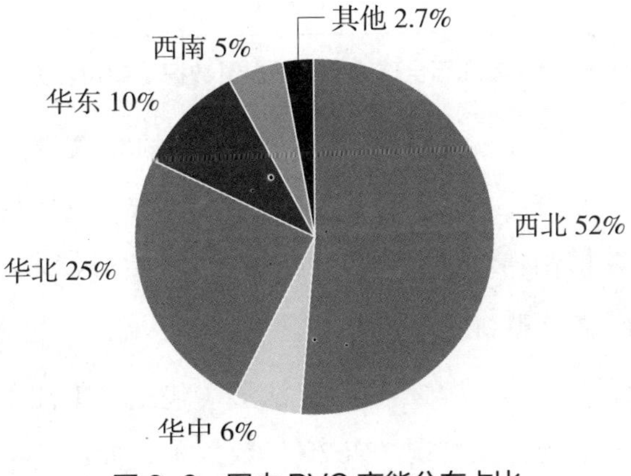

图 6-6 国内 PVC 产能分布占比

从图 6-6 中可以看出，西北地区为我国 PVC 的主要产能集中地，华北地区次之，这与这两个地区煤炭资源丰富有直接的关系。不过，从中也可以看出这种产能分布的局限，即华东、华南作为主要消费地区，产能布局却相对较低。

二、PVC 需求

PVC 的需求情况需要从全球整体需求结构和国内需求等多方面来分析。

1. 全球 PVC 需求情况

据相关机构统计，过去几年内，全球 PVC 行业的需求保持了 3.5% 的增长，其中中国对 PVC 需求量的贡献最大。

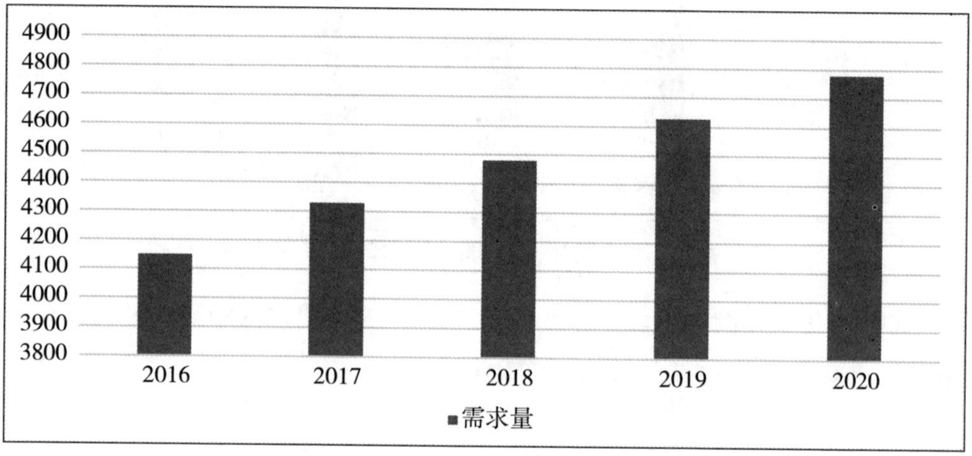

图 6-7　最近几年全球 PVC 需求量数据（单位：万吨）

从图 6-7 中可以看出，最近几年全球 PVC 的需求量一直呈现稳定增长的态势，但总体增幅并不大。对比之前的产能数据可以发现，整个需求量的增幅要小于产能的增幅，这就会为整个 PVC 价格走势带来不利的影响。

2. 国内 PVC 需求情况

PVC 最主要的消费领域就是拉丝、注塑（包括共聚注塑和均聚注塑）、纤维等。各消费领域的占比情况（2020 年数据），如图 6-8 所示。

从图 6-8 中可以看出，PVC 硬制品（含型材、门窗；管件、管材；硬片等）仍是 PVC 最大的消费领域，占比超过 55%，这与全球硬制品占比超过 60% 的实际情况大致吻合。由于 PVC 生产软制品需要添加“增塑剂”，这不符合食品健康相关规定，因而未来在该领域的发展空间相对有限。

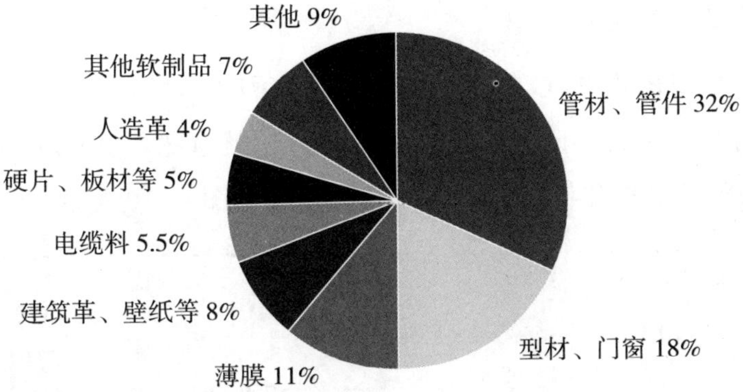

图 6-8　全国 PVC 应用领域占比

3. 国内 PVC 表观需求量

最近几年全国 PVC 的需求量表现出了明显的上升态势，历年表观需求量如图 6-9 所示。

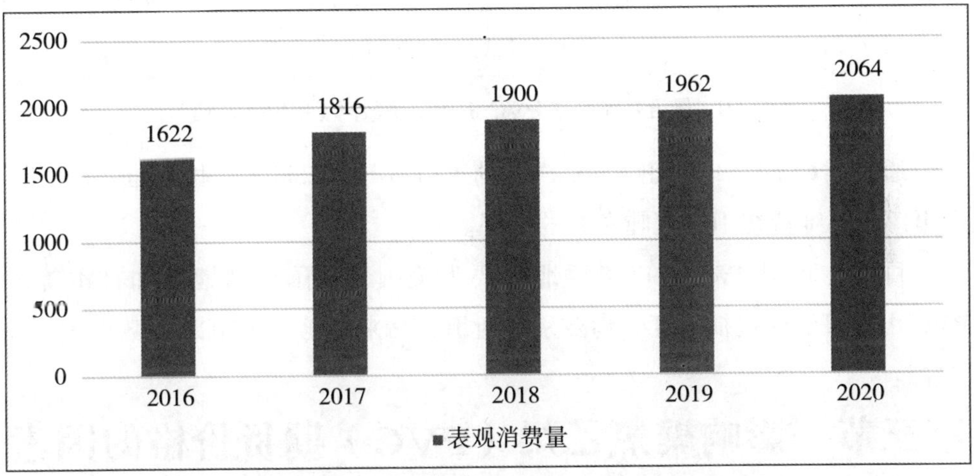

图 6-9　最近几年全国 PVC 表观消费量数据（单位：万吨）

从图 6-9 中可以看出，最近几年 PVC 的需求量呈现了节节攀升态势，不过整体上升幅度并不算太大。结合 PVC 产能数据可以发现，产能过剩现象已经开始显现，未来 PVC 价格走势可能会承压。

三、PVC 进出口

通过之前对国内 PVC 产业产能、产量与需求量的对比可以看出，国内的供给能力和产量其实已经超过了需求量，这就意味着 PVC 产业对国外的依赖程度较低。最近几年，PVC 进出口量数据如图 6-10 所示。

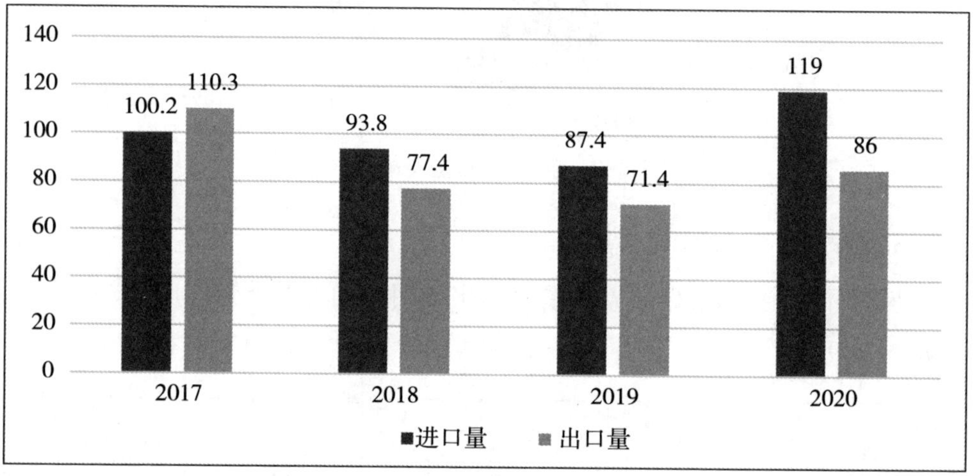

图 6-10　最近几年全国 PVC 进出口量数据（单位：万吨）

通过图 6-10 可以看出，PVC 产品的进口量与出口量大致相当。最近几年，进出口量都维持在 100 万吨左右的水平。

目前，我国 PVC 进口来源地主要为美国、中国台湾地区和日本等，PVC 出口目的地包括印度、乌兹别克斯坦、马来西亚等（2020 年数据）。

第三节　影响聚氯乙烯（PVC）期货价格的因素

影响 PVC 期货价格波动的因素是多方面的，其中图 6-11 所示的几种最为主要。

一、煤炭价格走势

从国内 PVC 产业结构来看，采用煤化工“电石法”的 PVC 产能占比超过了 80%，煤炭支出就是 PVC 最主要的成本。因此，PVC 的价格走势受煤炭特别是焦煤价格走势的影响非常大。

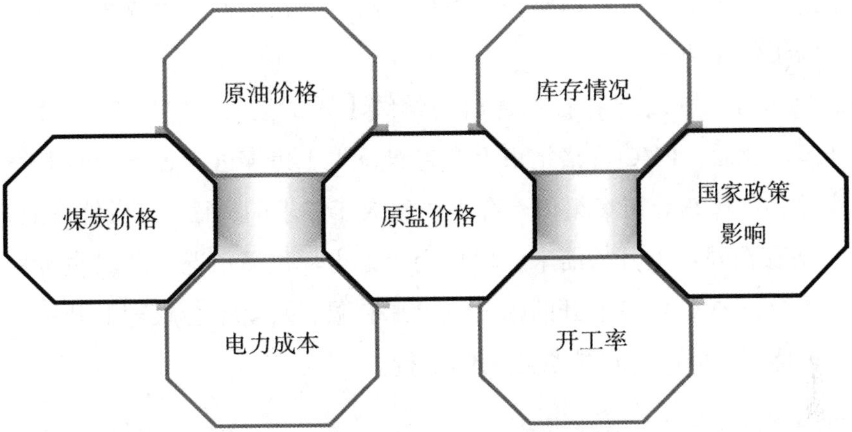

图 6-11　影响 PVC 期货价格的因素

下面以焦煤为例，看一下 PVC 与煤炭期货价格走势之间的关系，如图 6-12 所示。

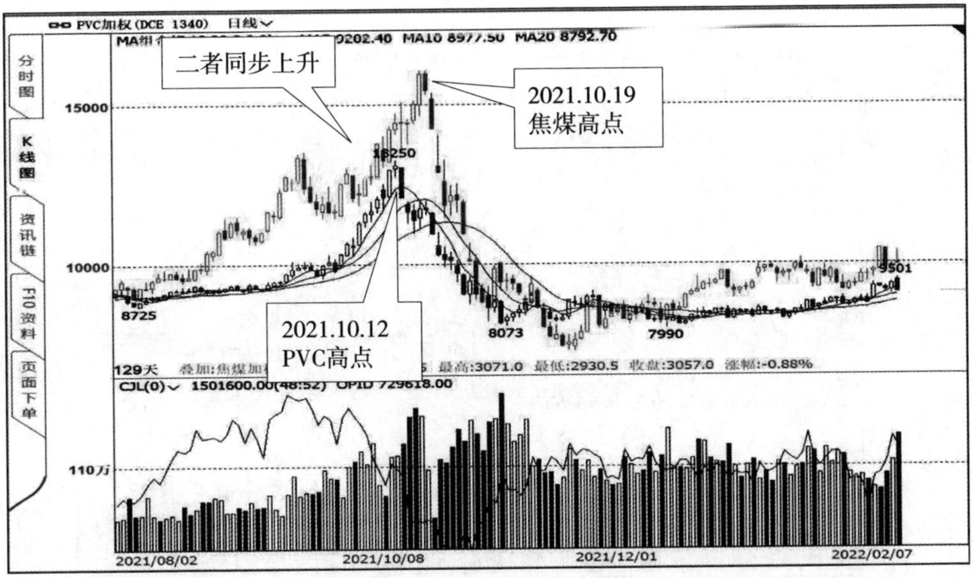

图 6-12　焦煤期货加权与 PVC 加权日 K 线对比走势图

从图 6-12 中可以看出，焦煤期货的价格走势在 2021 年下半年焦煤价格大幅上升的基础上，出现了振荡上扬态势。不过，这种成本上升带动的 PVC 价格上扬，对生产商而言都属于迫不得已的行为，因而其上攻持续时间和幅度都要弱于焦煤期货。

2021 年 10 月 12 日，在焦煤价格继续上攻的途中，PVC 期货价格开始触顶回落。此后，PVC 价格结束上升趋势，先于焦煤进入了下行通道。

当然，由于 PVC 市场整体上存在供给大于需求的局面，煤炭价格上升时，PVC 价格存在同步上升的需求，但也会考虑市场供需情况。若煤炭价格上升幅度不大时，PVC 价格上升的幅度将更加有限，甚至不会跟随上升；反之，在煤炭价格下行时，却可能会跟随其下行。

二、原油价格

目前，国内 PVC 产业的上游以原油为原料运用乙烯法生产的占比为 20% 左右，这就意味着 PVC 整个价格走势与原油的关联性要弱于焦煤。不过，当原油价格出现剧烈振荡时，势必也会对 PVC 价格产生一定的冲击。

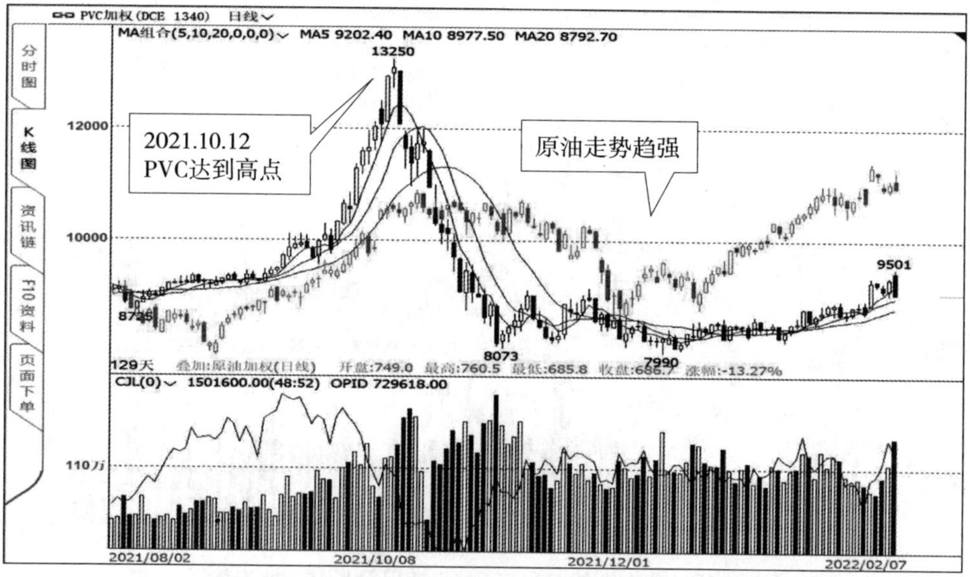

图 6-13　PVC 加权与原油加权日 K 线对比走势图

如图 6–13 所示，PVC 期货的价格走势在相当长的时间内与原油期货价格走势有些相似，但其波动幅度要明显大于原油期货，这与当时煤炭价格的波动存在直接的关系。对比之前与焦煤价格的关系也可以看出，PVC 价格受焦煤价格走势的影响要远远大于原油价格的影响。不过，原油价格会影响国际 PVC 价格，而国际 PVC 价格反过来又会对国内的 PVC 价格产生一定的影响。

一般来说，当煤炭价格持续走高而原油价格走低时，国内大部分 PVC 生产企业将处于不利地位。受进口 PVC 和国内乙烯法 PVC 生产企业的影响，PVC 价格不可能全面反映成本的变化；反之，当煤炭价格走低而原油价格走高时，国内大部分 PVC 企业处于有利地位，这会在一定程度上抑制 PVC 价格的走高。

三、电力成本

目前，我国的电力还是以火力发电为主，火力发电势必需要煤炭，这就使得 PVC 的成本与电力基本绑定在一起。若电力短缺，就会需要更多的煤炭，就会造成煤炭价格走高，引发 PVC 生产成本上扬，甚至有些 PVC 生产企业会将手中的煤炭转向市场出售，这也会进一步促使市场上 PVC 价格的上扬。

四、原盐价格走势

无论是电石法还是乙烯法生产 PVC，都需要一个共同的原料，就是氯化氢。在目前的生产工艺中，氯化氢又是从原盐中获得的。原盐在加工过程中，可以分解出两类产品，即氯部分产品和钠部分产品。PVC 的生产需要氯部分产品，而原盐的另一部分钠产品主要提供给碱类企业。尽管氯部分产品的价格在 PVC 成本中所占份额不高，但原盐产品的价格却对碱产品价格影响较大，甚至会影响碱的需求量。即原盐价格走高，市场减弱对碱的需求，造成氯部分产品的供给减少，并间接影响 PVC 的价格。

五、库存情况

PVC 的库存包括 PVC 生产厂商库存、贸易商库存以及 PVC 下游企业库存等三部分，三者共同构成了社会库存量。当社会库存量持续走高时，对PVC价格具有较强的抑制作用；反之，当社会库存持续降低时，则意味着PVC价格存在走高的可能。

六、开工率

开工率是指PVC生产企业和消费企业的开工情况。该指标需要分开解读。

1.PVC生产企业开工率

PVC生产企业开工率越高，意味着PVC供给越充分，价格越容易走低；反之，若PVC企业开工率较低，则意味着可能存在供给不足的情况，对PVC价格有一定的刺激作用。

2.PVC消费企业开工率

PVC下游消费企业的开工率则反映了市场对PVC的需求情况。PVC下游企业开工率越高，对PVC的需求越大，对价格的提振作用越强；反之，开工率越低，则说明需求走弱，不利于价格的上升。

七、国家政策影响

PVC行业可能会受到国家各方面政策的影响，具体来说，包括如下几类。

第一，碳中和、碳达峰。

由于PVC产业属于典型的煤化工行业，这类行业的碳排放量往往都是比较大的。因此，在碳中和、碳达峰以及节能减排的背景下，PVC产业的发展势必会受到一定的制约。作为PVC生产主要成本的煤炭的价格势必会走高，而这又会传导至下游的PVC等产业。

不过，从另一方面来说，该项政策也会促使行业加速淘汰落后产能，有利于优势企业扩大竞争优势。

第二，反倾销政策。

各国制定的关于PVC行业的反倾销政策，也会对PVC产业产生一定的影响。当然，由于PVC行业进出口量目前都不是太大，因而反倾销政策对

PVC 价格的影响也不是特别大。

第四节　聚氯乙烯（PVC）期货及交易要点

作为一种独立的期货品种，PVC 的价格走势尽管与煤炭关系非常密切，但也有其自身的特点和波动规律。

一、PVC 期货合约及交割要点

在设计 PVC 期货合约时，重点考虑了以下几方面内容，如图 6–14 所示。

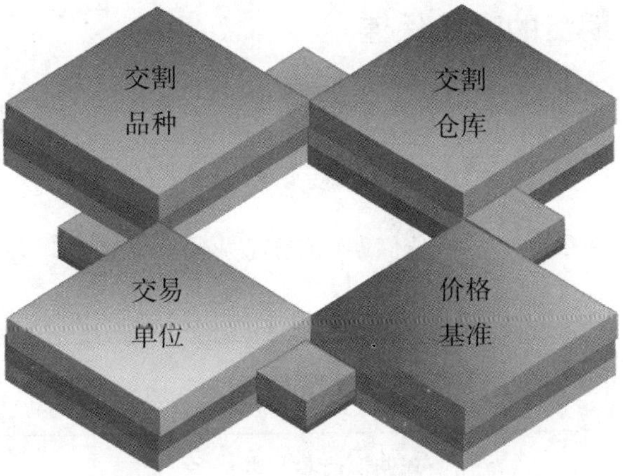

图 6–14　PVC 期货合约设计要点

第一，PVC 交割品种。PVC 期货基准交割品为符合国家标准的《悬浮法通用性聚氯乙烯树脂（GB/T 5761—2006）》规定的一等品。优等品可作为替代交割品，但不设置升贴水。交割品需要使用原厂生产厂家或其认可的包装，其包装需标明商标、名称、产品标准号、净质量等信息。

第二，PVC 仓库交割。与 LLDPE 期货相似，PVC 交割仓库也分为基准仓库和非基准仓库。广东、浙江、上海、江苏等地由于贴近主要消费市场，因而主要交割仓库设置在这一带。具体的交割仓库由交易所指定，并可能会根据需要进行调整。

第三，交易单位设置。目前 PVC 期货合约每手为 5 吨，该设置与 LLDPE 合约相同。这是综合考虑 PVC 市场价格、扩大流通性以及市场运输与包装等方面而设置的一个交易标准。

第四，交割基准价格。PVC 期货合约的基准价格是综合考虑华东、华南地区的现货价格设置的。比如，2009 年 5 月 25 日，上市当日的基准价为 6300 元 / 吨，而在浙江和广东等地现货市场的 PVC 价格存在一定的差异，但整体价格区间在 6350 ～ 6450 元 / 吨。也就是说，大商所在设置 PVC 基准价时，一方面考虑为期货合约上市当日预留一定的上涨空间，另一方面也考虑 PVC 现货市场的价格在未来可能会承受一定的压力。

二、PVC 期货的套期保值

PVC 期货的套期保值参与者包括但不限于以下几类，如图 6-15 所示。

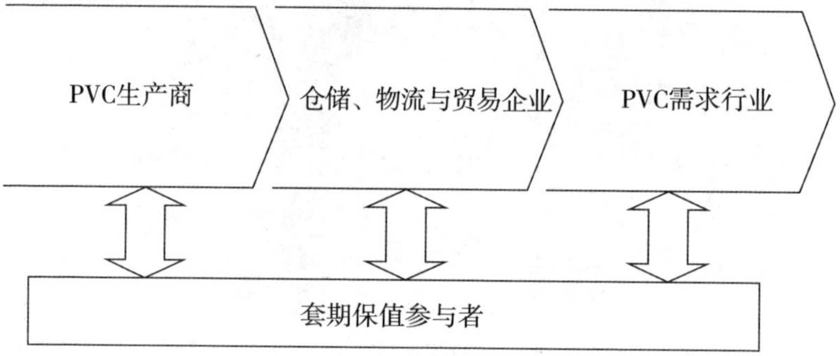

图 6-15　PVC 期货套期保值参与者

1. 生产商

PVC 生产商是 PVC 期货套期保值的重要参与者，这类企业需要防范 PVC 价格大幅下行给自己企业造成较大的亏损。一般以煤化工企业居多，还有一些石油化工 PVC 生产企业。

2. 仓储、物流与贸易企业

PVC 中游参与者包括仓储物流企业以及各类地区贸易企业，包括 PVC 进口商。这类企业尽管不是 PVC 的生产者或消费者，但手中却可能存有大量的 PVC 库存。因而，确保这部分 PVC 不贬值，就成为这类企业的首选目标。

3. 下游消费方

PVC 消费行业包括的企业较多，涵盖了诸多管材、型材等塑料制品生产厂商、PVC 门窗生产商等。当然，这些生产商也可能不只生产一种需要 PVC 的产品。不过，防止 PVC 价格大幅上升却是这类厂商最主要的出发点。

三、PVC 市场套期保值操作

PVC 的套期保值也需要遵守期货套期保值的基本规则，即数量相同、月份相近、方向相反原则。PVC 期货套期保值分为多头套期保值和空头套期保值两类。

1. 多头套期保值

PVC 多头进行套期保值，都是出于防止 PVC 价格大幅上升侵蚀自身利润的目的而进行的。进行多头套期保值的参与方多为 PVC 下游的消费方，以各类 PVC 塑料制品企业为主。

比如，2022 年 1 月，某塑料管材生产企业想要在 5 月份购入 1 万吨 PVC，此时华东地区 PVC 现货价格为每吨 8000 元。那么，该企业为了防止 5 月份 PVC 价格大幅上扬，就可以在 1 月份做多买入 1 万吨 5 月份的 PVC 期货合约（价格为每吨 8100 元）。

到了 5 月份，PVC 现货价格上涨至每吨 9000 元，而 5 月份 PVC 期货合约的价格也上涨至 9050 元左右。该生产商可以将手中的期货合约平仓，现货市场每吨多花的 1000 元，在期货市场补回了 950 元，也是不错的交易（不含手续费、佣金）。

2. 空头套期保值

空头进行套期保值主要是担心卖出 PVC 时价格下跌或手中的 PVC 库存出现贬值的情况。PVC 空头套期保值的参与方包括 PVC 产业链的上游和中游企业，如 PVC 生产商、贸易商等。

比如，2022 年 1 月，某 PVC 贸易公司计划在 5 月卖出 5000 吨 PVC，此时 PVC 价格为每吨 8000 元。该企业为了防止 5 月份 PVC 价格大幅下跌，就可以在 1 月份做空卖出 5000 吨 5 月份的 PVC 期货合约（价格为每吨 8100 元）。

到了 5 月份，PVC 现货价格下跌至每吨 7000 元，而 5 月份 PVC 期货合约的价格也下跌至 7050 元左右。该 PVC 生产企业可以将手中的期货合约平仓，现货市场每吨少赚的 1000 元，在期货市场补回了 1050 元，也是不错的交易（不含手续费、佣金）。

第七章

苯乙烯（EB）期货基本分析策略

苯乙烯（EB）属于带有烯烃侧链并与苯环形成共轭体系的单环芳烃，是不饱和芳烃中最简单、最重要的成员。苯乙烯被广泛用作生产合成树脂和合成橡胶的原料，在整个产业链中“上承煤油，下接橡胶”，是一种非常重要的液体化工原料。

苯乙烯（EB）期货于2019年9月26日在大连商品交易所上市。

第一节　苯乙烯（EB）产业链及用途

苯乙烯在常温下为无色液体，不溶于水，能溶于汽油、乙醇和乙醚等有机溶剂，有毒、有特殊气味。

一、苯乙烯（EB）及其产业链

苯乙烯的直接上游是苯和乙烯，下游比较分散，涉及的主要产品为发泡聚苯乙烯、聚苯乙烯、ABS树脂、合成橡胶、不饱和聚酯树脂以及苯乙烯类共聚物，终端主要应用于塑料和合成橡胶制品。如图7-1所示。

其中，SBC是指苯乙烯类共聚物，ABS是指丙烯腈－丁二烯－苯乙烯共聚物等。

二、苯乙烯（EB）应用领域

苯乙烯的应用领域非常广泛，下游消费领域大致包括以下几个典型的领域。如图7-2所示。

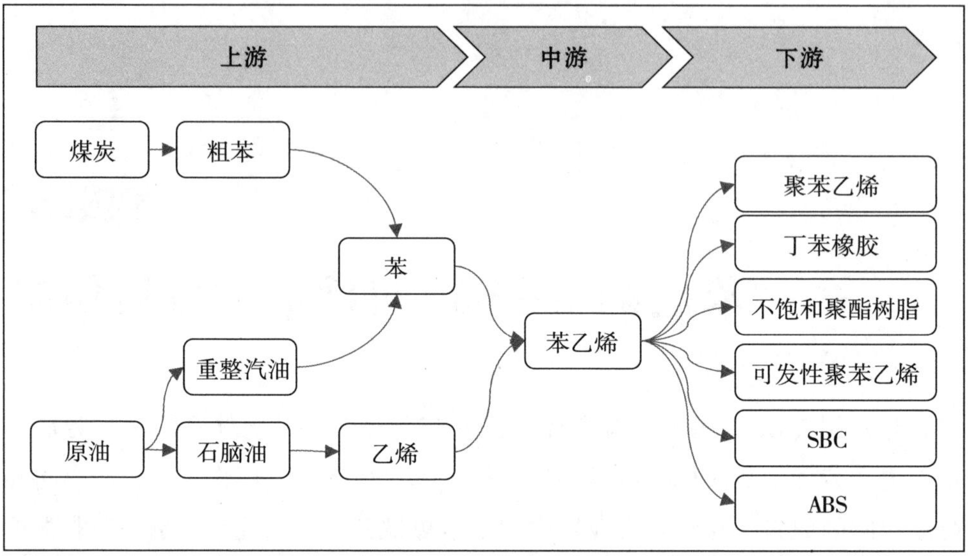

图 7-1　EB 产业链

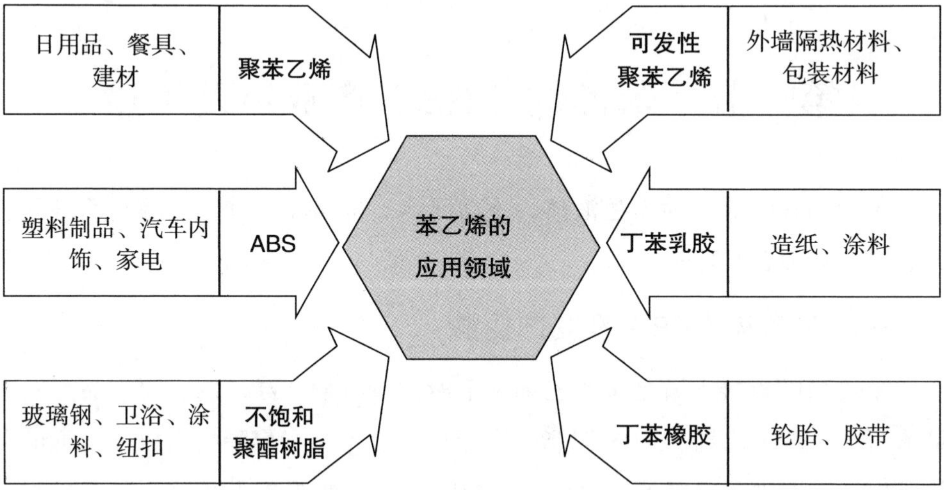

图 7-2　苯乙烯的典型应用领域

除了上述几种典型用途外，其应用领域还包括离子交换树脂、苯乙醇等。

第二节 苯乙烯（EB）供需分析

目前，我国苯乙烯（EB）的产量和消费量都位居世界第一，苯乙烯的供需关系也在逐渐发生变化。

一、EB 供给

由于苯乙烯的应用范围非常广泛，世界各国都加大了 EB 的扩产力度。

1. 全球苯乙烯（EB）产能情况

从大的方向来看，近些年来，全球 EB 产能呈现逐渐增加的态势，平均产能利用率在 88% 左右，如图 7-3 所示。

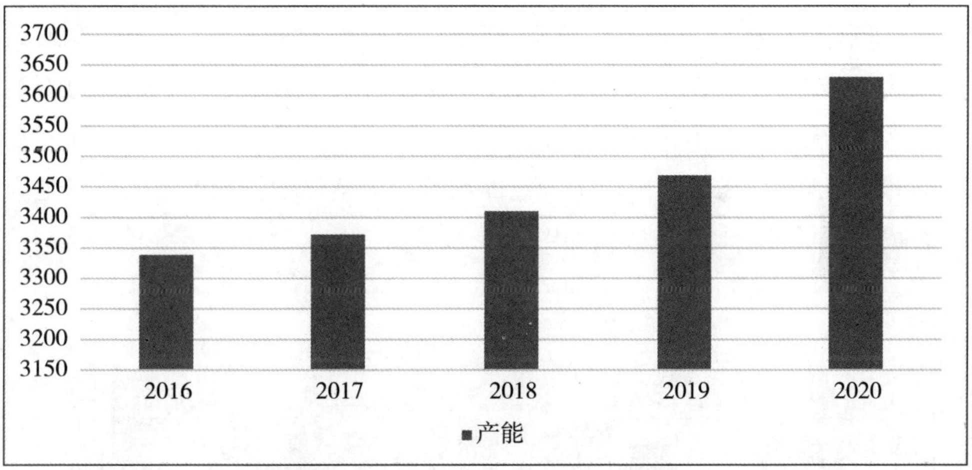

图 7-3 最近几年全球 EB 产能数据（单位：万吨）

2. 全球苯乙烯（EB）产能分布

全球 EB 产能主要集中在亚洲、北美等地。全球 EB 产量的具体分布情况如图 7-4 所示。

从图 7-4 中可以看出，全球 EB 产能主要还是分布在亚洲，包括中国、日本以及中东等国家和地区，欧洲、北美也拥有较多的产能。不过，最近几年中国的产能一直保持了较高的增长速度。

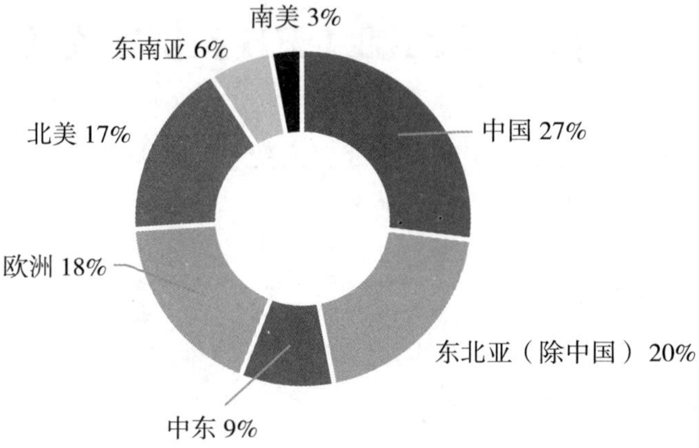

图 7-4　全球 EB 产能分布占比

3.EB 国内供给

从国内 EB 产业来看，EB 的原料主要包括乙烯和纯苯，二者主要通过石油化工获得。这里有一点需要注意，纯苯的生产，在我国不仅有通过石油化工获得的路径，还有通过煤化工获得的生产工艺。

最近几年，EB 产能出现了一定的增长，但整体增长速度要低于其他几种合成树脂材料，其具体数据如图 7-5 所示。

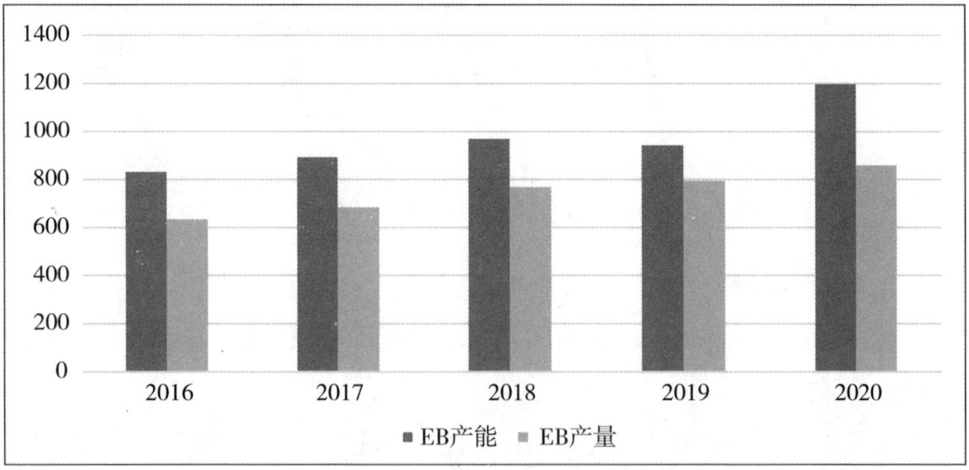

图 7-5　全国 EB 产能与产量数据（单位：万吨）

从图 7-5 中可以看出，EB 的产能在 2017 年到 2019 年期间出现了一些停滞（淘汰落后产能所致），2020 年以后并没有受到疫情的影响，出现了产能快速增加的情况。与产能的上升同步，产量也一直呈现持续上升的态势。

以 2020 年为例，从地域上来看，EB 产能以华东为最高，其具体分布情况如图 7-6 所示。

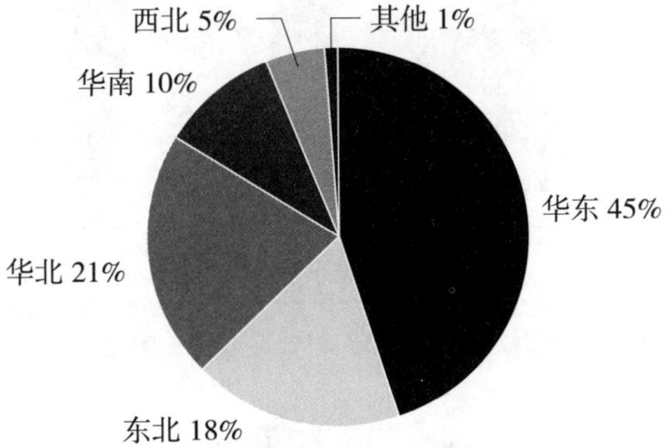

图 7-6　国内 EB 产能分布占比

从图 7-6 中可以看出，华东地区为我国 EB 的主要产能集中地，华北地区次之。华东地区不仅是 EB 产能集中地，更是消费集中地，也就是说，EB 产业供给与需求的市场主要都集中于该地。

二、EB 需求

EB 的需求情况需要从全球整体需求和国内需求等多方面来分析。

1. 全球 EB 需求情况

据相关机构统计，过去几年内，整个 EB 行业的需求保持了较快的增长，其中中国对 EB 需求量的贡献最大。如图 7-7 所示。

从图 7-7 中可以看出，最近几年全球 EB 的需求量一直呈现稳定增长的态势，但总体增幅并不大。对比之前的产能数据可以发现，整个需求量增幅要小于产能增幅，这就会为整个 EB 价格走势带来不利的影响。

2. 国内 EB 需求情况

EB 最主要的消费领域就是 EPS（可发性聚苯乙烯）、PS（聚苯乙烯）

以及 ABS（丙烯腈 – 丁二烯 – 苯乙烯）等，如图 7–8 所示。

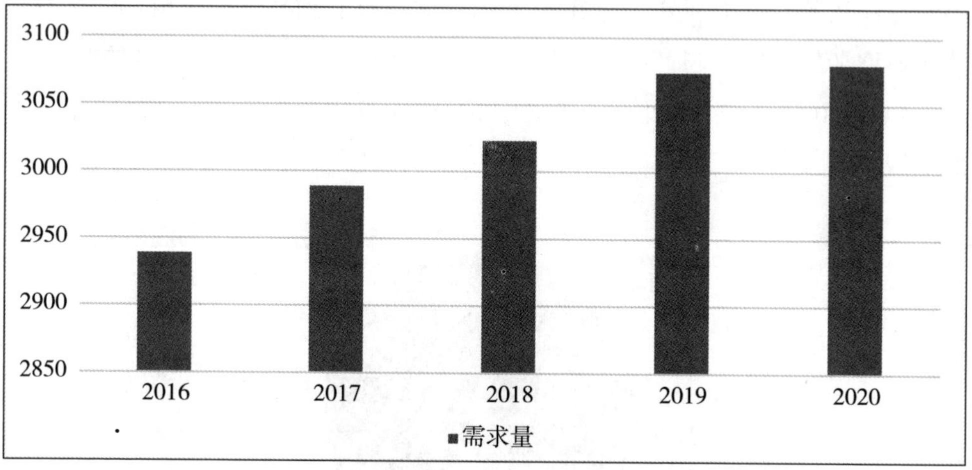

图 7–7　最近几年全球 EB 需求量数据（单位：万吨）

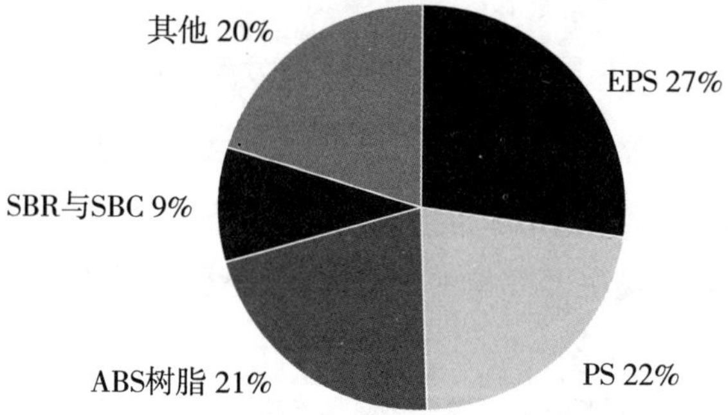

图 7–8　全国 EB 下游消费领域占比

从图 7–8 中可以看出，EPS、PS、ABS 是最为主要的下游消费领域，三者合计占 EB 总需求的 70%。其中 EPS 主要运用于板材、外包装隔热材料；PS 主要用来做电子元件、日用品与玩具、包装容器等；ABS 主要应用于家用电器、轻工业领域、交通用具、办公设备、建材等。

3. 国内 EB 表观需求量

最近几年 EB 的需求量表现出了明显的上升态势，历年表观需求量如图 7–9 所示。

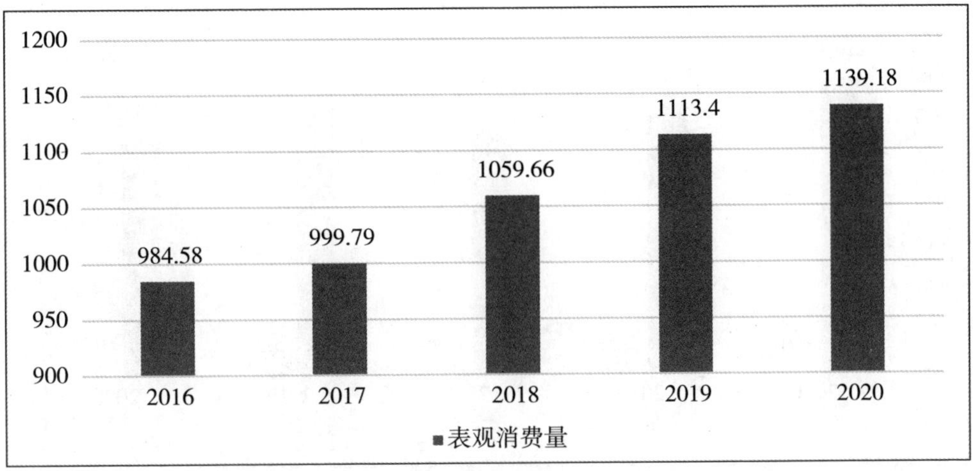

图 7-9　最近几年全国 EB 表观消费量数据（单位：万吨）

从图 7-9 中可以看出，最近几年 EB 的需求量呈现了节节攀升的态势。对照之前历年的 EB 供给量可以发现，截至 2020 年，EB 的供给量仍然大幅小于需求量，这就意味着我国每年还需要进口相当大一部分 EB 来弥补需求缺口。

未来，随着 EB 产能的扩大，这种需求缺口势必会被补足，对外依赖度也会出现大幅下降。

三、EB 进出口

通过之前对国内 EB 产业产能、产量与需求量的对比可以看出，国内的供给能力相对于需求还是有一个缺口的，这就意味着 EB 产业对国外有一定的依赖度。最近几年，EB 进出口量数据如图 7-10 所示。

通过图 7-10 可以看出，EB 产品的进口量处于缓慢下行的态势，这与国内产能的增长有直接关系。同时，出口量相对于进口量来说几乎微不足道。从这里也可以看出，我国的 EB 产业对进口货源还是有一定程度的依赖的。

目前，我国 EB 进口来源国主要为亚洲地区的韩国、沙特阿拉伯和日本等。

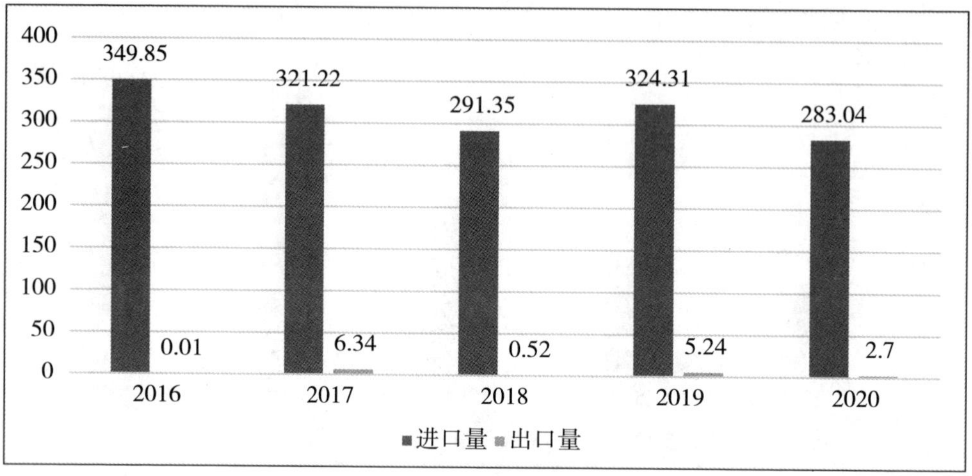

图 7-10 最近几年全国 EB 进出口量数据（单位：万吨）

第三节 影响苯乙烯（EB）期货价格的因素

从 EB 以往的价格走势来看，其价格波动幅度还是非常大的。对其价格波动的影响，既有宏观经济层面的因素，也有供需方面的因素，还与上下游之间的供给与需求、成本与利润、库存等诸多因素有关。

一、原油价格

与 PE 相似，目前国内 EB 产业的最终上游仍是以原油为主。尽管煤化工可以提供苯乙烯重要原料之一的纯苯，但乙烯仍需通过石油化工获得，也就是苯乙烯的价格势必会受到原油价格波动的影响。下面来看一下原油期货合约价格与 EB 价格走势的对比情况，如图 7-11 所示。

如图 7-11 所示，EB 期货的价格走势在相当长的时间内与原油期货价格走势趋同，但 EB 价格的波动一般要小于原油期货价格。

2022 年 2 月 14 日之后，受俄乌冲突预期升温的影响，原油价格开始逐渐加快了上升速度，而 EB 的价格走势却并没有随之大幅上升。毕竟 EB 的价格波动除了受原油价格影响外，还会受煤炭价格以及其他市场供需因素的影响。

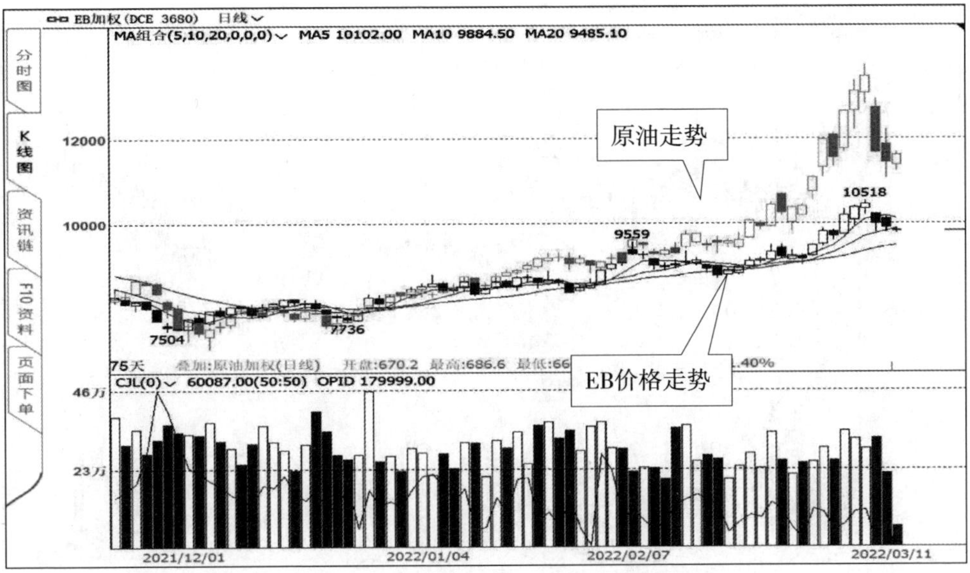

图 7-11　EB 加权与原油加权日 K 线对比走势图

二、煤炭价格

从 EB 的成本构成来看，乙烯和纯苯为最主要的原料，而纯苯在整个成本构成中占比又是最高的。通常情况下，按照目前的生产工艺，苯乙烯的成本构成可以按照如下公式计算：

苯乙烯成本 −0.79 × 纯苯 +0.29 × 乙烯

也就是说，苯乙烯的成本与纯苯和乙烯的实时价格密切相关。从目前的情况来看，纯苯在苯乙烯中的成本占比明显是非常高的。

在我国，纯苯的生产不仅有石油化工途径，还有煤化工的生产路径，因而 EB 的价格必然也会受到煤炭价格的影响。

下面以焦煤为例，来看一下 EB 与煤炭期货价格走势之间的关系，如图 7-12 所示。

从图 7-12 中可以看出，焦煤期货的价格走势在 2021 年下半年焦煤价格大幅上升的基础上出现了振荡上扬态势。不过，这种成本上升带动的 EB 价格上扬，对生产商而言都属于迫不得已的行为，因而其上攻持续时间和幅度

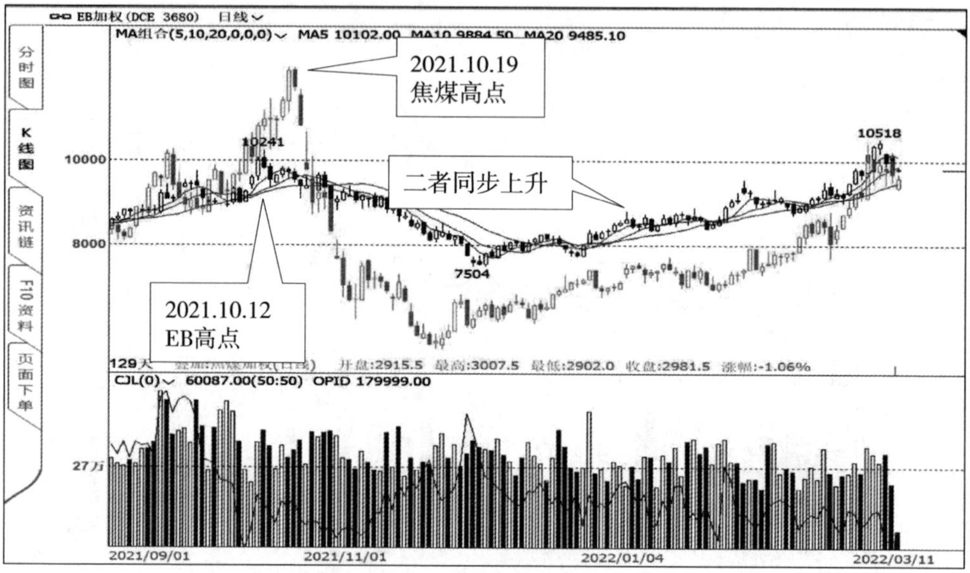

图 7-12 焦煤期货加权与 EB 加权日 K 线对比走势图

都要弱于焦煤期货。

2021 年 10 月 12 日，在焦煤价格继续上攻的途中，EB 期货价格开始触顶回落。此后，EB 价格结束上升趋势，先于焦煤进入了下行通道。

当然，EB 的成本不只受“煤炭 – 纯苯”的影响，还会受其他供需因素的影响，因而其波动幅度势必小于煤炭。

三、纯苯价格

纯苯价格是对 EB 成本构成产生影响的最直接因素。纯苯的价格走势直接影响和决定了 EB 的成本，也会对 EB 的价格产生直接的影响。

尽管我国有一定量煤化工生产的纯苯，但国际上纯苯的生产仍以石油化工为主，这就使得整个纯苯产业的价格还是受原油价格的影响更大一些。

未来，随着我国煤化工纯苯产能的提升，价格也可能会与煤炭的关联性更强。其实，通过 EB 与原油价格、煤炭价格的走势对比也可以看出，EB 价格受原油价格的影响更大一些，这也说明纯苯的价格还是受原油的影响更大。

投资者在交易过程中可以参考市场上纯苯的报价，以了解 EB 成本的变动情况。

四、库存情况

EB库存包括EB生产厂商库存、贸易商库存以及EB下游企业库存等三部分，三者共同构成了社会库存量。当社会库存量持续走高时，对EB价格具有较强的抑制作用；反之，当社会库存量持续降低时，则意味着EB价格存在走高的可能。

同时，由于目前国内EB产能不足以应对需求，每年需要进口300万吨左右的EB，这就使得港口库存也成了EB社会库存中重要的组成部分。

五、下游需求

下游需求是影响EB价格走势一个非常重要的因素。目前，EB的主要需求领域包括EPS、PS、ABS等，其中EPS又是最大的需求领域。EPS的下游又与房地产行业密切相关。

近些年来，随着房地产调控政策的发力，整个房地产行业进入不景气周期，这也在一定程度上抑制了对EPS的需求，这也是最近几年EB需求量增长放缓的一个原因。

第四节 苯乙烯（EB）期货及交易要点

作为一种独立的期货品种，EB的价格走势尽管与原油关系非常密切，但也有其自身的特点和波动规律。

一、EB期货合约及交割要点

在设计EB期货合约时，重点考虑了以下几方面内容，如图7-13所示。

第一，EB交割品种。EB期货基准交割品以苯乙烯现行国标优等品要求为基础，添加硫含量指标，用以区分非常规路线生产的品质差、产量小的裂解汽油抽提来源的苯乙烯。

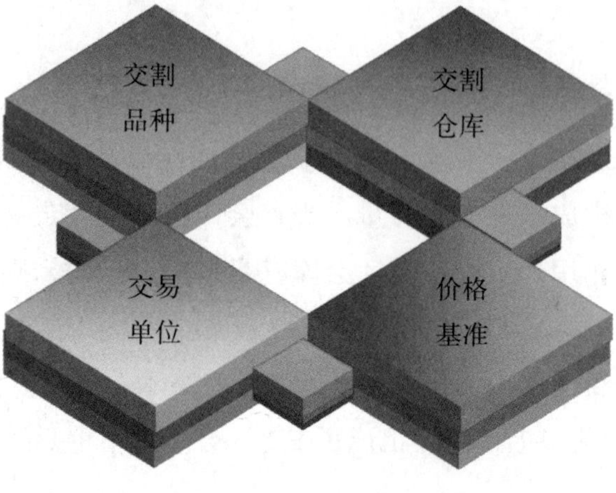

图 7-13　EB 期货合约设计要点

第二，在 EB 仓库的交割方面。采用实物交割，仓库与厂库交割制度并行，且适用于一次性交割、滚动交割和期转现交割。在具体的交割区域设计上，苯乙烯期货选择产销量大、仓储物流设施完善的江苏、浙江和上海等华东地区作为基准交割地，广东、福建等华南地区作为非基准交割地，各地之间的升贴水设为 0 元 / 吨。

由于 EB 属于国家限定的危险化学品，其运输、仓储都需要具备相应的资质。大商所规定不具备苯乙烯现货生产、经营或使用资质的客户不允许参与交割。在实际执行中，要求会员单位及时录入并更新客户的危化品相关许可证信息（许可证编号及有效期限），对无证或证书不在有效期的客户强行平仓。进入交割月后，无交割资质的客户参与交割，交易所将罚没其 20% 的货款作为对方的补偿金，双方都无证或证书不在有效期，各扣罚 20% 货款，不再支付给对方，同时终止交割。

第三，交易单位设置。目前 EB 期货合约每手为 5 吨，该设置与多数化工期货合约相同。这是综合考虑 EB 市场价格、扩大流通性以及市场运输与包装等方面而设置的一个交易标准。

第四，交割基准价格。EB 期货合约的基准价格是综合考虑华东、华南地区的现货价格设置的。比如，2019 年 9 月 26 日，上市当日的基准价为

8000元/吨，与浙江和广东等地现货市场的EB价格存在一定的差异，但整体价格区间在8600元/吨左右。也就是说，大商所在设置EB基准价时，一方面考虑为期货合约上市当日预留一定的空间，另一方面也考虑由于EB产能增幅较大，现货市场的价格已经开始承压，有必要将基准价调低。

二、EB期货的套期保值

EB期货的套期保值参与者包括但不限于以下几类，如图7-14所示。

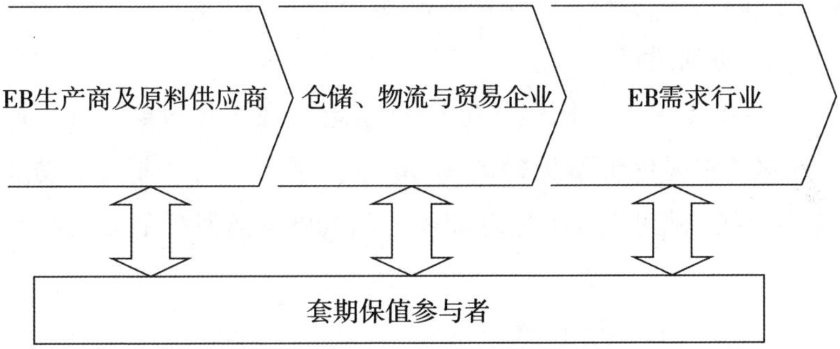

图7-14 EB期货套期保值参与者

1.EB以及纯苯生产商

EB生产商以及纯苯生产商是EB期货套期保值的重要参与者。这类企业需要防范EB价格的大幅下行，给自己企业造成较大的亏损。一般以石油化工企业居多。

2. 仓储、物流与贸易商

仓储物流企业以及各类地区贸易企业，包括EB进口商，也是套期保值的主要参与者。这类企业尽管不是EB的生产者或消费者，但手中却可能存有大量的EB库存，因而确保这部分EB不贬值，就成为这类企业的首选目标。

3. 下游消费方

EB消费行业包括的企业较多，涵盖了诸多EB消费领域内的企业，包括建材、涂料等生产企业。当然，这些生产商也可能不只生产一种需要EB的产品。不过，防止EB价格大幅上升却是这类厂商最主要的出发点。

三、EB 市场套期保值操作

EB 的套期保值也需要遵守期货套期保值的基本规则，即数量相同、月份相近、方向相反原则。EB 期货套期保值分为多头套期保值和空头套期保值两类。

1. 多头套期保值

EB 多头进行套期保值，都是出于防止 EB 价格大幅上升侵蚀自身利润的目的而进行的。进行多头套期保值的参与方多为 EB 下游的消费方，以各类 EB 消费领域企业为主。

比如，2022 年 1 月，某建材生产企业想要在 5 月份购入 5000 吨 EB，此时华东地区 EB 现货价格为每吨 8000 元。那么，该企业为了防止 5 月份 EB 价格大幅上扬，就可以在 1 月份做多买入 5000 吨 5 月份的 EB 期货合约（价格为每吨 8100 元）。

到了 5 月份，EB 现货价格上涨至每吨 10000 元，而 5 月份 EB 期货合约的价格也上涨至 10050 元左右。该生产商可以将手中的期货合约平仓，现货市场每吨多花的 2000 元，在期货市场补回了 1950 元，也是不错的交易（不含手续费、佣金）。

2. 空头套期保值

空头进行套期保值主要是担心卖出 EB 时价格下跌或手中的 EB 库存出现贬值的情况。EB 空头套期保值的参与方包括 EB 产业链的上游和中游企业，如 EB 生产商、原料供应商、贸易商等。

比如，2022 年 1 月，某 EB 贸易公司计划在 5 月卖出 3000 吨 EB，此时 EB 价格为每吨 8000 元。那么，该企业为了防止 5 月份 EB 价格大幅下跌，就可以在 1 月份做空卖出 3000 吨 5 月份的 EB 期货合约（价格为每吨 7950 元）。

到了 5 月份，EB 现货价格下跌至每吨 7000 元，而 5 月份 EB 期货合约的价格也下跌至 6850 元左右。该 EB 生产企业可以将手中的期货合约平仓，现货市场每吨少赚的 1000 元，在期货市场补回了 1100 元，也是不错的交易（不含手续费、佣金）。

第八章

精对苯二甲酸（PTA）期货基本分析策略

精对苯二甲酸（PTA）是重要的大宗有机原料之一，在现代纺织工业中具有不可替代的作用。

PTA 期货合约于 2006 年 12 月 18 日在郑州商品交易所上市交易。

第一节　精对苯二甲酸（PTA）及其产业链

PTA 因其自身具有的特性，被广泛地应用在化学纤维、轻工业、电子、建筑等国民经济的方方面面。目前，世界上 90% 以上的 PTA 都被用于生产聚对苯二甲酸乙二醇酯（PET）。

一、PTA 特点

精对苯二甲酸烯（PTA）在常温下是白色晶体或粉末，低毒，可燃。PTA 与空气混合，在一定限度内遇火即燃烧，甚至会发生爆炸。绝大多数 PTA 都被用于生产 PET，最终的用途大致可以分为三类，如图 8–1 所示。

当然，随着科技的发展，PTA 的用途可能并不局限于以上三类，各类用途的应用占比也可能会有所变化。

二、PTA 产业链

从生产工艺路径来看，PTA 主要经由石油化工获得，其产业链如图 8–2 所示。

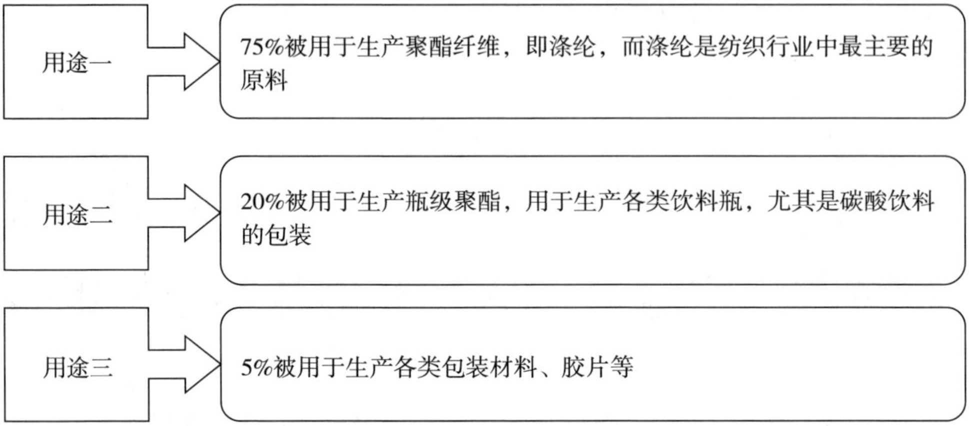

图 8-1　PTA 三大典型用途

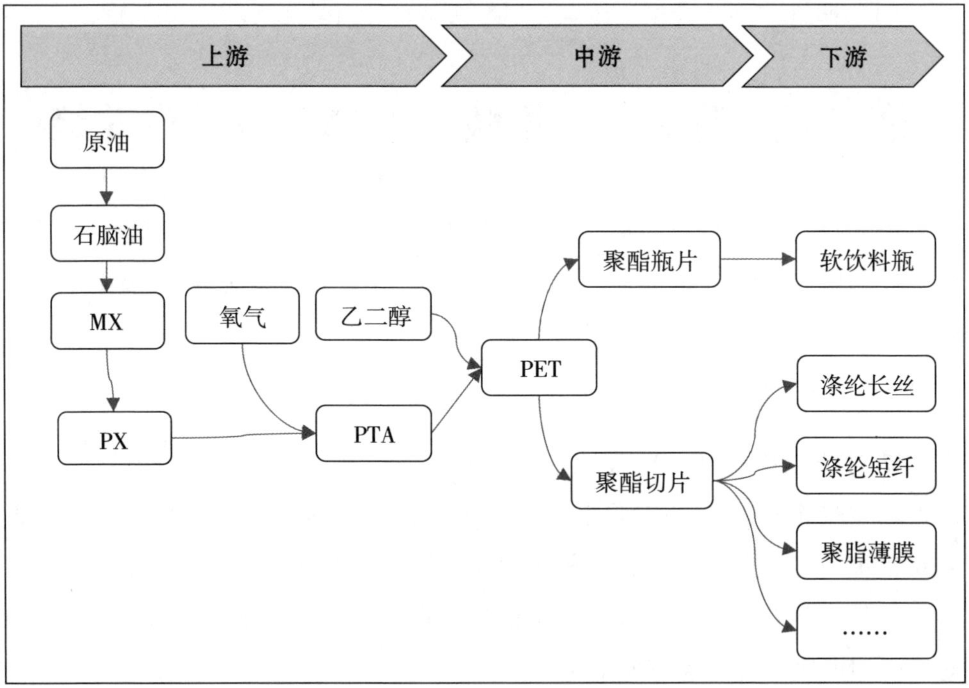

图 8-2　PTA 产业链

从整个 PTA 生产路径上来看，PTA 经历了由石脑油中提取 MX（混二甲苯），再提炼 PX（对二甲苯），通过以醋酸为溶剂，加入氧气后，生产粗对苯二甲酸。而后通过对粗对苯二甲酸加氢精制，获得 PTA 成品。

在使用过程中，PTA 需要与乙二醇（MEG）聚合，生产出聚对苯二甲酸乙二醇酯（PET）。PET 为一种树脂材料，在使用过程中可根据需要制成聚酯瓶片和聚酯切片。二者分别有各自的应用领域，比如，生产各类软饮料瓶需要聚酯瓶片，而各类纺织品所需的纤维则需要聚酯切片。

第二节　精对苯二甲酸（PTA）基本供需分析

2000 年以后，随着我国聚酯工业的快速发展，对 PTA 的需求出现了迅猛增长。其后，PTA 产业在我国也出现了快速发展势头，并从 2005 年开始成为世界上最大的 PTA 生产国。

目前，我国已经是世界上最大的 PTA 生产国和消费国。

一、PTA 供给

由于 PTA 的应用范围非常广泛，世界各国都加大了 PTA 的扩产力度。

1. 全球 PTA 产能情况

从大的方向来看，近些年来，全球 PTA 产能呈现逐渐增加的态势，平均产能利用率在 85% 左右，如图 8–3 所示。

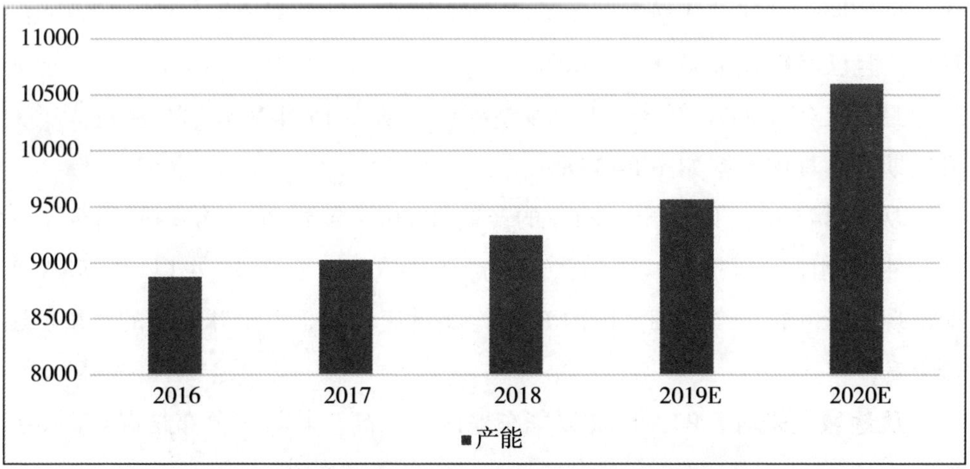

图 8–3　最近几年全球 PTA 产能数据（单位：万吨）

2. 全球 PTA 产能分布

从全球 PTA 产能分布来看，PTA 产能主要集中在中国。其具体分布情况，如图 8-4 所示。

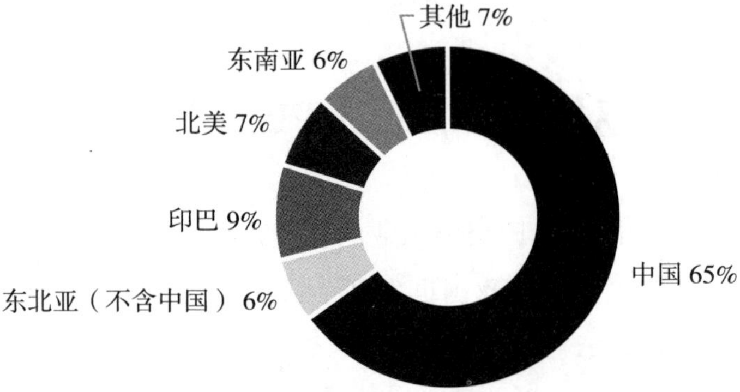

图 8-4　全球 PTA 产能分布占比

从图 8-4 中可以看出，全球 PTA 产能主要还是分布在中国以及中国周边地区，包括东亚、东南亚以及印巴等国家和地区。其他国家的产能占比相对较少。

3.PTA 国内供给

相对而言，我国的 PTA 产业起步较晚。但在 2012 年以后，产能已经进入了过剩期。目前，从整个国内 PTA 产业来看，已经形成了供给大于需求的局面，且已经解除了对外部的依赖。

最近几年，PTA 产能经历一段整固后，从 2019 年后开始再度进入了上升周期，其具体数据如图 8-5 所示。

从图 8-5 中可以看出，PTA 的产能在 2017 年到 2018 年期间出现了一些停滞（刚刚经历扩产，并淘汰落后产能所致）。自 2019 年以后，PTA 产业出现了新一轮扩产高潮，国内 PTA 产能迅速增加，占全球产能的比重也逐步上升。

从地域上来看，PTA 产能以华东地区为最高，其具体分布情况如图 8-6 所示。

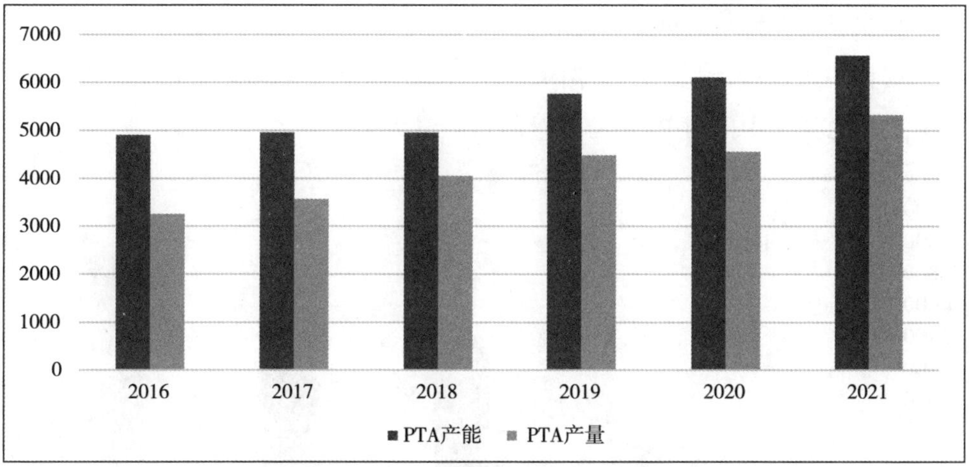

图 8-5　全国 PTA 产能与产量数据（单位：万吨）

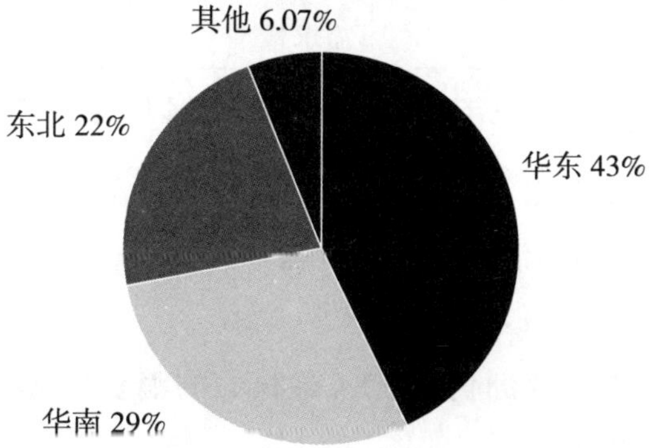

图 8-6　国内 PTA 产能分布占比

从图 8-6 中可以看出，华东地区为我国 PTA 的主要产能集中地，华南、东北地区次之，其他地区的产能相对较少。其中，辽宁、浙江、江苏、福建为国内 PTA 产能前四的省份。同时，与全球产能分布相似，国内的 PTA 产能也主要集中于头部企业，比如逸盛石化、恒力石化、福海创、嘉兴石化等都拥有较高的产能。

二、PTA 需求

PTA 的需求情况需要从全球整体需求和国内需求等多方面来分析。

1. 全球 PTA 需求情况

据相关机构统计，过去几年内，整个 PTA 行业的需求保持了较快的增长，其中亚洲尤其是中国对 PTA 需求量的贡献最大。

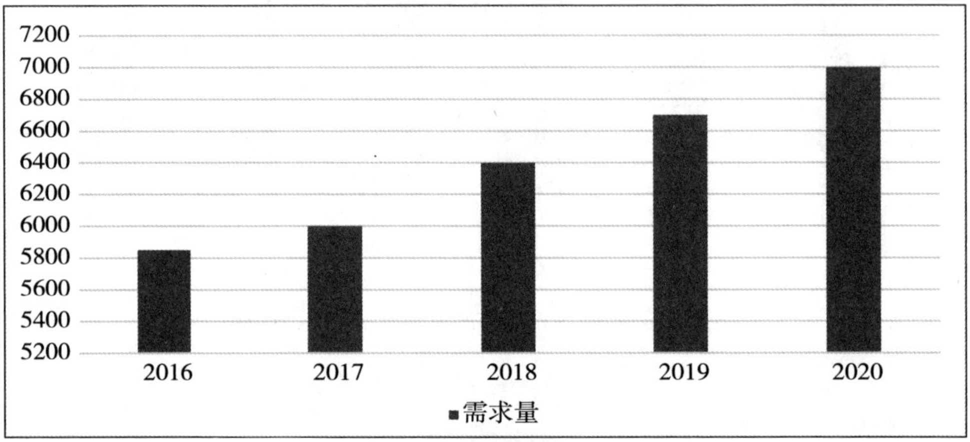

图 8-7 最近几年全球 PTA 需求量数据（单位：万吨）

从图 8-7 中可以看出，最近几年全球 PTA 的需求量一直呈现稳定增长态势。若对照后面中国的消费量可以发现，我国在全球 PTA 消费量的占比在不断地增加。

从全球需求来看，亚洲仍是 PTA 最核心的消费地区，占总消费量的比重长期保持在 85% 以上。

2. 国内 PTA 需求情况

PTA 最主要的消费领域就是 PET，其他消费占比很少。各消费领域的占比情况（2019 年数据）如图 8-8 所示。

从 PTA 消费领域来看，涤纶长丝是 PTA 最主要的消费领域，其主要用于丝绸等纺织产品，而聚酯切片则用于制作各类服装面料等。总之，PTA 消费领域中的绝大多数都被用于大纺织产业。

3. 国内 PTA 表观需求量

最近几年 PTA 的需求量表现出了明显的上升态势。历年表观需求量如图 8-9 所示。

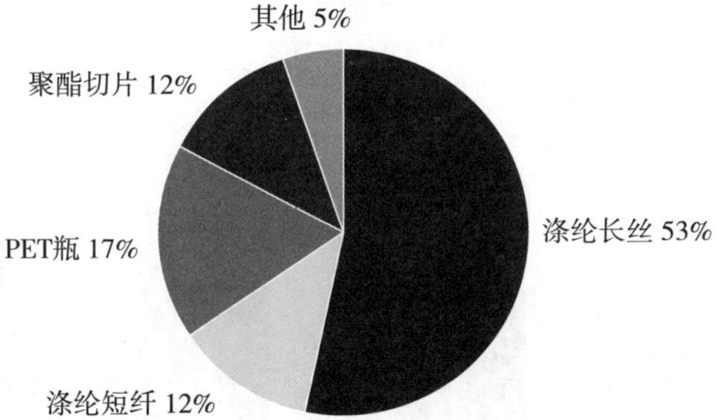

图 8-8　全国 PTA 应用领域占比

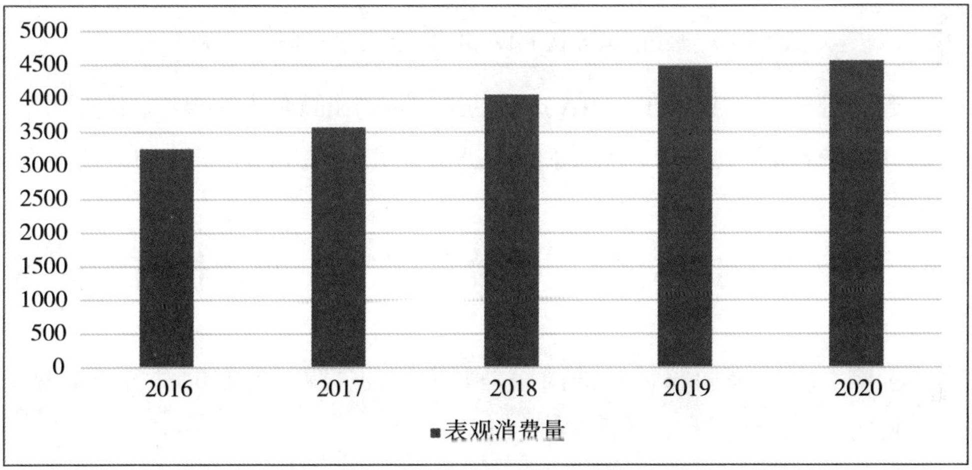

图 8-9　最近几年全国 PTA 表观消费量数据（单位：万吨）

从图 8-9 中可以看出，最近几年 PTA 的需求量呈现了节节攀升的态势，不过整体上升的幅度并不算太大。结合 PTA 产能数据可以发现，产能过剩现象已经开始显现，未来 PTA 价格的走势可能会承压。

三、PTA 进出口

通过之前国内 PTA 产业产能、产量与需求量的对比可以看出，国内的供给能力其实已经超过了需求量，这就意味着 PTA 产业对国外的依赖程度较低。最近几年，PTA 进出口量数据如图 8-10 所示。

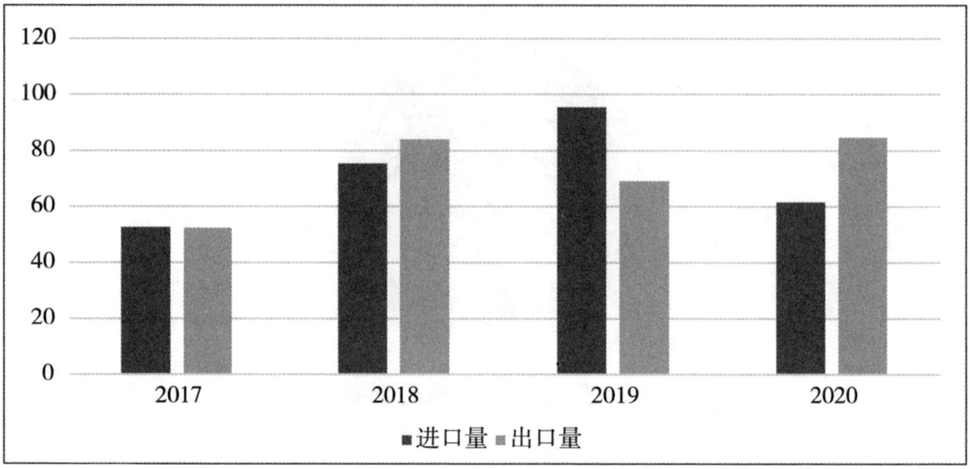

图 8-10 最近几年全国 PTA 进出口量数据（单位：万吨）

通过图 8-10 可以看出，PTA 产品的进口量与出口量大致相当。最近几年，进出口量在 100 万吨以内，这也意味着进出口量对国内 PTA 价格的影响不大。

第三节 影响精对苯二甲酸（PTA）期货价格的因素

影响 PTA 期货价格波动的因素是多方面的，除了基本的供需因素外，还有其他诸多方面因素，如图 8-11 所示。

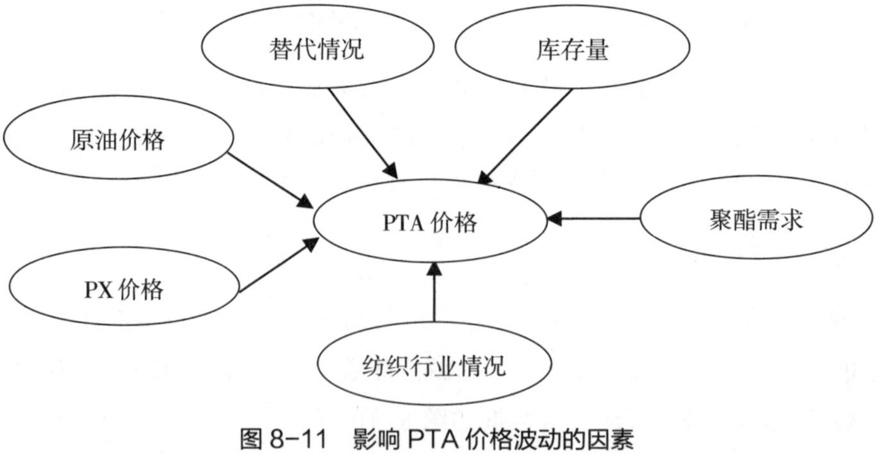

图 8-11 影响 PTA 价格波动的因素

一、上游：原油价格

PTA 产业上游的源头就是石油，这就意味着原油价格对 PTA 成本具有重要的影响，原油价格走势在很大程度上影响了 PTA 整个产业链的利润情况。下面来看一下 PTA 期货合约价格走势与原油价格走势的对比，如图 8–12 所示。

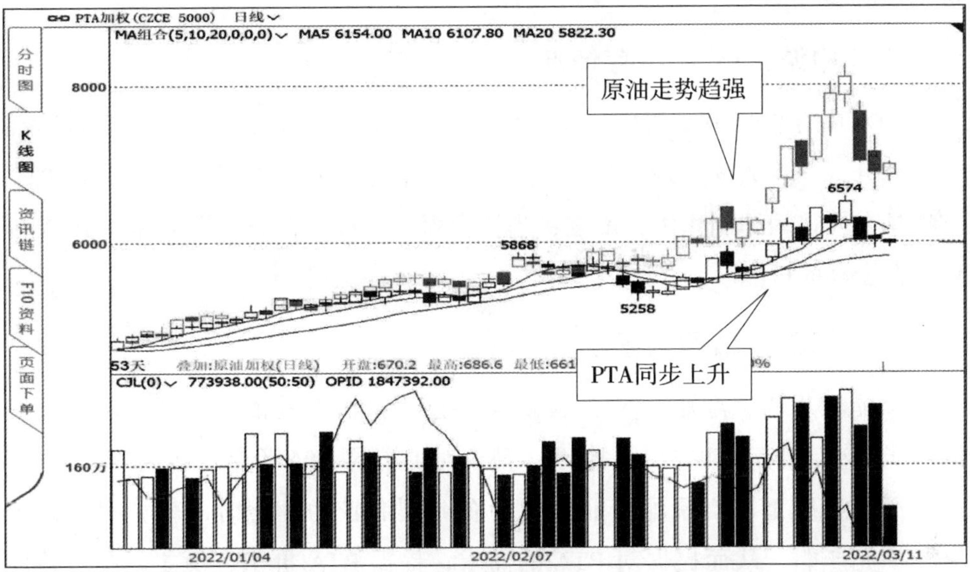

图 8–12　PTA 加权与原油加权日 K 线对比走势图

如图 8–12 所示，PTA 期货的价格走势在相当长的时间内与原油期货价格走势趋同，但其波动幅度要明显小于原油期货，毕竟 PTA 的价格还要受很多其他供需因素的影响。比如，随着原油价格的持续上升，PTA 行业内部的供给量就会增加，很多贸易商也会加紧降低库存，这就在一定程度上抑制了 PTA 价格的进一步走高。这也是当原油价格出现大幅上攻时，PTA 的价格波动要小于原油的原因。

二、上游：PX 价格

对二甲苯（PX）是 PTA 最直接的上游，市场上超过 90% 的 PX 被用于生产 PTA。目前，生产 1 吨 PTA 大约需要 0.65 吨左右的 PX。PX 也是 PTA

最主要的成本，PX 的价格直接影响了 PTA 的生产成本和最终售价。

同时，原油价格（PX 由原油生产获得）、PX 的供给情况以及 PTA 需求量的变化，都会对 PX 价格产生一定的影响。

不过，目前 PX 产品并没有在期货市场上市，投资者只能通过现货市场了解 PX 的价格走势。一般来说，投资者可通过生意宝等网站了解 PX 的最新报价情况。

三、中游：PTA 库存情况

PTA 库存包括 PTA 生产厂商库存、贸易商库存以及 PTA 下游企业库存等三部分，三者共同构成了社会库存量。当社会库存量持续走高时，对 PTA 价格具有较强的抑制作用；反之，当社会库存持续降低时，则意味着 PTA 价格存在走高的可能。

四、下游：聚酯需求量

聚酯切片和聚酯瓶片是 PTA 最重要也是最核心的消费领域，两大领域的产能变动、开工率以及利润情况，都会对上游的 PTA 价格产生直接的影响。

通常情况下，当聚酯产业链中的企业利润较为理想时，就会提升开工率并扩充产能，从而提振对 PTA 的需求，提振 PTA 价格；反之，则会造成 PTA 供给大于需求，压制 PTA 价格上行。

五、下游：纺织行业景气程度

纺织行业景气程度高，对聚酯纤维的需求量自然会水涨船高，相应地也会拉升对 PTA 的需求量；相反，若纺织行业不景气，对聚酯纤维的需求量也会大大减少，PTA 的消费量自然减少，PTA 价格也难以获得足够的支撑。

在当前的 PTA 消费格局中，下游的纺织行业对其拉动效应最大，因而投资者需要密切关注该行业的动向。

六、下游：棉花对涤纶的替代效应

纺织行业是 PTA 最主要的消费领域。而纺织行业的原料除了选择由

PTA 制成的涤纶外，还可以选择棉花，二者之间的价格关系在很多时候会影响其在纺织配料中的比重。当棉花价格大幅走低时，纺织行业势必会倾向于选择棉花，同时减少涤纶使用量，这就会促使 PTA 价格走低；反之，当棉花价格走高时，纺织行业会加大涤纶的使用量，从而推动 PTA 价格上行。

第四节　精对苯二甲酸（PTA）期货及交易要点

作为一种独立的期货品种，PTA 的价格走势尽管与原油关系非常密切，但也有其自身的特点和波动规律。

一、PTA 期货合约及交割要点

在设计 PTA 期货合约时，重点考虑了以下几方面内容，如图 8-13 所示。

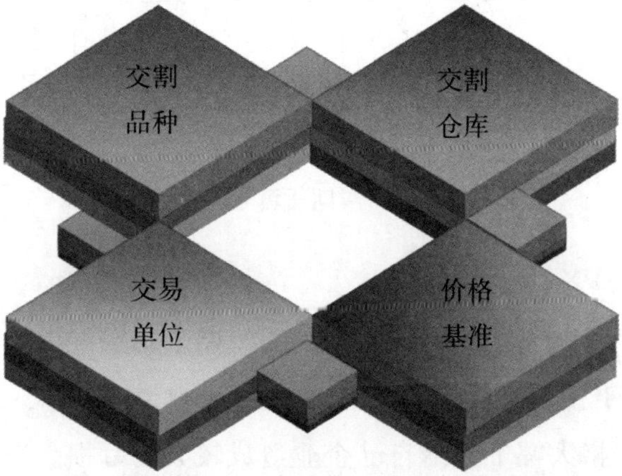

图 8-13　PTA 期货合约设计要点

第一，PTA 交割品种。PTA 期货基准交割品为符合 GB/T32685—2016 质量标准的优等品 PTA。同时，还必须是经交易所认定的 PTA 生产厂家生产的商品。

第二，在 PTA 仓库的交割方面。PTA 交割仓库也分为仓库交割和厂库交割。考虑贴近消费市场的原因，PTA 基准交割仓库主要设置在华东地区的江苏、浙江等地。具体的交割仓库由交易所指定，并可能会根据需要进行调整。

第三，交易单位设置。目前 PTA 期货合约每手为 5 吨，该设置与甲醇合约相同。这是综合考虑 PTA 市场价格、扩大流通性以及市场运输与包装等方面而设置的一个交易标准。

第四，交割基准价格。PTA 期货合约的交割基准价为该期货合约的基准交割品在基准仓库出库时的汽车板交货的含税价格。

二、PTA 期货的套期保值

PTA 期货的套期保值参与者包括但不限于以下几类，如图 8–14 所示。

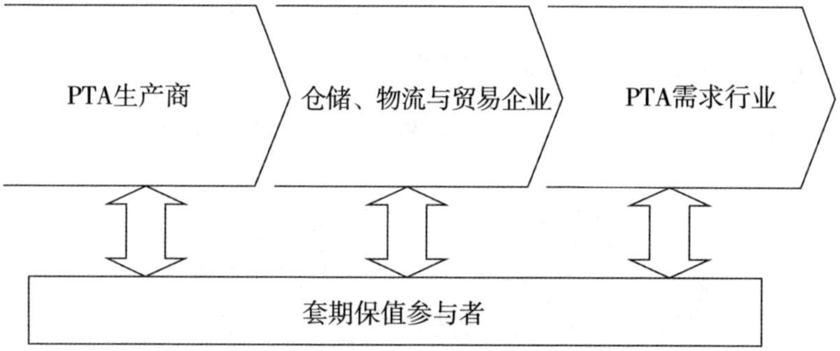

图 8–14　PTA 期货套期保值参与者

1.PTA 以及 PX 生产商

PTA 的生产商以及 PX 生产商都是 PTA 期货套期保值的重要参与者。由于 PX 主要被用于生产 PTA，而目前国内并没有 PX 期货，因而这类企业也需要防范 PTA 价格大幅下行给自己企业造成较大的亏损。当然，还有一些石油化工企业或 PTA 原料供应企业，如醋酸生产企业也参与其中。

2. 仓储、物流与贸易商

仓储物流企业以及各类地区贸易企业，包括 PTA 进口商，也是套期保值的主要参与者。这类企业尽管不是 PTA 的生产者或消费者，但手中却可能有大量的 PTA 库存。因而确保这部分 PTA 不贬值，就成为这类企业的首选目标。

3. 下游消费方

PTA 消费行业包括的企业较多，涵盖了诸多聚酯生产企业、纺织品生产厂商、PET 瓶生产商等。当然，这些生产商也可能不只生产一种需要 PTA 的产品，不过，防止 PTA 价格大幅上升却是这类厂商最主要的出发点。

三、PTA 市场套期保值操作

PTA 的套期保值也需要遵守期货套期保值的基本规则，即数量相同、月份相近、方向相反原则。PTA 期货套期保值分为多头套期保值和空头套期保值两类。

1. 多头套期保值

PTA 多头进行套期保值，都是出于防止 PTA 价格大幅上升侵蚀自身利润的目的而进行的。进行多头套期保值的参与方多为 PTA 下游的消费方，以各类聚酯生产企业、纺织企业为主。

比如，2022 年 1 月，某聚酯生产企业想要在 5 月份购入 5000 吨 PTA，此时华东地区 PTA 现货价格为每吨 5000 元。那么，该企业为了防止 5 月份 PTA 价格大幅上扬，就可以在 1 月份做多买入 5000 吨 5 月份的 PTA 期货合约（价格为每吨 5100 元）。

到了 5 月份，PTA 现货价格上涨至每吨 6000 元，而 5 月份 PTA 期货合约的价格也上涨至 6050 元左右。该企业可以将手中的期货合约平仓，现货市场每吨多花的 1000 元，在期货市场补回了 950 元，也是不错的交易（不含手续费、佣金）。

2. 空头套期保值

空头进行套期保值主要是担心卖出 PTA 时价格下跌或手中的 PTA 库存出现贬值的情况。PTA 空头套期保值的参与方包括 PTA 产业链的上游和中游企业，如 PTA 生产商、贸易商等。

比如，2022 年 1 月，某 PTA 贸易公司计划在 5 月卖出 1 万吨 PTA，此时 PTA 价格为每吨 5000 元。那么，该企业为了防止 5 月份 PTA 价格大幅下跌，就可以在1月份做空卖出1万吨5月份的PTA期货合约(价格为每吨5100元)。

到了5月份，PTA现货价格下跌至每吨4000元，而5月份PTA期货合约的价格也下跌至4050元左右。该PTA生产企业可以将手中的期货合约平仓，现货市场每吨少赚的1000元，在期货市场补回了1050元，也是不错的交易（不含手续费、佣金）。

第九章

乙二醇（EG）期货基本分析策略

乙二醇（EG），又名甘醇，是无色无臭、有甜味的液体，是合成聚酯纤维的重要原料，在现代纺织工业中具有不可替代的作用。

EG 期货合约于 2018 年 12 月 10 日在大连商品交易所上市交易，是大连商品交易所上市的首个液体化工品种。

第一节　乙二醇（EG）及其产业链

与 PTA 相似，乙二醇更多的用途是在生产聚酯纤维领域。要了解乙二醇，需要对其产业链有一定的熟悉。

一、EG 产业链

从生产工艺路径来看，乙二醇可以通过石油、天然气和煤获得，其产业链如图 9–1 所示。

从整个 EG 产业链来看，乙二醇可以通过与 PTA 结合生产聚酯，也可以通过其他途径生产防冻液或其他物品。不过，总体上来看，与 PTA 结合生产聚酯，仍是乙二醇最主要的用途，该类用途占乙二醇总产量的 94% 左右，生产防冻液的占比仅为 2%，其他用途仅为 4% 左右。

二、EG 的三种来源

通过乙二醇产业链可以看出，目前，通过煤、天然气以及石油乙烯等都

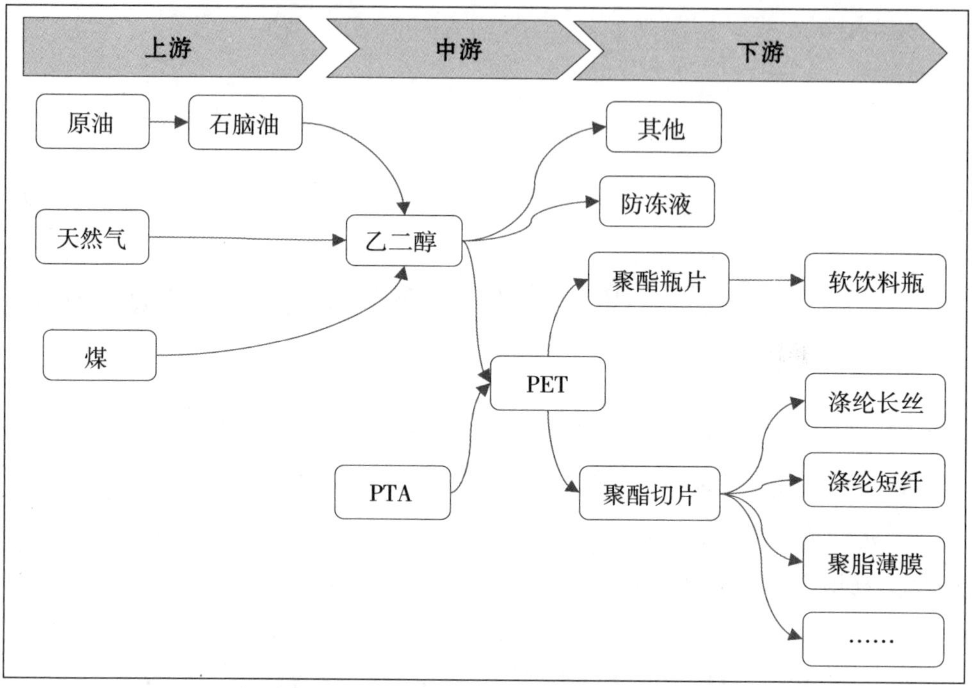

图 9-1　EG 产业链

可以生产、制造乙二醇，而这三类原料生产乙二醇的工艺又稍有不同。同时，原料不同，对上游原料供给的要求也不尽相同。目前，三者所生产的乙二醇占比有一定的波动（以 2019 年数据为例），其总体占比情况如图 9-2 所示。

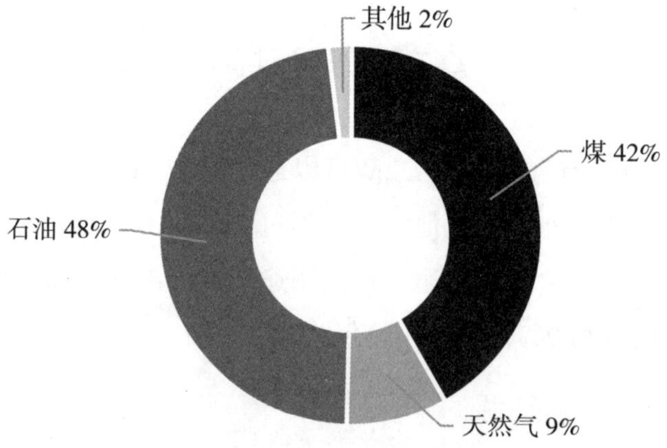

图 9-2　EG 来源占比

1. 煤制乙二醇

煤制乙二醇是以煤为原料生产乙二醇的技术，目前，世界上仅有我国采用此路线生产乙二醇。由于我国煤炭储量较为丰富，煤化工产业相对比较发达，所以煤制乙二醇路线生产的乙二醇在我国乙二醇产业中占比还是比较高的，而且未来有进一步提升的空间。

2. 石油乙烯制乙二醇

石油乙烯制乙二醇仍是目前世界上大多数国家和地区采取的生产路线。即使是煤化工产业发达程度较高的我国，此路线生产的乙二醇占比仍要高于煤化工，由此而见此路线在全球的普及程度。

3. 天然气制乙二醇

采用此路线生产乙二醇主要是中东产油国和美国等天然气资源丰富的国家和地区。

第二节 乙二醇（EG）基本供需分析

随着我国纺织工业的快速发展，乙二醇产业最近一些年也呈现了蓬勃发展的势头，乙二醇的供给与需求同步呈现快速增长的态势。

一、EG 供给

由于 EG 的应用范围非常广泛，世界各国都加大了 EG 的扩产力度。

1. 全球 EG 产能情况

从大的方向来看，近些年来，全球 EG 产能呈现逐渐增加的态势，平均产能利用率在 55% 左右，如图 9-3 所示。

2. 全球 EG 产能分布

从全球 EG 产能分布来看，EG 产能主要集中在东亚。其具体分布情况如图 9-4 所示。

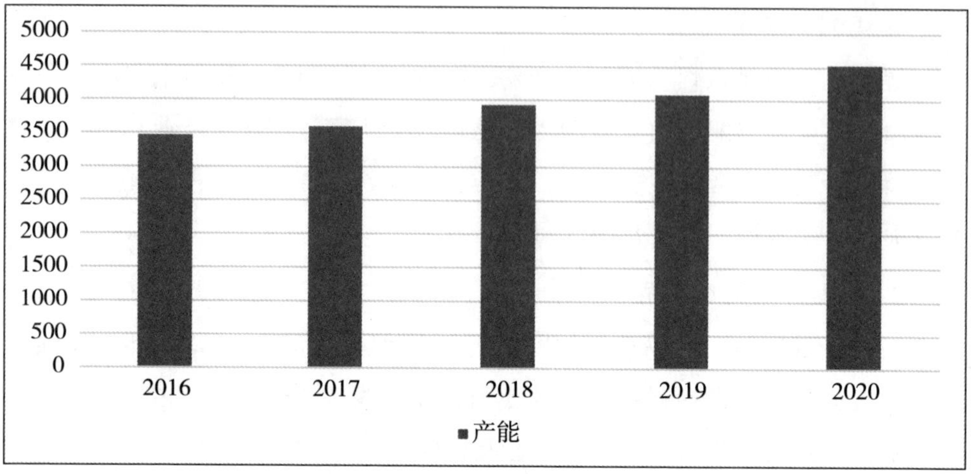

图 9-3　最近几年全球 EG 产能数据（单位：万吨）

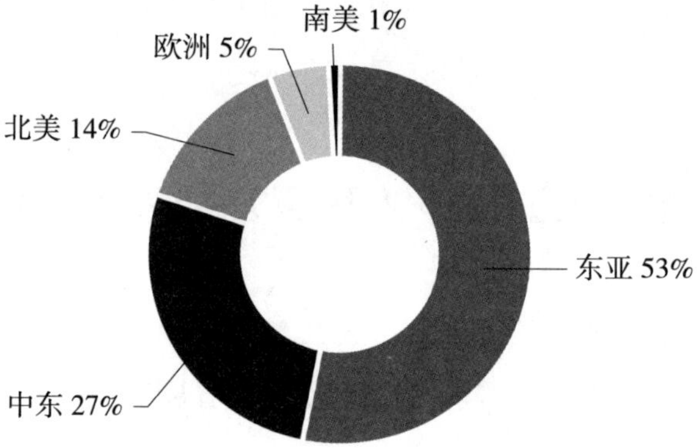

图 9-4　全球 EG 产能分布占比

从图 9-4 中可以看出，全球 EG 产能主要还是分布在亚洲，包括东亚、东南亚以及中东等国家和地区。其他国家的产能占比相对较少。

3.EG 国内供给

相对而言，我国的 EG 产业起步较晚。2010 年以前，我国 EG 的供给还主要依赖于进口。

最近几年，EG 产能在经历一段时间的整固后，从 2020 年后开始再度进入了上升周期，其具体数据如图 9-5 所示。

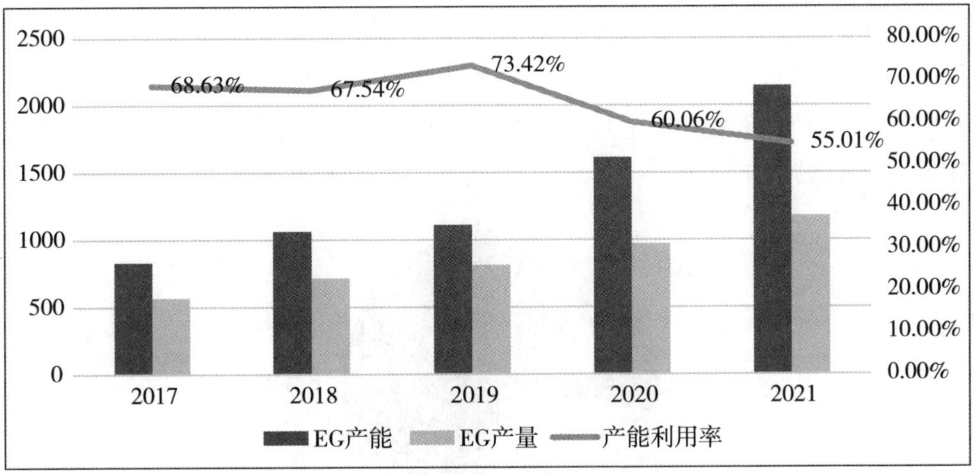

图 9-5 全国 EG 产能数据（单位：万吨）

从图 9-5 中可以看出，EG 产能在 2018 年到 2019 年期间出现了一些停滞（刚刚经历扩产，并淘汰落后产能所致）。自 2020 年以后，EG 产业出现了新一轮的扩产高潮，国内 EG 产能迅速增加。不过，与之相对应的，产能利用率却出现了下滑。到 2021 年，EG 行业的产能利用率仅为 55% 左右，这并不是一个理想的数字。其实，产能与产量结构性失衡，与市场更加偏爱石油乙烯制 EG 有关，而对煤化工生产的 EG 缺乏足够的兴趣，这也导致煤化工 EG 企业产能利用率严重不足，而石油乙烯 EG 企业的产能不够用的情况。

从国内产能分布来看，华东地区作为整个化工产业最主要的消费地区，也是主要的乙二醇产能集中地。国内乙二醇的产能分布如图 9-6 所示。

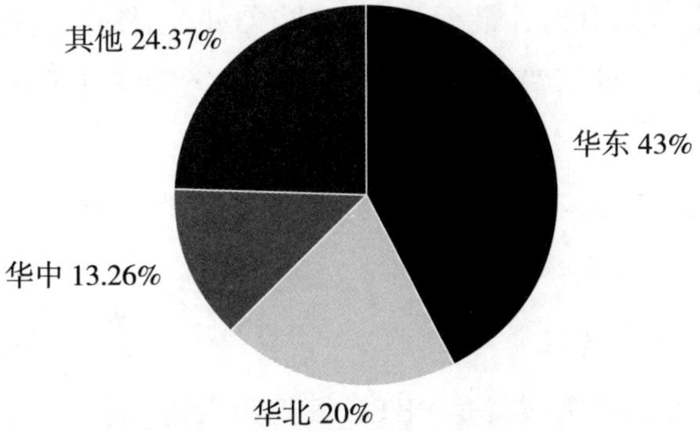

图 9-6 国内 EG 产能分布占比

在乙二醇产能方面，需要将石油制乙二醇和煤制乙二醇分开研究。一般来看，煤制乙二醇产能较为分散，大多数企业集中在华北等地。而石油制乙二醇的大部分产能集中于中石化一家。下面来看一下石油制乙二醇的产能分布情况，如图 9-7 所示。

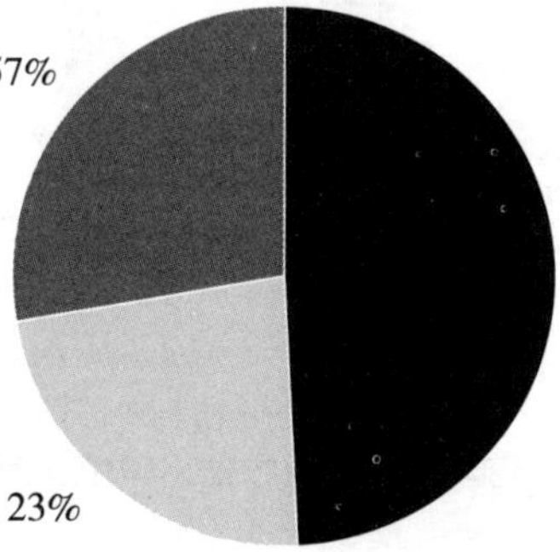

图 9-7　国内石油制乙二醇产能分布占比

从图 9-7 中可以看出，我国石油制 EG 的主要产能集中在中石化及其下属企业手中。其他企业除了恒力石化外，产能占比都相对较小。

二、EG 需求

EG 的需求情况需要从全球整体需求和国内需求等多方面来分析。

1. 全球 EG 需求情况

据相关机构统计，过去几年内，整个 EG 行业的需求保持了较快的增长，其中亚洲尤其是中国对 EG 需求量的贡献最大。

从图 9-8 中可以看出，最近几年全球 EG 的需求量一直呈现稳定增长态势。若对照后面中国的消费量可以发现，我国在全球 EG 消费量的占比在不断地增加。

从全球需求来看，亚洲仍是 EG 最为核心的消费地区，占总消费量的比重长期保持在 85% 以上。

2. 国内 EG 需求情况

EG 最主要的消费领域就是 PET，其他消费占比很少。各消费领域的占比情况（2021 年数据）如图 9-9 所示。

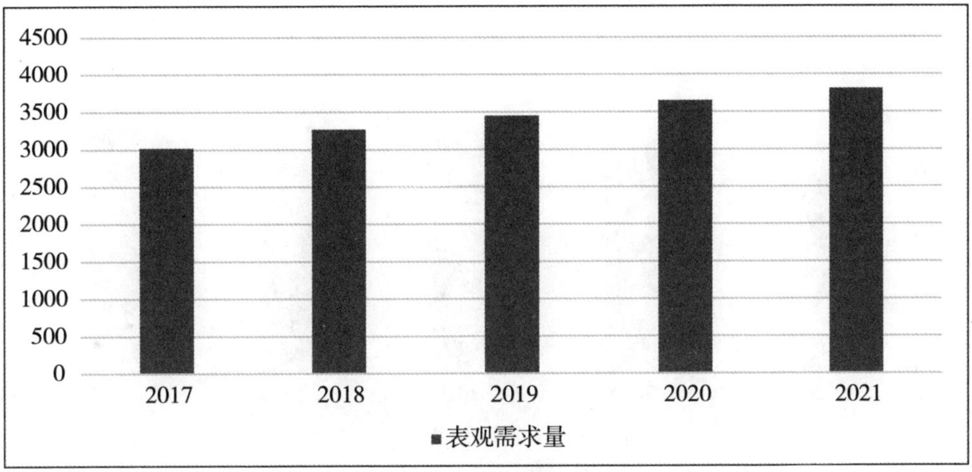

图 9-8　最近几年全球 EG 需求量数据（单位：万吨）

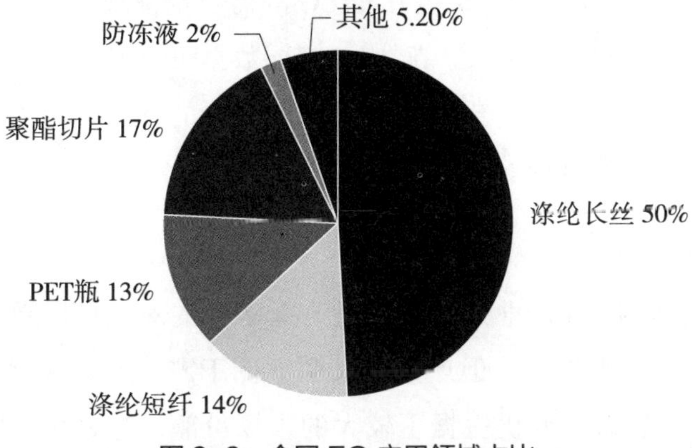

图 9-9　全国 EG 应用领域占比

从 EG 消费领域来看，涤纶长丝是 EG 最主要的消费领域，其主要用于丝绸等纺织产品，而聚酯切片则用于制作各类服装面料等。总之，EG 消费领域中的绝大多数都被用于大纺织产业，这与 PTA 几乎完全相同，毕竟二者是配合使用的。

3. 国内 EG 表观需求量

最近几年 EG 的需求量表现出了明显的上升态势，历年表观需求量如图 9-10 所示。

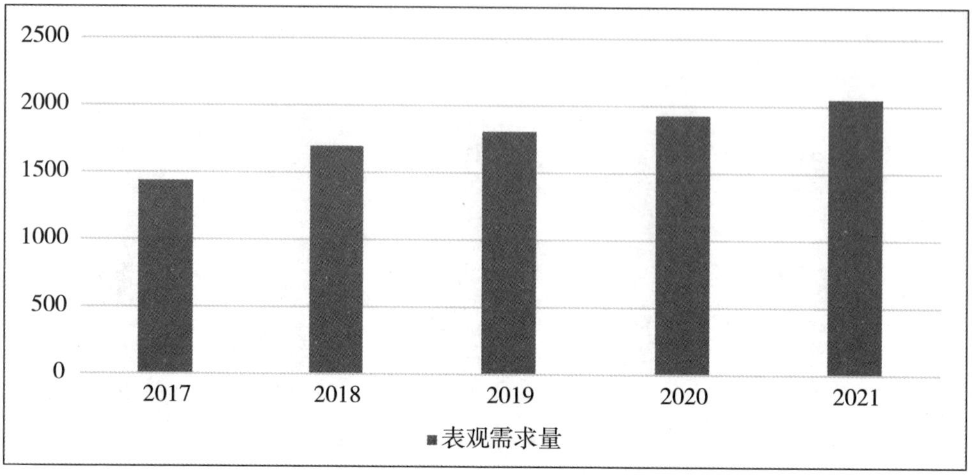

图 9-10　最近几年全国 EG 需求量数据（单位：万吨）

从图 9-10 中可以看出，最近几年 EG 的需求量呈现了节节攀升的态势，不过整体上升幅度并不算太大。结合 EG 产能数据可以发现，产能利用率不足，产能高、产量低现象凸显。未来，随着国际油价的走高，国内煤制乙二醇的竞争优势可能会日趋显现。

三、EG 进出口

通过之前国内 EG 产业产能、产量与需求量的对比可以看出，国内的产能其实已经超过了需求量，但产量却又明显低于需求量。这就意味着，目前在 EG 市场上，进口货源仍占据了较大的市场份额，与之相对应的出口量则非常低，几乎可以忽略不计。其实，这与国内的需求有直接的关系。国内的聚酯纤维生产企业更加青睐乙烯制乙二醇，不愿意使用煤制乙二醇，这也是国内产能高而产量低的原因，即很多煤制乙二醇的产能并非得到高负荷运转。

最近几年，EG 进出口量数据如图 9-11 所示。

通过图 9-11 可以看出，EG 产品的进口量仍处于上升趋势，而出口量几乎可以不做考虑。

目前，我国 EG 的主要进口来源国还是以中东的沙特为主，各个进口国所占份额如图 9-12 所示。

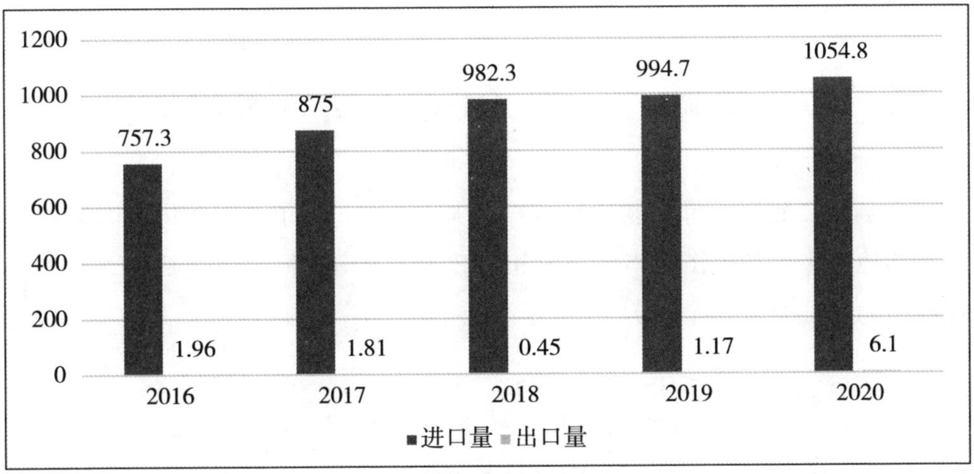

图 9-11　最近几年全国 EG 进出口量数据（单位：万吨）

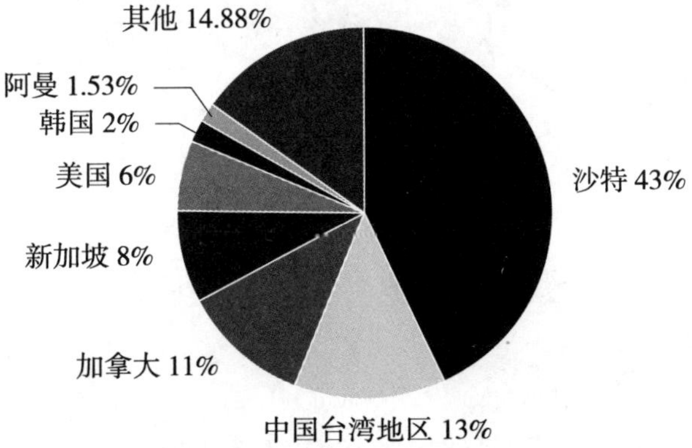

图 9-12　EG 进口来源国占比

从图 9-12 中可以看出，按 EG 进口量来看，沙特的占比最高，达到了 43% 以上，中国台湾地区、加拿大、新加坡、美国次之。

第三节　影响乙二醇（EG）期货价格的因素

影响乙二醇期货价格波动的因素是多方面的，除了基本的供需因素外，还有其他诸多宏观经济因素、国家相关政策因素等，同时还包括以下几类比较典型的影响因素，如图 9–13 所示。

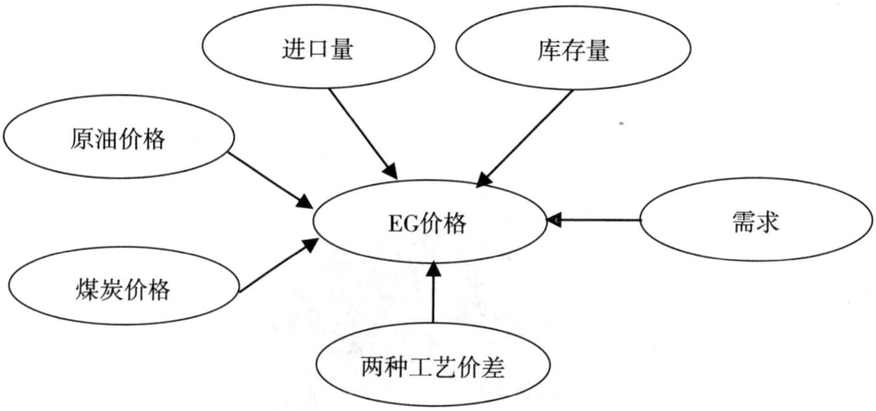

图 9–13　影响 EG 价格波动的因素

一、原油价格

目前，国内 EG 产业的最终上游仍是以原油为主。尽管煤化工占了一部分产能，但毕竟国际上仍是以原油化工产能为主。也就是说，乙二醇的价格势必会受到原油价格波动的影响。

同时，从下游需求角度考虑，聚酯纤维行业更青睐于乙烯制乙二醇，因而我们交易的期货合约的基准品种也是石油乙烯制乙二醇。

下面来看一下原油期货合约价格与 EG 价格走势的对比情况，如图 9–14 所示。EG 期货的价格走势在相当长的时间内与原油期货价格走势趋同，但 EG 价格的波动一般要小于原油期货价格。

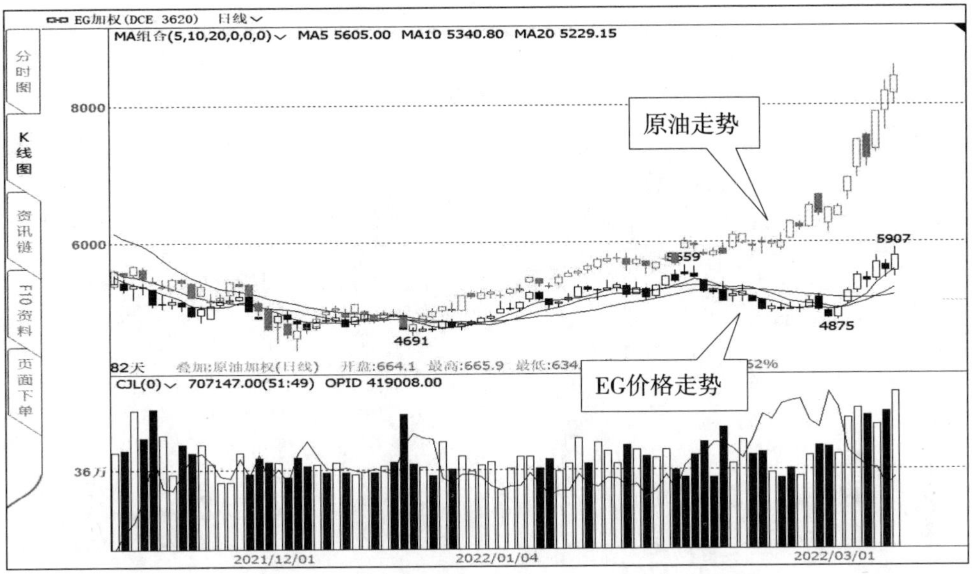

图 9–14 EG 加权与原油加权日 K 线对比走势图

2022 年 2 月 14 日之后，受俄乌冲突预期升温的影响，原油价格开始逐渐加快了上升速度，而 EG 的价格走势却并没有随之大幅上升。毕竟 EG 的价格波动除了受原油价格影响外，还会受煤炭价格以及其他市场供需因素的影响。

二、煤炭价格

从 EG 的生产路线来看，主要分为石油、天然气和煤炭三条路线。由于我国国情不同，煤制乙二醇的产能占比也在四成以上。目前我们交易的期货合约的标的为乙烯制乙二醇，但是，其价格走势也必然会受到煤制乙二醇的冲击。

下面以焦煤为例，看一下 EG 与煤炭期货价格走势之间的关系，如图 9–15 所示。

从图 9–15 中可以看出，焦煤期货的价格走势在 2021 年下半年焦煤价格大幅上升的基础上出现了振荡上扬态势。这种成本上升带动的煤制乙二醇成本上扬，间接带动了乙烯制乙二醇价格的走高。

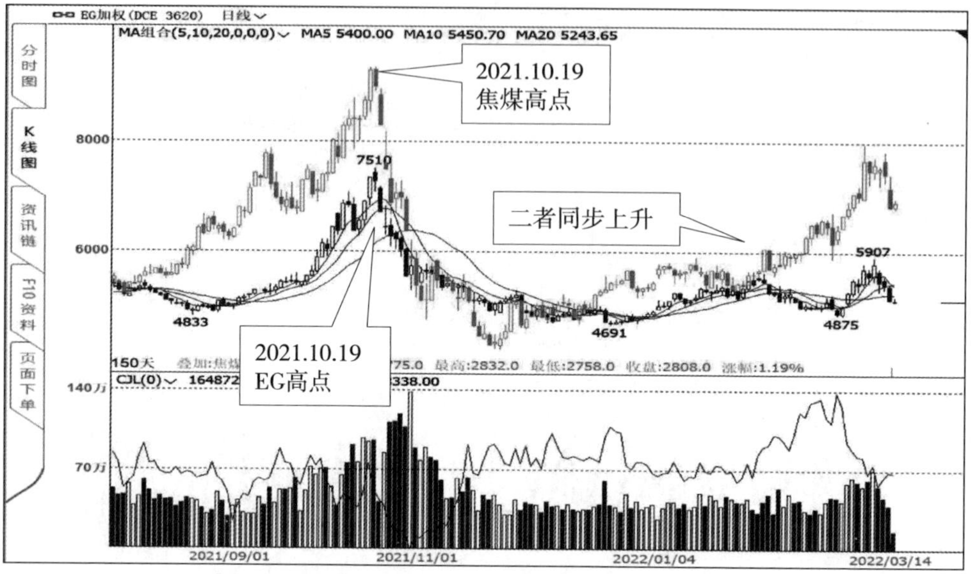

图 9-15 焦煤期货加权与 EG 加权日 K 线对比走势图

2021 年 10 月 19 日，在焦煤价格上涨至阶段顶点时，EG 价格同步触顶，此后二者同步进入下行趋势。

从二者的走势对比来看，二者走势的同步性较高，只是 EG 的波动幅度要小于焦煤。因此，投资者在交易 EG 期货时，可以实时关注一下煤炭的价格走势情况。

三、煤制乙二醇与乙烯制乙二醇价差

目前，国内乙二醇的生产主要涵盖两种路径，即煤制乙二醇和石油乙烯制乙二醇。由于聚酯消费市场上对煤制乙二醇的接受程度并不高，更愿意选择石油乙烯制乙二醇，这就使得当乙二醇的价格处于低位，两种途径所生产的乙二醇价差相对较小时，市场会优先选择乙烯制乙二醇；反之，当原油价格上涨，带动乙烯制乙二醇价格大幅高于煤制乙二醇时，市场就会倾向于选择煤制乙二醇。

其实，这也是国内乙二醇产能较高，但产能利用率又不足，还依靠大量进口乙二醇的原因。毕竟进口的乙二醇都是由石油乙烯或天然气生产的，质量相对较好，价格相对较低。

四、进口量

目前，进口乙二醇已经构成了乙二醇供应端重要的组成部分。2021 年，进口乙二醇总量为 842.57 万吨，而全年的表观消费量为 2052.3 万吨，进口量占总需求的比重超过 41%。这也就意味着进口端的变化，会对国内整个乙二醇供需系统产生较大的影响。

与此同时，国家的一些进出口政策、贸易纠纷（如反倾销调查）等，都会对进口乙二醇产生影响，进而影响国内乙二醇的供需结构。

五、聚酯需求量

与 PTA 相似，下游聚酯产业的需求量仍是拉动乙二醇的主要力量。其中，聚酯切片和聚酯瓶片是聚酯最重要也是最核心的消费领域。两大领域的产能变动、开工率以及利润情况，都会对上游的 EG 价格产生直接的影响。

通常情况下，当聚酯产业链中的企业利润较为理想时，就会提升开工率并扩充产能，从而提振对 EG 的需求，提振 EG 价格；反之，则会造成 EG 供给大于需求，压制 EG 价格上行。

六、EG 库存情况

EG 库存包括 EG 生产厂商库存、贸易商库存、港口库存以及 EG 下游企业库存等几部分。这几部分库存共同构成了社会库存量。当社会库存量持续走高时，对 EG 价格具有较强的抑制作用；反之，当社会库存量持续降低时，则意味着 EG 价格存在走高的可能。

第四节　乙二醇（EG）期货及交易要点

作为一种独立的期货品种，EG 的价格走势尽管与原油关系非常密切，但也有其自身的特点和波动规律。

一、EG 期货合约及交割要点

在设计 EG 期货合约时，重点考虑了以下几方面内容，如图 9-16 所示。

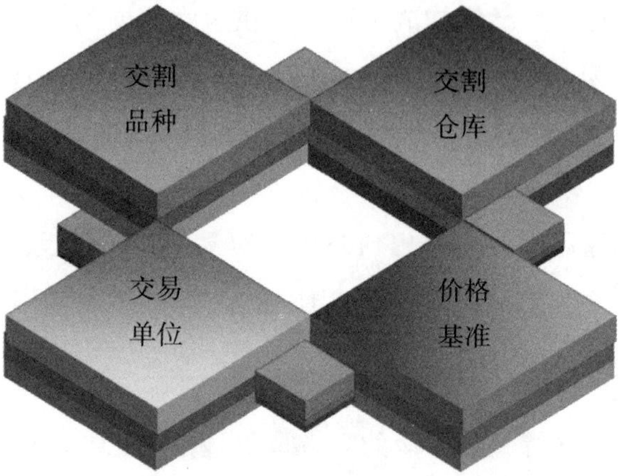

图 9-16　EG 期货合约设计要点

第一，EG 交割品种。EG 期货基准交割品标准以国家标准为基础，并加入了部分指标。通过对质量标准进行控制，确保了交割品为乙烯制乙二醇。期货合约在设计时，充分考虑了乙二醇下游企业的需求，即对乙烯制乙二醇存在较大的需求，而对煤制乙二醇的需求较少。

第二，在 EG 仓库的交割方面。与甲醇期货相似，EG 交割仓库也分为仓库交割和厂库交割。考虑贴近消费市场的原因，EG 基准交割仓库主要设置在华东和华南地区，并以华东地区为基准交割地。华东的江苏、浙江两省是聚酯企业最为集中的地区，也是乙二醇消费量最大的地区；华南地区的广东、福建也聚集了一定数量的聚酯生产企业。

第三，交易单位设置。目前 EG 期货合约每手为 10 吨，该设置是综合考虑 EG 市场价格、扩大流通性以及市场运输与包装等方面而设置的一个交易标准。

第四，交割基准价格。EG 期货合约的交割基准价为该期货合约的基准交割品在基准仓库所在地的现货价格，即华东地区的乙二醇现货价格。

二、EG 期货的套期保值

EG 期货的套期保值参与者包括但不限于以下几类，如图 9-17 所示。

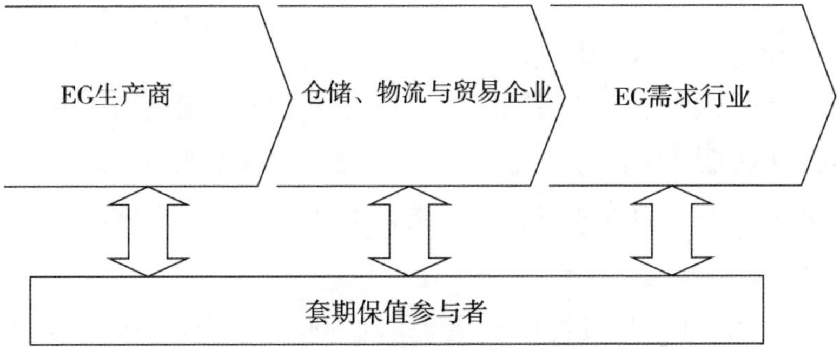

图 9-17　EG 期货套期保值参与者

1. 生产商

EG 的生产商是 EG 期货套期保值的重要参与者。这类企业也需要防范 EG 价格的大幅下行给自己企业造成较大的亏损。当然，还有一些石油化工企业也会参与其中。

2. 仓储、物流与贸易企业

仓储物流企业以及各类地区贸易企业，包括 EG 进口商，也是套期保值的主要参与者。这类企业尽管不是 EG 的生产者或消费者，但手中却可能存有大量的 EG 库存。因而确保这部分 EG 不贬值，就成为这类企业的首选目标。

3. 下游消费方

EG 消费行业包括的企业较多，涵盖了诸多聚酯生产企业、纺织品生产厂商、PET 瓶生产商等。当然，这些生产商也可能不只生产一种需要 EG 的产品，不过，防止 EG 价格大幅上升却是这类厂商最主要的出发点。

三、EG 市场套期保值操作

EG 的套期保值也需要遵守期货套期保值的基本规则，即数量相同、月份相近、方向相反原则。EG 期货套期保值分为多头套期保值和空头套期保值两类。

1. 多头套期保值

EG 多头进行套期保值，都是出于防止 EG 价格大幅上升侵蚀自身利润的目的而进行的。进行多头套期保值的参与方多为 EG 下游的消费方，以各类聚酯生产企业、纺织企业为主。

比如，2022 年 1 月，某聚酯生产企业想要在 5 月份购入 1 万吨 EG，此时华东地区 EG 现货价格为每吨 5000 元。那么，该企业为了防止 5 月份 EG 价格大幅上扬，就可以在 1 月份做多买入 1 万吨 5 月份的 EG 期货合约（价格为每吨 5100 元）。

到了 5 月份，EG 现货价格上涨至每吨 6000 元，而 5 月份 EG 期货合约的价格也上涨至 6050 元左右。该企业可以将手中的期货合约平仓，现货市场每吨多花的 1000 元，在期货市场补回了 950 元，也是不错的交易（不含手续费、佣金）。

2. 空头套期保值

空头进行套期保值主要是担心卖出 EG 时价格下跌或手中的 EG 库存出现贬值的情况。EG空头套期保值的参与方包括EG产业链的上游和中游企业，如 EG 生产商、贸易商等。

比如，2022 年 1 月，某 EG 贸易公司计划在 5 月卖出 1 万吨 EG，此时 EG 价格为每吨 5000 元。那么，该企业为了防止 5 月份 EG 价格大幅下跌，就可以在 1 月份做空卖出 1 万吨 5 月份的 EG 期货合约（价格为每吨 5100 元）。

到了 5 月份，EG 现货价格下跌至每吨 4000 元，而 5 月份 EG 期货合约的价格也下跌至 4050 元左右。该 EG 生产企业可以将手中的期货合约平仓，现货市场每吨少赚的1000元，在期货市场补回了1050元，也是不错的交易（不含手续费、佣金）。

四、EG 期货与 PTA 期货对比分析

从需求端来看，聚酯生产企业所需的原材料主要包括 EG 和 PTA，与此同时，二者最大的需求方也同样是聚酯企业，因而市场对 EG 和 PTA 的需求

具有一定的同步性，同时，二者大部分都是通过石油乙烯生产的，这就使其成本变动也具有相似性。

图 9-18　EG 期货与 PTA 期货日 K 线对比走势图

如图 9-18 所示，EG 期货的价格走势与 PTA 的价格走势基本一致，只是相对而言，EG 的价格波动幅度更大一些。

进入 2022 年后，PTA 与 EG 同步出现了上升态势，但 PTA 的价格趋势更为明显。若与原油价格对比更可以发现，PTA 与原油价格走势相似性更高一些。而EG期货的价格除了与原油价格相关外，还与煤炭价格有一定的关联，毕竟很多煤化工企业也能够生产 EG。

第十章

尿素期货基本分析策略

尿素，又称碳酰胺，是由碳、氮、氧、氢组成的有机化合物，是一种白色晶体。尿素是使用量较大的一种化学氮肥，也是含氮量最高的氮肥，适用于各种土壤和植物。它易保存，使用方便，对土壤的破坏作用小。

尿素期货合约于 2019 年 8 月 9 日在郑州商品交易所上市交易。

第一节　尿素及尿素产业链

尿素被称为粮食的“粮食”，在现代农业中具有不可替代的作用。

一、尿素及其产业链

从生产工艺路径来看，尿素可以通过煤和天然气获得，其产业链如图 10-1 所示。

通过图 10-1 可以看出，尿素的生产主要可以通过三条路径获得，其一，煤炭，这也是国内尿素最主要的生产路线；其二，天然气，国内产量占比相对较少；其三为焦炉气生产，其产量占比更少。

二、尿素两大核心用途

我国是世界上尿素消费量最大的国家，核心用途为工业和农业两大方面。如图 10-2 所示。

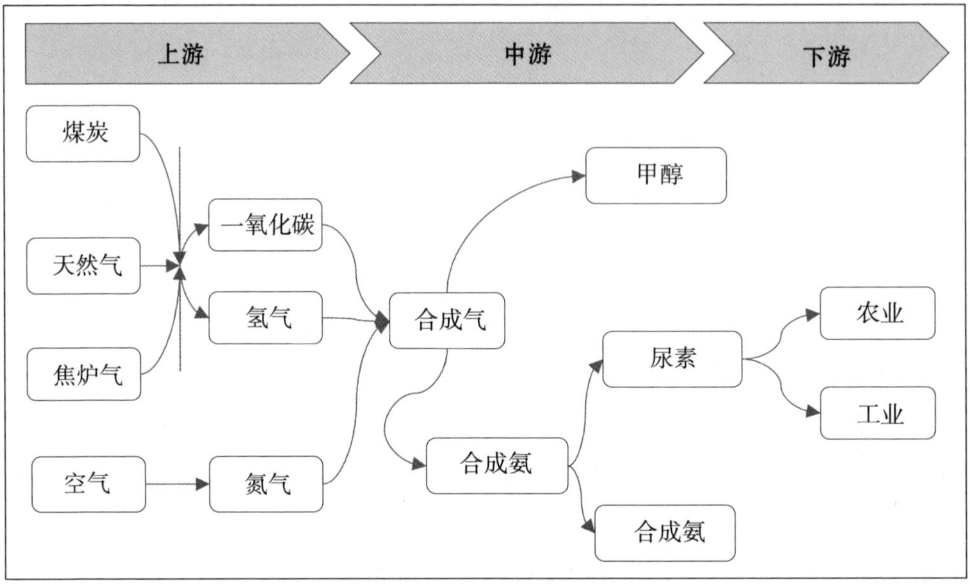

图 10-1　尿素产业链

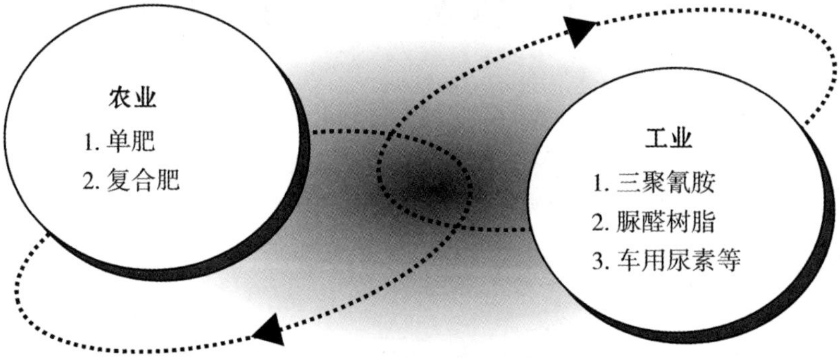

图 10-2　尿素两大核心用途

从图 10-2 中可以看出，在农业领域的应用比较简单，主要是作为肥料用于农业耕种。工业领域的应用则相对比较广泛，最大的应用领域就是脲醛树脂和三聚氰胺，还有很多其他用途。

三、尿素的主要生产原料

目前，我国的尿素生产以煤炭为主，其具体的原料构成如图 10-3 所示。

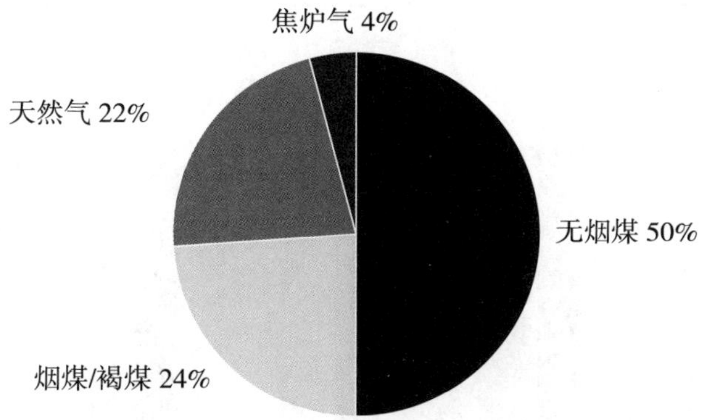

图 10-3　国内尿素生产来源占比

从图 10-3 中可以看出，煤炭仍为我国尿素的主要生产原料，其中又以无烟煤占比最高。

第二节　尿素基本供需分析

尽管我国目前仍是全球最大的尿素生产国，但从 2015 年农业部提出“2020 年化肥零增长”行动方案后，尿素的产能和消费量增速都开始呈现下行态势。

一、尿素供给

由于尿素的应用范围非常广泛，世界各国都加大了尿素的扩产力度。

1. 全球尿素产能情况

从大的方向来看，近些年来，全球尿素产能呈现逐渐增加的态势，平均产能利用率在 85% 左右，如图 10-4 所示。

2. 全球尿素产能分布

从全球尿素产能分布来看，尿素的主要产能都集中在中国和印度。其具体分布情况如图 10-5 所示。

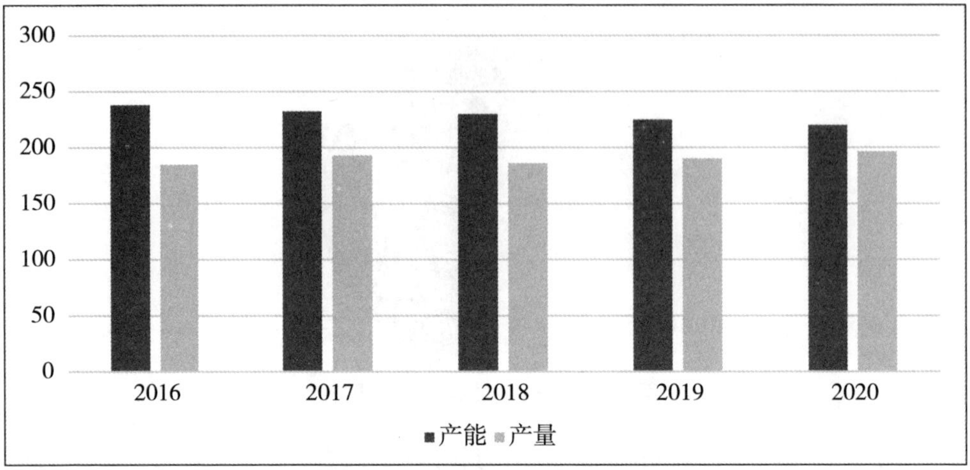

图 10-4　最近几年全球尿素产能数据（单位：百万吨）

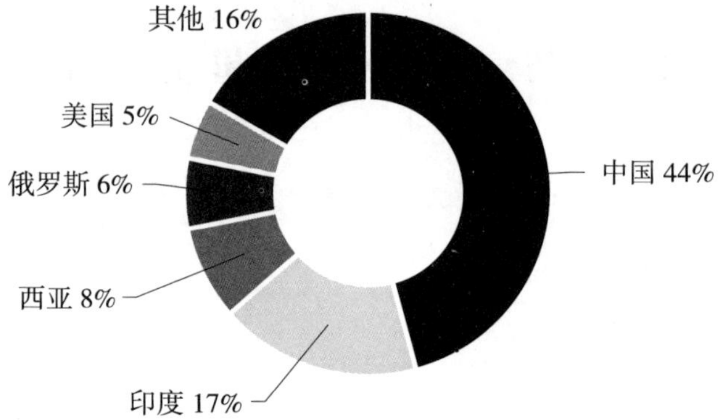

图 10-5　全球尿素产能分布占比

从图 10-5 中可以看出，全球尿素产能主要还是分布在亚洲，其中中国和印度是绝对的尿素产能大户。其实这与这两个国家人口众多，需要首先解决吃饭问题有直接的关系。

3. 尿素国内供给

尿素的产能在 2015 年之前经历了一波上升周期后，自 2016 年开始逐渐进入下行周期。目前，从国内整个尿素产业来看，产能持续走低，而产量维持在一定水平后，产能利用率在 2018 年触底后开始反弹。其具体数据如图 10-6 所示。

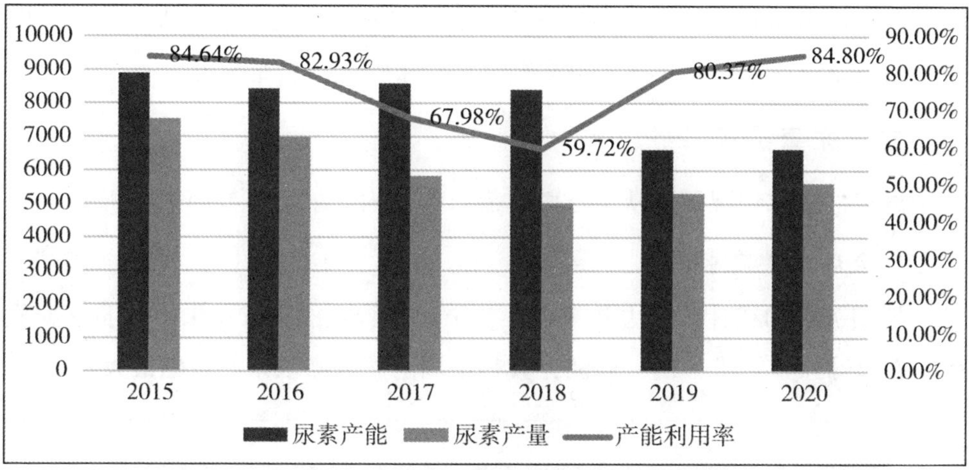

图 10-6　全国尿素产能数据（单位：百万吨）

从图 10-6 中可以看出，尿素的产能在 2018 年之后出现了较大幅度的下跌，这与国家整体的政策环境有直接的关系。与此同时，尿素产能在下降至 2018 年的水平后，开始在低位盘整，2020 年以后出现了小幅上升。这与我国人口众多，需要首先解决人民的吃饭问题有密切关系。未来，尿素的产能与产量可能还会继续保持在这一水平线上。

从国内产能分布来看，各省均有一定的尿素产能。各省产能占比情况如图 10-7 所示。

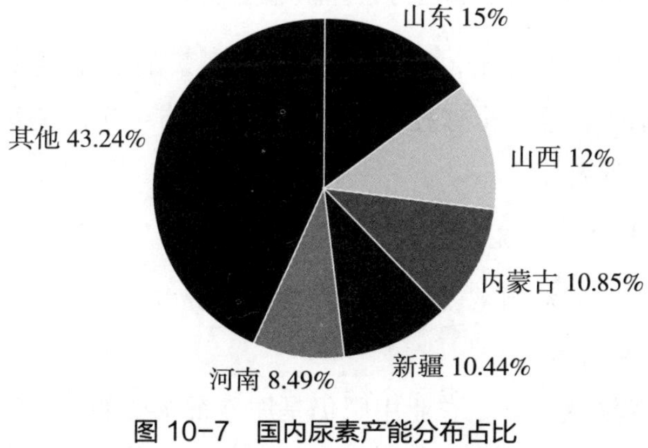

图 10-7　国内尿素产能分布占比

从尿素产能分布来看，在产能方面并没有出现一省独大的情况。不过，尿素产能排名前几名的省份多具备煤炭资源丰富或耕地面积较大等特点，即要么贴近原料产地（煤炭），要么贴近消费市场（消费量大省）。

二、尿素需求

尿素的需求情况需要从全球整体需求和国内需求等多方面来分析。

1. 全球尿素需求情况

据相关机构统计，过去几年内，整个尿素行业的需求并未出现明显的放大。在全球尿素需求方面，亚洲尤其是中国对尿素需求量的贡献最大。

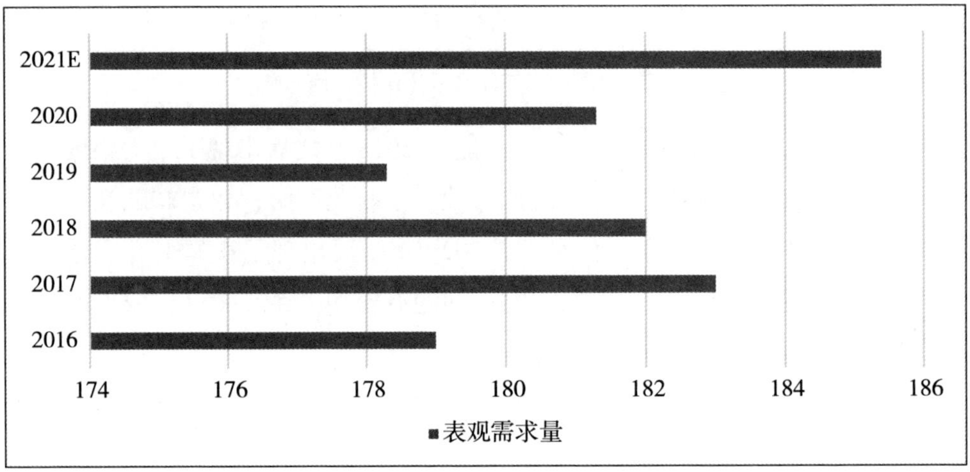

图 10-8　最近几年全球尿素需求量数据（单位：百万吨）

从图 10-8 中可以看出，最近几年全球尿素的需求量一直稳定在 180 百万吨左右的水平，这与全球控制尿素使用量也有一定的关系，未来继续上升的空间也不是很大。

2. 国内尿素需求情况

尿素最主要的消费领域就是农业，其他消费占比较少。各消费领域的占比情况如图 10-9 所示。

从尿素消费领域来看，农业用肥仍是尿素最主要的消费领域，工业领域的应用占比也比较高。

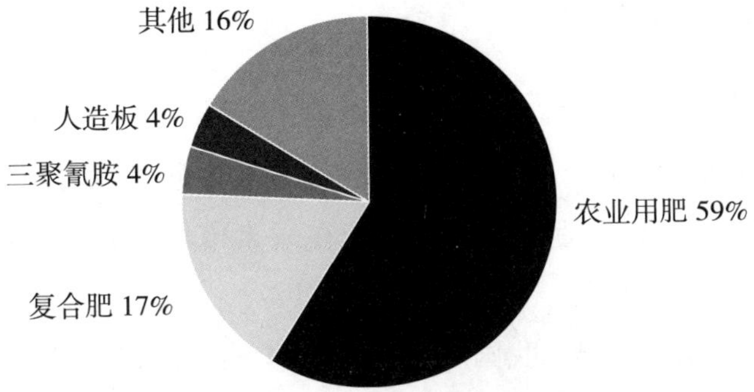

图 10-9　全国尿素应用领域占比

3. 国内尿素表观需求量

最近几年尿素的需求量表现出了明显的停滞态势。历年表观需求量如图 10-10 所示。

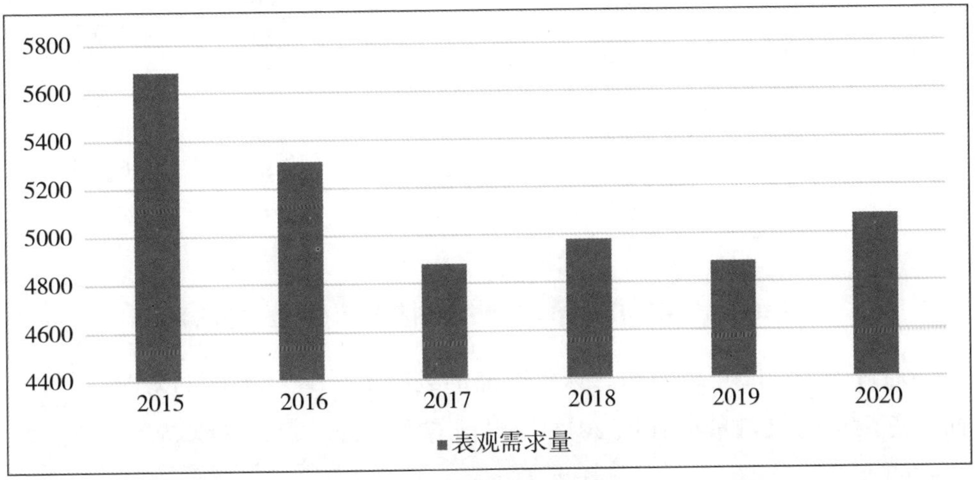

图 10-10　最近几年全国尿素需求量数据（单位：万吨）

从图 10-10 中可以看出，尿素行业在经历了几年的需求萎缩后，2020 年出现了小幅反弹，但整体反弹幅度不大，这与国家对尿素的使用有所控制有直接的关系。

从具体的需求地域上来看，华北地区为我国最大的尿素生产和消费地区，全年需求量超过 1300 万吨，其中河南和山东两个省每年的尿素消费量就占到全国总需求量的 18% 以上。

三、尿素进出口

通过之前国内尿素产业产能、产量与需求量的对比可以看出，国内产能其实已经超过了需求量，这就意味着在尿素市场上存在供给大于需求的情况。

在尿素的进出口领域，我国属于净出口国，目前每年的进口量都非常少，而出口量却比较高。最近几年尿素的进出口量数据如图 10-11 所示。

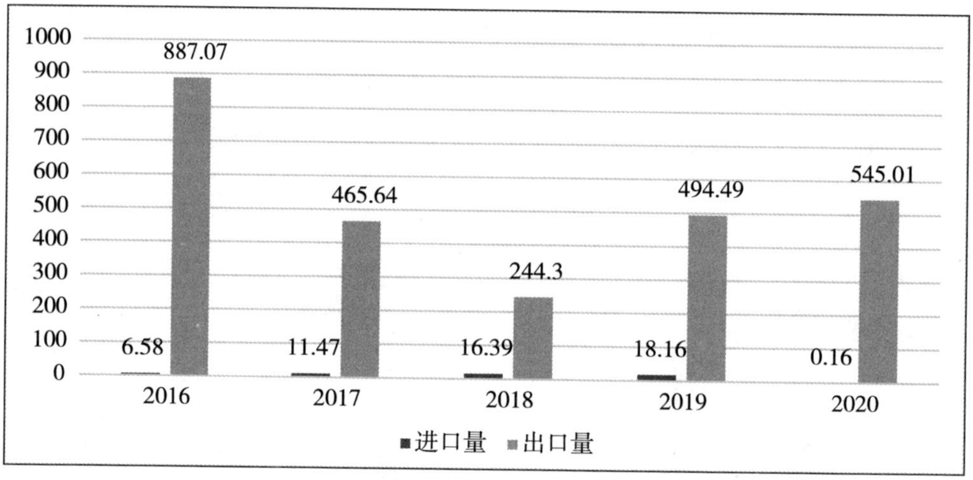

图 10-11　最近几年全国尿素进出口量数据（单位：万吨）

通过图 10-11 可以看出，尿素产品的进口量很少，几乎可以忽略不计，而最近两年的出口量尽管比 2016 年以前有所下降，但还是保持了 500 万吨左右的水平。

1. 进口国

目前，我国每年进口的尿素数量较少，主要进口国为荷兰、美国。单个国家进口的规模也就在几百吨的水平。在我国尿素市场上，占比可以忽略不计。

2. 出口国

尿素出口方面，我国尿素最大的出口对象国为印度。2020 年，出口到印度的尿素达到了 296.96 万吨，占总出口量的 54.5%。其他出口对象国包括韩国、墨西哥、孟加拉等。

第三节　影响尿素期货价格的因素

尿素期货的价格走势除了受供需因素影响外，还与其他诸多因素有关。比较典型的几个因素包括如图 10–12 所示的几个方面。

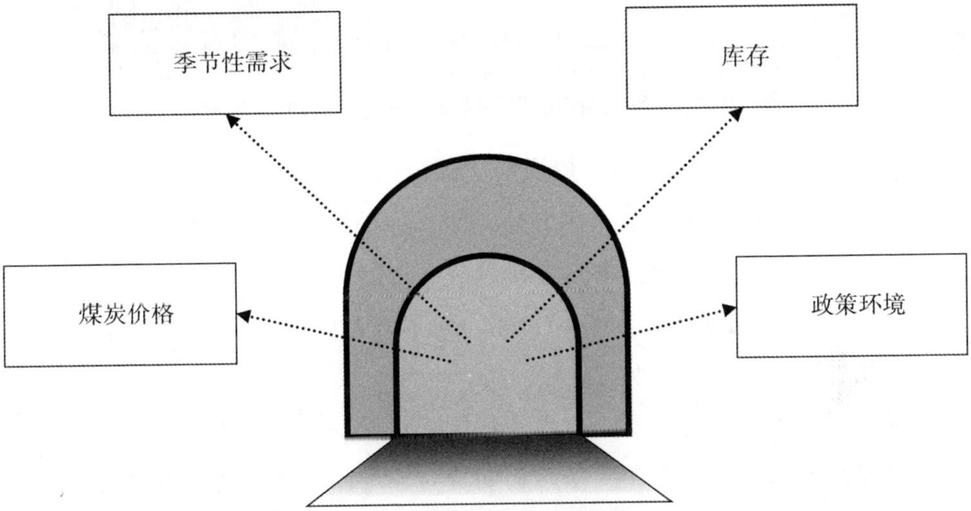

图 10–12　影响尿素期货价格波动的因素

一、煤炭价格

从尿素的生产路线来看，主要分为煤炭、天然气和焦炉气三条路线。由于我国的国情，煤炭生产尿素的产能占比在七成以上，因而煤炭价格的走势对尿素价格有重要影响。

下面以焦煤为例，看一下尿素与煤炭期货价格走势之间的关系，如图 10–13 所示。

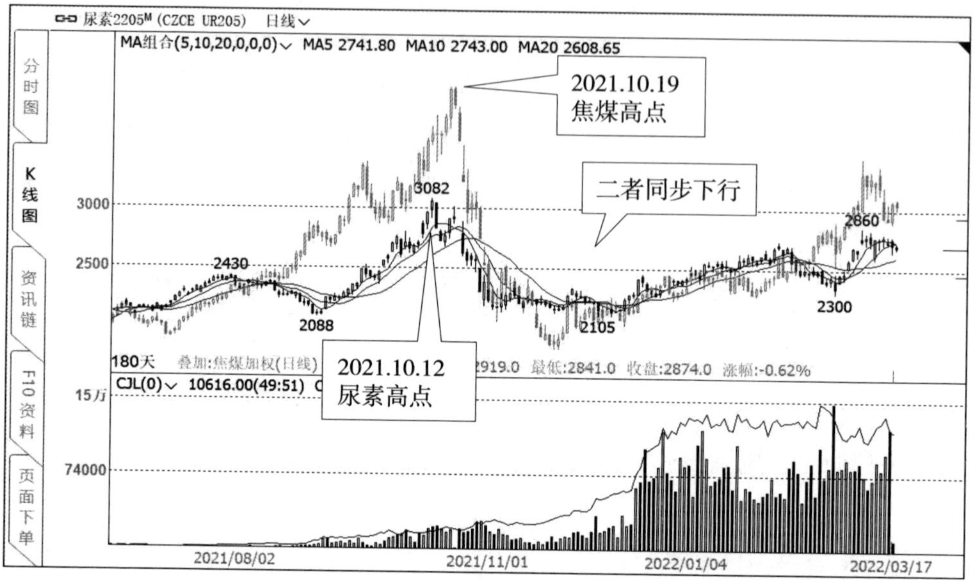

图 10-13 焦煤期货加权与尿素加权日 K 线对比走势图

从图 10-13 中可以看出，焦煤期货的价格走势在 2021 年下半年焦煤价格大幅上升的基础上出现了振荡上扬态势。这种成本上升带动煤制尿素成本上扬，并间接带动了尿素价格的走高。

2021 年 10 月 19 日，在焦煤价格上涨至阶段顶点时，尿素价格先一步触顶，此后二者同步进入下行趋势。

从二者的走势对比来看，二者走势同步性较高，只是尿素的波动幅度要小于焦煤。因此，投资者在交易尿素期货时，可以实时关注一下煤炭的价格走势情况。

二、需求：季节性特征鲜明

在我国，尿素最主要的用途还是农业施肥，而农业种植又具有鲜明的季节性特征，这也使得尿素的需求带有较为鲜明的季节性特征。从整个农业种植来看，3 月到 10 月期间为我国各地农业种植的季节。其中，3 月为北方小麦追肥季节，其后为南方水稻；5 月后进入东北种植与追肥季节；6 月到 7 月为北方玉米、水稻追肥季节；9 月到 10 月为北方小麦底肥用肥季节。

在农业需求季节来临时，各地对尿素的需求就会大增，而其他季节对尿素的需求相对要小很多。当然，很多企业以及尿素贸易企业也会在需求旺季来临前进行相应的备货。尿素价格的波动，与预期尿素的需求量、实际消费量存在一定的关系。若实际消费量大幅高于预期，则价格有走高的可能；反之，若大幅低于预期，则价格就会承压。

三、政策环境因素

相对而言，尿素是一种特殊的商品。尿素是农业种植的必需品，但从国家角度来看，又是一种需要限制使用的产品。因此，国家会对尿素产业有一个调控，这个调控就会对尿素的价格产生一定的影响。

一般来说，这种调控包括以下两个方面。

第一，价格调控。

由于尿素属于重要的农用物资，其价格大幅上涨肯定会对农业、农民有较大的影响，因而若尿素价格出现大幅度上涨时，国家就会进行适当的调控。

第二，环保监管。

无论是尿素产品本身对土地的影响，还是生产尿素的煤化工企业，都属于环保监管的重点对象，因而尿素的产能最近一些年都是受到严格限制的，这就会对尿素的整体供给结构产生一定的影响。

四、库存情况

尿素的库存包括尿素生产厂商的库存和贸易商的库存两部分，二者共同构成了社会库存量。当社会库存量持续走高时，对尿素价格具有较强的抑制作用；反之，当社会库存量持续降低时，则意味着尿素价格存在走高的可能。

第四节　尿素期货及交易要点

作为一种独立的期货品种，尿素的价格走势尽管与煤炭关系非常密切，但也有其自身的特点和波动规律。

一、尿素期货合约及交割要点

在设计尿素期货合约时，重点考虑以下几方面内容，如图 10-14 所示。

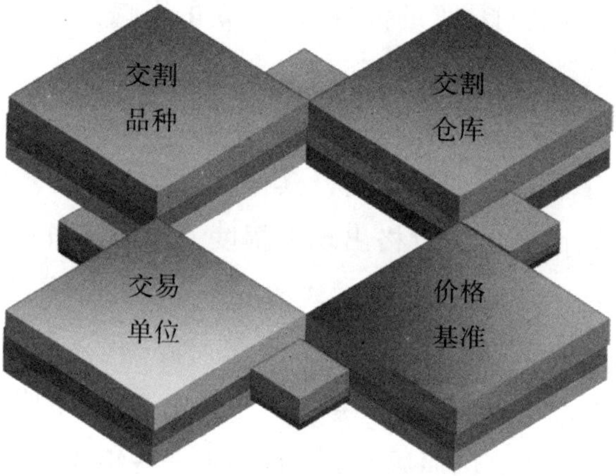

图 10-14　尿素期货合约设计要点

第一，尿素交割品种。

尿素期货基准交割品为中小颗粒尿素，这一点与国外期货市场交易的尿素合约有所不同。欧美国家农业机械化程度更高，使用的尿素为大颗粒尿素，而我国农作物集约化程度不高，种植户倾向于选择短期内能够迅速发挥作用的中小颗粒尿素品种。

第二，在尿素仓库的交割方面。采用实物交割，采取“厂库 + 仓库 + 免检品牌”的交割制度。在具体的交割区域设计上，尿素期货选择产销量大、仓储物流设施完善的山东、河南、江苏、河北和安徽等五个省份。免检品牌必须是年产量在 100 万吨以上的中小颗粒尿素生产企业，且符合国家相关质量标准，经过申请、审批、报批后可以进入交割品牌范畴。

第三，交易单位设置。目前尿素期货合约每手为 20 吨，该设置与尿素本身价格不高、属于小品种期货有关。同时，由于尿素与甲醇存在一定的关联性，二者之间存在一定的套利机会。甲醇期货的每手交易量为 10 吨，其价格一般要高于尿素，为了便于二者之间的套利操作，固将尿素期货的交易量设置为 20 吨 / 手。

第四，交割基准价格。尿素期货合约的基准价格是综合考虑华北地区的现货价格设置的。比如，2019 年 8 月 9 日，上市当日的基准价为 1850 元 / 吨，此价格与山东地区的尿素现货价格基本一致。

二、尿素期货的套期保值

尿素期货的套期保值参与者包括但不限于以下几类，如图 10-15 所示。

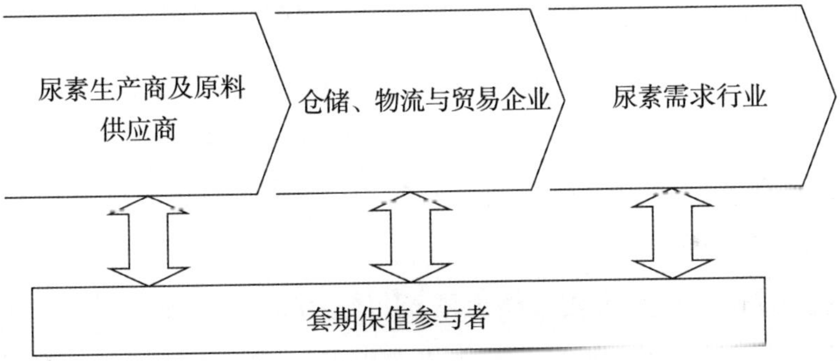

图 10-15　尿素期货套期保值参与者

1. 生产商及原料供应商

尿素生产商是尿素期货套期保值的重要参与者。这类企业需要防范尿素价格的大幅下行给自己企业造成较大的亏损。一般以煤化工企业居多。

2. 仓储、物流及商贸企业

仓储物流企业以及各类地区贸易企业，也是套期保值的主要参与者。这类企业尽管不是尿素的生产者或消费者，但手中却可能有大量的尿素库存。因而确保这部分尿素不贬值，就会成为这类企业的首选目标。

3. 下游消费方

尿素的消费行业包括的企业相对较少，一般为工业消费尿素企业居多，以及大型农业产业集团。个体农户尽管消费了大量的尿素，但很难成为尿素期货市场上的套期保值参与者。

三、尿素市场套期保值操作

尿素的套期保值也需要遵守期货套期保值的基本规则，即数量相同、月份相近、方向相反原则。尿素期货套期保值分为多头套期保值和空头套期保值两类。

1. 多头套期保值

尿素多头进行套期保值，都是出于防止尿素价格大幅上升侵蚀自身利润的目的而进行的。进行多头套期保值的参与方多为尿素下游的消费方，以各类尿素消费领域的工业企业为主。

比如，2022 年 1 月，某人造板生产企业想要在 5 月份购入 1 万吨尿素，此时山东地区尿素现货价格为每吨 2200 元。那么，该企业为了防止 5 月份尿素价格大幅上扬,就可以在1月份做多买入1万吨5月份的尿素期货合约(价格为每吨 2250 元）。

到了 5 月份，尿素现货价格上涨至每吨 2800 元，而 5 月份尿素期货合约的价格也上涨至 2820 元左右。该生产商可以将手中的期货合约平仓，现货市场每吨多花的 600 元，在期货市场补回了 570 元，也是不错的交易（不含手续费、佣金）。

2. 空头套期保值

空头进行套期保值主要是担心卖出尿素时价格下跌或手中的尿素库存出现贬值的情况。尿素空头套期保值的参与方包括尿素产业链的上游和中游企业，如尿素生产商、贸易商等。

比如，2022 年 1 月，某尿素贸易公司计划在 5 月卖出 5000 吨尿素，此时尿素价格为每吨 2200 元。那么，该企业为了防止 5 月份尿素价格大幅下跌，就可以在 1 月份做空卖出 5000 吨 5 月份的尿素期货合约（价格为每吨 2250 元）。

到了 5 月份，尿素现货价格下跌至每吨 1900 元，而 5 月份尿素期货合约的价格也下跌至 1920 元左右。该尿素生产企业可以将手中的期货合约平仓，现货市场每吨少赚的 300 元，在期货市场补回了 330 元，也是不错的交易（不含手续费、佣金）。

四、尿素与甲醇区间套利操作

无论是在生产路径还是在成本与成分方面，尿素与甲醇都多有相似之处，因此，在期货市场上，二者之间的价格走势可以为投资者作重要的参照。

同时，由于二者的现货价格、期货价格相差不多，具有很高的相关性，且具备同涨同跌的特性，比较适合投资者进行区间套利操作。

套利操作的本质就是基于价差的投机。从理论上来说，两个商品价格之间应该保持相对稳定的价差，当二者之间的价差出现放大或缩小时，套利资金就会进入进行套利操作，从而推动价差回到合理的区间之内。

下面来看一下尿素加权和甲醇加权的价格走势情况。

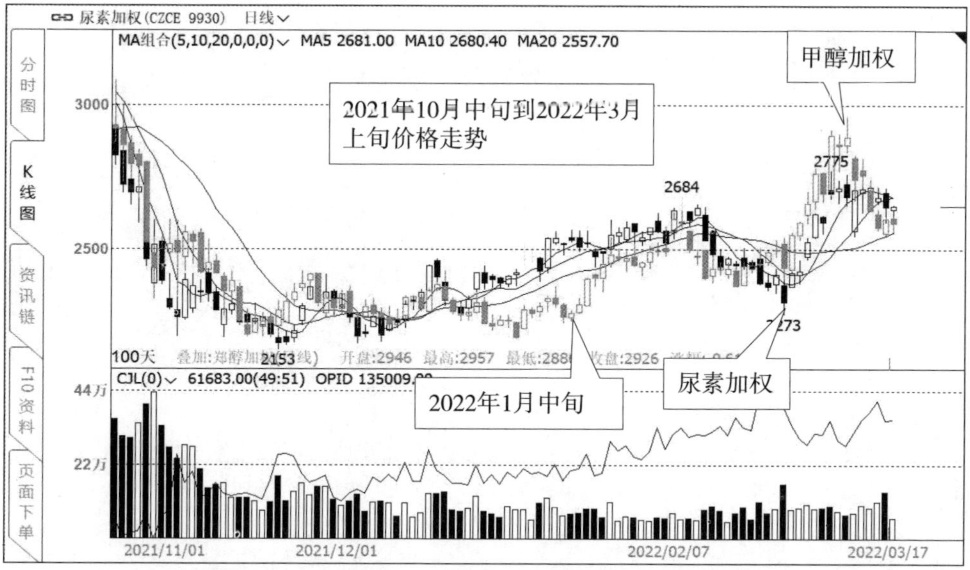

图 10-16　尿素加权与甲醇加权的日 K 线对比走势图

从图 10–16 中可以看出，自 2021 年 10 月中旬开始，尿素期货合约的价格与甲醇期货合约同样经历了一波先下跌再上涨的过程。二者的价差也同样经历了由小到大，再由大到小的过程。这种价差的变化，其实非常有利于投资者进行跨品种套利操作。特别是 2022 年 1 月中旬，二者之间的价差开始放大，这就是一个绝佳的套利空间。投资者可执行“买入甲醇、卖出尿素”的套利操作，其后，当价差回归正常时，执行平仓即可。

第十一章

石油沥青期货基本分析策略

根据来源的不同，沥青可以分为煤焦沥青、石油沥青和天然沥青三种，其中石油沥青的产量和消费量最大。市场上的沥青期货也是以石油沥青为标的的。

石油沥青期货于 2013 年 10 月 9 日在上海期货交易所上市交易。

第一节　沥青及沥青市场

沥青是由不同分子量的碳氢化合物及其非金属衍生物组成的黑褐色复杂混合物，是高黏度有机液体。沥青主要用于涂料、塑料、橡胶等工业用途以及铺筑路面等。

一、沥青及其产业链

沥青是目前基础设施建设领域不可缺少的材料之一，特别是筑路、防水等领域，应用更加广泛。其整个产业链如图 11-1 所示。

二、沥青产品的基本结构

通过沥青产业链可以看出，目前通过煤焦油、树脂、原油都可以生产沥青，这也使得沥青的类别有所不同。如图 11-2 所示。

从图 11-2 中可以看出，沥青大的分类包括地沥青和焦油沥青两类。

地沥青又可细分为天然沥青和石油沥青，其中天然沥青是石油渗出地表

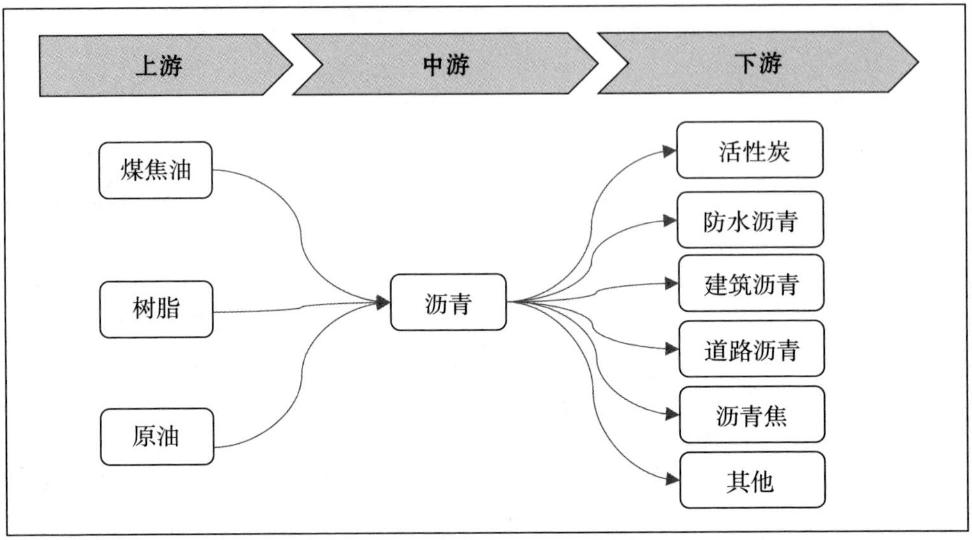

图 11-1　沥青产业链

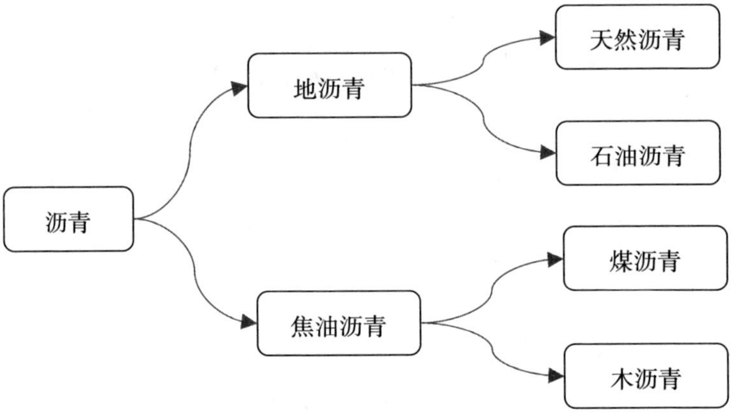

图 11-2　沥青家族的分支

经长期暴露和蒸发后的残留物；石油沥青则是将原油精加工蒸馏后残余的渣油。也就是说，地沥青都是以石油为源头的。

焦油沥青则是煤、木材等有机物干馏加工所得的焦油经再加工后的产品。焦油沥青根据原料的不同可分为煤沥青和木沥青。

在沥青市场上，石油沥青是绝对的主角，焦油沥青所占的比例较小。我们日常修路、建筑房屋所使用的沥青，也都是石油沥青。

第二节　石油沥青基本供需分析

我国目前是全球最大的沥青生产国和消费国。由于石油沥青的应用范围非常广泛，世界各国都加大了石油沥青的扩产力度。2020 年全球沥青产量达到了 1.32 亿吨，而且还在保持高速增长。

一、石油沥青供给

沥青，特别是石油沥青，其需求的领域逐渐开始扩大，产量数据也开始逐渐增加。具体数据如图 11-3 所示。

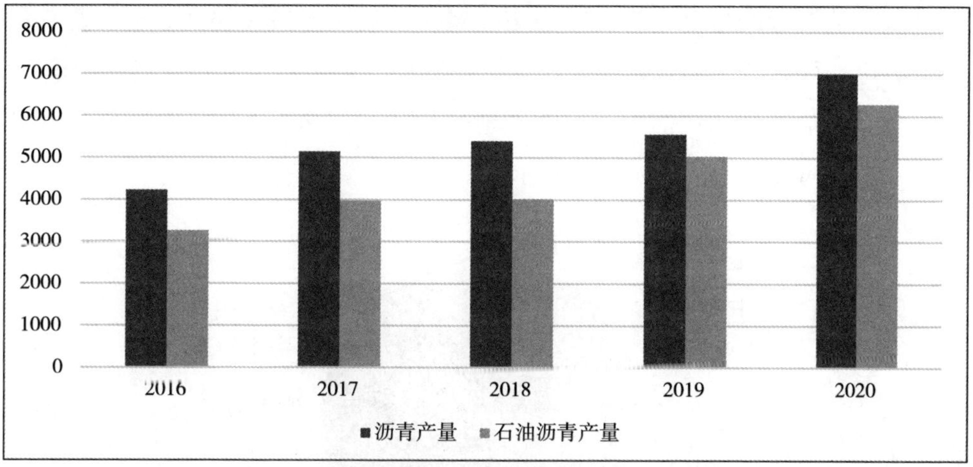

图 11-3　全国沥青产量数据（单位：万吨）

从图 11-3 中可以看出，整个沥青行业的产量增长其实是以石油沥青的产量增长为依托的。最近几年，石油沥青的需求量逐渐增加，其产量也逐级递增，而其他沥青的产量却出现了萎缩。从本质上来说，这就是市场选择的结果。

从国内产能分布来看，石油沥青的产能主要集中在华北、东北、华东等地。2020 年石油沥青产能排名前五名的省份如图 11-4 所示。

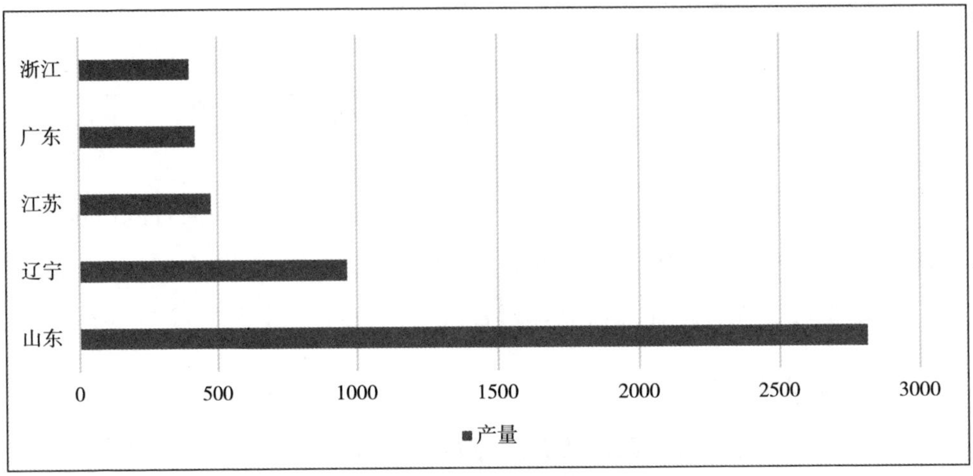

图 11-4　各省石油沥青产量数据（单位：万吨）

从石油沥青产量分布来看，山东无疑是石油沥青最大的供给省，这与该省石油化工行业较为发达有关。辽宁、江苏、广东、浙江也有较高的产量。

整个石油沥青的产能主要掌握在地炼和“三桶油”手中，其具体的产量构成（2020 年数据）如图 11-5 所示。

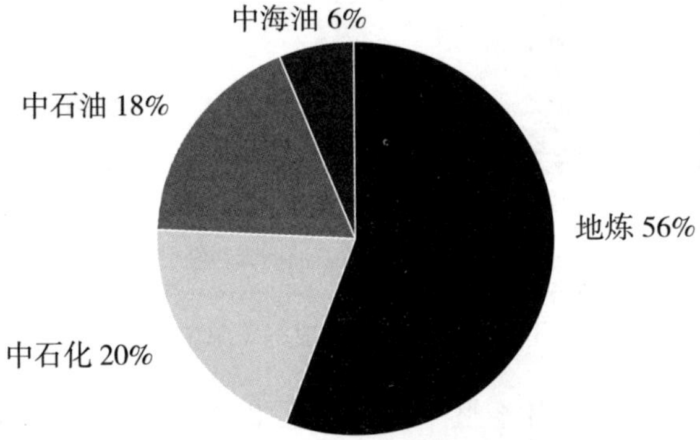

图 11-5　全国石油沥青产能占比

从图 11-5 中可以看出，地炼的石油沥青产能占比超过了整个石油沥青产量的一半以上，是我国石油沥青供给的主要力量。

二、石油沥青需求

石油沥青的需求情况需要从全球整体需求和国内需求等多方面来分析。

2020 年，全球沥青的需求量达到了 1.32 亿吨。

1. 国内石油沥青表观需求量

最近几年，石油沥青的需求量表现出了明显的加速增长态势。历年表观需求量如图 11-6 所示。

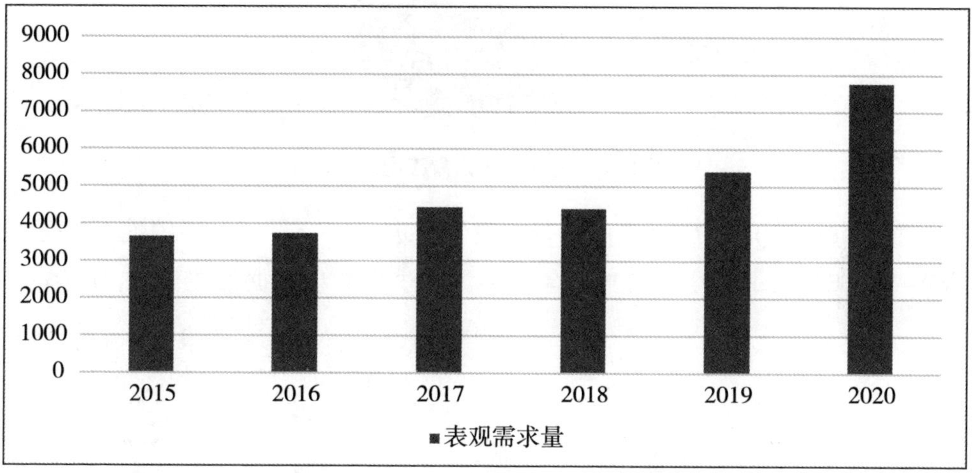

图 11-6　最近几年全国石油沥青需求量数据（单位：万吨）

从图 11-6 中可以看出，石油沥青行业的需求量持续增长，而相应的产量却没有与之匹配。这就意味着石油沥青行业存在一个较大的需求缺口，这个需求缺口需要大量的进口石油沥青来补足。

2. 国内石油沥青应用领域

石油沥青最主要的应用领域是道路建设，其他应用占比很少。各应用领域的占比情况如图 11-7 所示。

从石油沥青应用领域来看，道路建设与养护方面使用的沥青占比最高。另外，最近一些年，我国公路尤其是高速公路建设也在提升，这都极大地刺激了沥青的需求。

三、石油沥青进出口

通过之前国内石油沥青产业产能、产量与需求量的对比可以看出，国内的产能仍然难以满足需求。

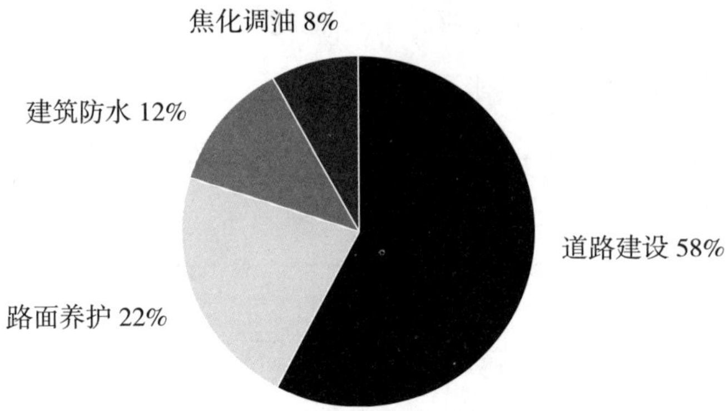

图 11-7　全国石油沥青应用领域占比

在石油沥青的进出口领域，我国属于净进口国，目前每年的进口量都非常多，而出口量非常少。最近几年石油沥青进出口量数据如图 11-8 所示。

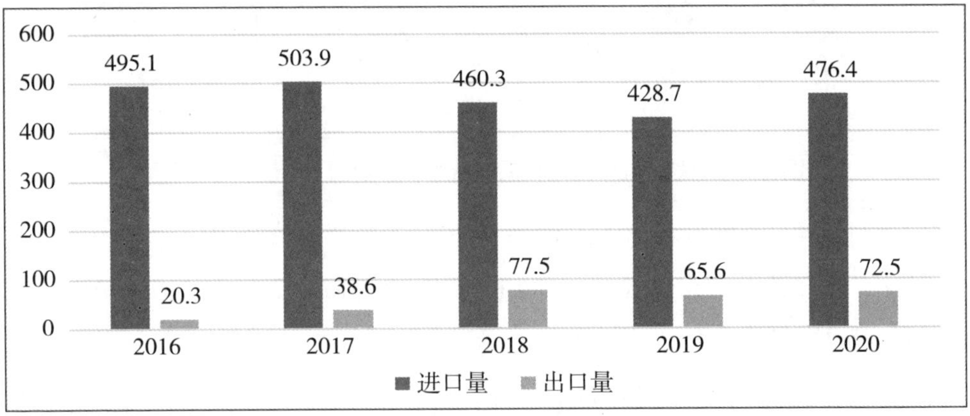

图 11-8　最近几年全国石油沥青进出口量数据（单位：万吨）

通过图 11-8 可以看出，石油沥青产品的进口量远远大于出口量，而出口量几乎可以不做考虑。

1. 进口国

目前，我国每年进口的石油沥青数量较多，主要进口国为韩国、新加坡、马来西亚等。具体的进口量占比（2021 年上半年数据）如图 11-9 所示。

从图 11-9 中可以看出，韩国为我国石油沥青最大的进口来源国，进口量超过了其他国家的总和。

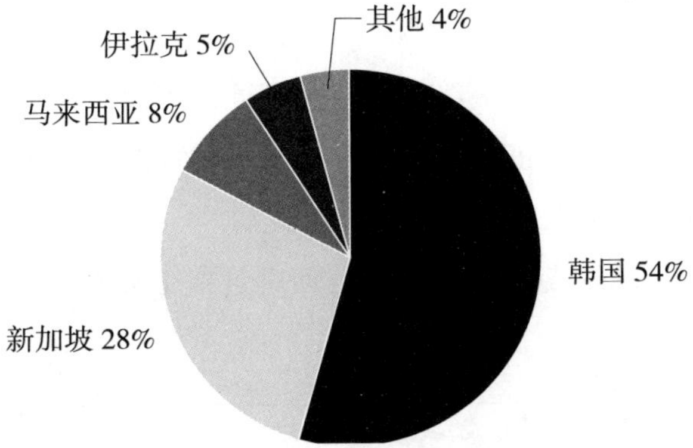

图 11-9　石油沥青进口国占比

2. 出口国

在石油沥青出口方面，我国石油沥青的出口量不是很大。主要的出口对象国包括越南、马来西亚、澳大利亚等。

第三节　影响石油沥青价格的因素

引起石油沥青价格波动的因素是多方面的，既有原料成本价格方面的，也有需求变化方面的。其中，以下几个因素比较重要，如图 11-10 所示。

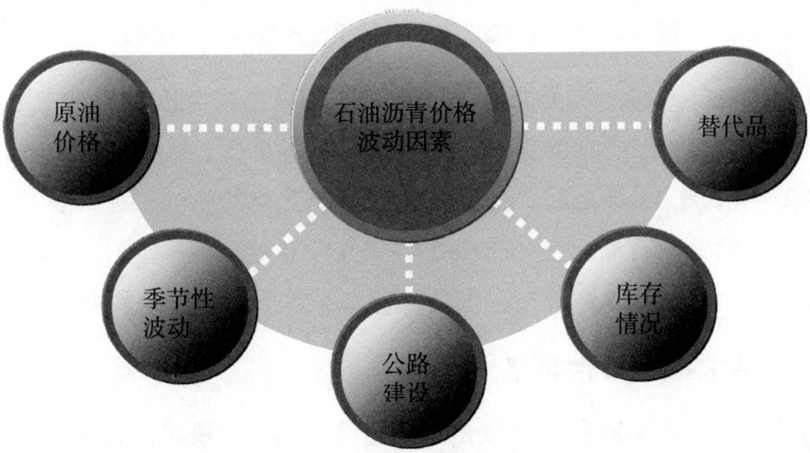

图 11-10　石油沥青价格波动因素

一、原油价格

目前，石油沥青产业的最终上游就是原油，因而原油价格的波动对石油沥青的成本影响非常大。正因如此，石油沥青期货的价格波动在某种程度上与原油保持一致。

下面来看一下原油期货合约价格与沥青价格走势的对比情况，如图 11-11 所示。

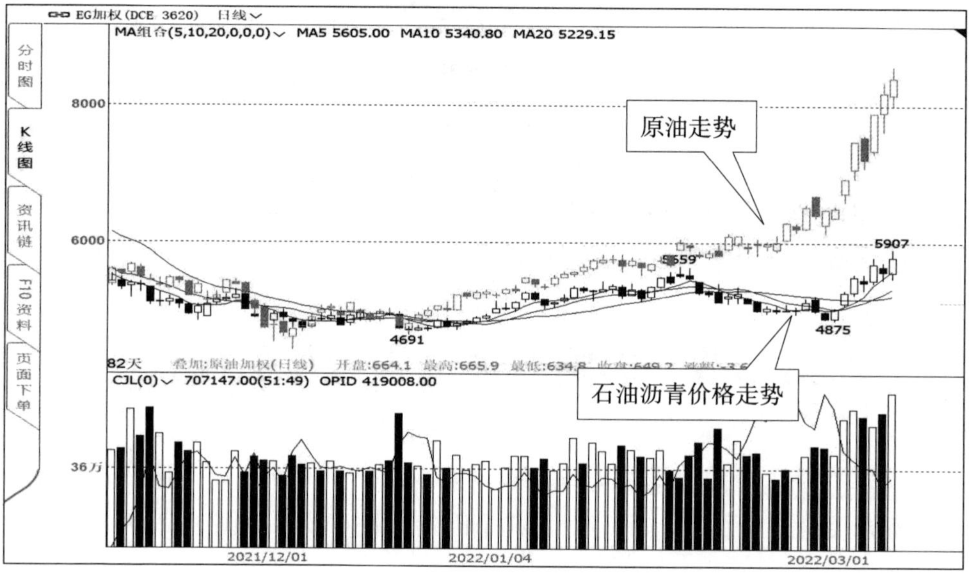

图 11-11 沥青加权与原油加权日 K 线对比走势图

如图 11-11 所示，石油沥青期货的价格走势在相当长的时间内与原油期货价格走势趋同，但石油沥青价格的波动一般都要小于原油期货价格。

2022 年 2 月 14 日之后，受俄乌冲突预期升温的影响，原油价格逐渐加快了上升速度，而石油沥青的价格走势却并没有随之大幅上升。毕竟石油沥青的价格波动除了受原油价格影响外，还会受其他市场供需因素的影响。

二、需求：季节性特征

石油沥青最主要的需求领域是道路建设与维护。要将沥青应用于道路，就需要沥青具有流动性。沥青需要达到 100 摄氏度才具有流动性，因而道路修筑工程多在夏季进行。也就是说，7 月到 10 月为石油沥青需求的旺季。不过，一般来说，在 7 月到 10 月期间还容易遭遇雨季，一旦遇到雨季，沥青的需求也会受到一定的影响。

总之，石油沥青是一种季节属性较强的商品。

三、需求：公路建设里程

石油沥青是高等级公路建设不可或缺的原料之一。伴随着高速公路建设里程数的不断增加，对石油沥青的需求量也逐渐增加。

下面来看一下高速公路里程数的数据，如图 11-12 所示。

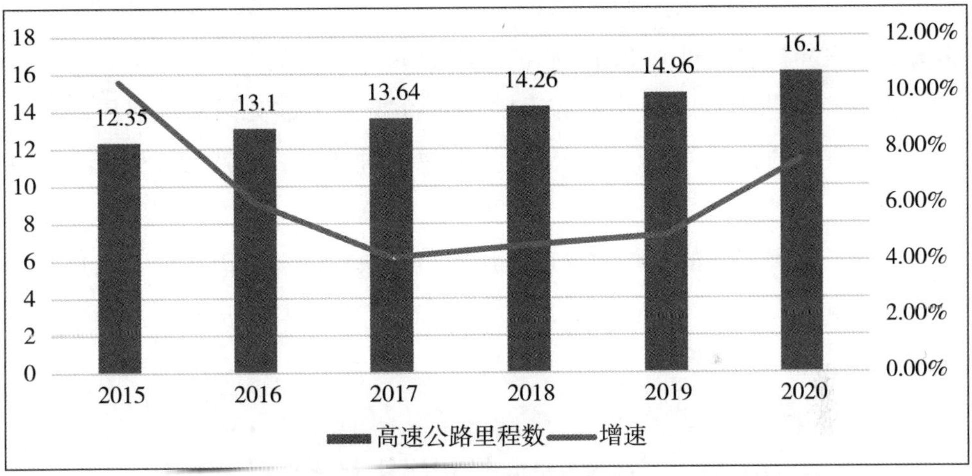

图 11-12　全国高速公路里程数据（单位：万公里）

从图 11-12 中可以看出，我国高速公路的总里程数持续增加。整个高速公路的建设速度在经历了前几年的下滑后，自 2019 年开始重新进入提速区间。未来，高速公路建设还将保持较高的速度，这就确保了市场对石油沥青的需求还将保持强势增长态势。

四、石油沥青库存情况

石油沥青库存包括石油沥青生产厂商库存、贸易商库存、港口库存以及石油沥青下游企业库存等几部分，这几部分库存共同构成了社会库存量。当社会库存量持续走高时，对石油沥青价格具有较强的抑制作用；反之，当社会库存量持续降低时，则意味着石油沥青价格存在走高的可能。

与其他行业不同，沥青行业的贸易企业还有一个“冬储”的习惯。由于沥青的消费具有明显的季节性波动，在需求淡季，沥青的价格同步较低，此时很多贸易企业就会趁机囤货，待沥青消费旺季来临时再出清存货，以博取利润。这些企业的“冬储”一般会从11月开始，若这些企业的存储力度较大，也可能对沥青价格起到一定的支撑作用。

五、替代品：焦化料价格情况

焦化料是石油炼化企业对原油在常减压生产工艺环节产生的产品，其特性属于重质燃料油，同类产品有腊油、渣油等。

从生产工艺来看，焦化料和石油沥青都需要通过对原油常解压获得，二者具有较强的替代关系，即企业生产其中一种产品后，就无法生产另一种产品。

因此，二者之间的价格关系就是影响企业决策的关键因素。若焦化料价格上扬，市场上的生产者势必更加愿意增加生产焦化料，从而减少沥青的供应；反之亦然。

第四节　石油沥青期货及交易要点

作为一种独立的期货品种，石油沥青的价格走势尽管与原油关系非常密切，但也有其自身的特点和波动规律。

一、石油沥青期货合约及交割要点

在设计石油沥青期货合约时，重点考虑了以下几方面内容，如图11-13所示。

第一，石油沥青交割品种。

石油沥青期货基准交割品标准，应该符合交通部关于道路沥青的使用标

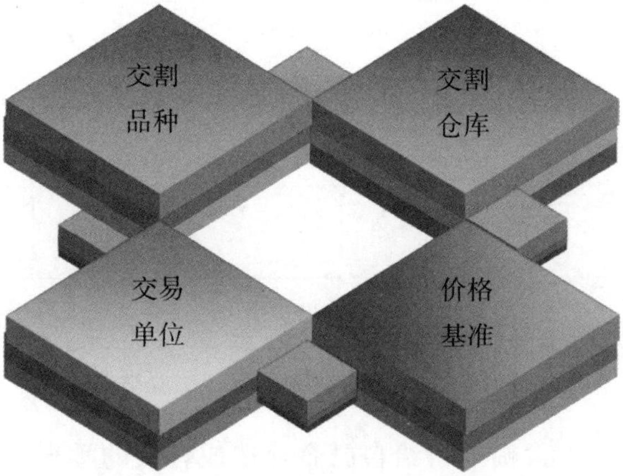

图 11-13　石油沥青期货合约设计要点

准。用于交割的沥青为 70 号 A 级道路沥青。同时，还引入了注册品牌交割制度，涵盖了中石油、中海油、中化、地方炼厂以及进口沥青等 10 余个生产企业的品牌。

第二，在石油沥青仓库的交割方面。与燃料油期货相似，为“仓库 + 厂库”交割模式。仓库交割有利于贸易商进行实物交割，而厂库交割则有利于生产厂商进行实物交割。其交割厂库主要集中在沿海各省，包括江苏、浙江、山东、广东等。

第三，交易单位设置。目前石油沥青期货合约每手为 10 吨，该设置是综合考虑石油沥青市场价格、扩大流通性以及市场运输与包装等方面而设置的一个交易标准。

第四，交割基准价格。石油沥青期货合约的交割基准价主要考虑了几大主力生产厂商以及现货市场的价格确定的。

二、石油沥青期货的套期保值

石油沥青期货的套期保值参与者包括但不限于以下几类，如图 11-14 所示。

1. 生产商

石油沥青的生产商是石油沥青期货套期保值的重要参与者。这类企业需

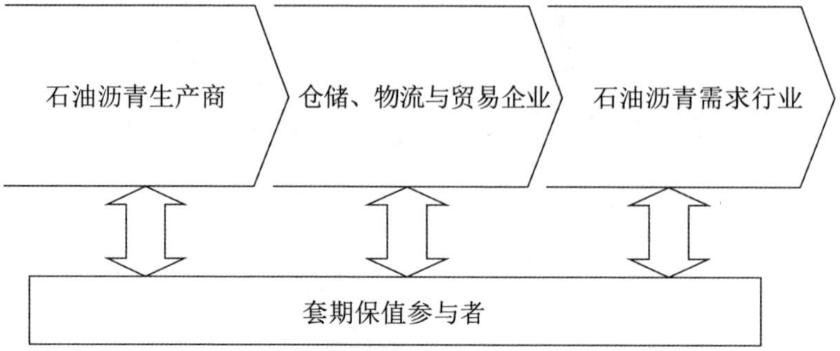

图 11-14　石油沥青套期保值参与者

要防范石油沥青价格大幅下行给自己企业造成较大的亏损。这类企业主要是石化系统下属企业以及地炼企业。

2. 仓储、物流及商贸企业

石油沥青中游参与者包括仓储物流企业以及各类地区贸易企业，还包括石油沥青进口商。这类企业尽管不是石油沥青的生产者或消费者，但手中却可能存有大量的石油沥青库存。确保这部分石油沥青不贬值，就成为这类企业的首选目标。

3. 下游消费方

石油沥青消费行业包括的企业较多，涵盖了诸多道路、桥梁建筑企业。这些企业需要购入大量的石油沥青进行道路施工作业。对于这类企业而言，石油沥青属于刚性需求，无论价格如何波动，都需要购入相当数量的沥青。因此，提前进行套期保值操作，就是其最合理的选择。

三、石油沥青市场套期保值操作

石油沥青的套期保值也需要遵守期货套期保值的基本规则，即数量相同、月份相近、方向相反原则。石油沥青期货套期保值分为多头套期保值和空头套期保值两类。

1. 多头套期保值

石油沥青多头进行套期保值，都是出于防止石油沥青价格大幅上升侵蚀自身利润的目的而进行的。进行多头套期保值的参与方多为石油沥青下游的消费方，以各类道路桥梁建筑生产企业为主。

比如，2022 年 1 月，某建筑生产企业想要在 5 月份购入 1 万吨石油沥青，此时山东地区石油沥青现货价格为每吨 3000 元。那么，该企业为了防止 5 月份石油沥青价格大幅上扬，就可以在 1 月份做多买入 1 万吨 5 月份的石油沥青期货合约（价格为每吨 3100 元）。

到了 5 月份，石油沥青现货价格上涨至每吨 4000 元，而 5 月份石油沥青期货合约的价格也上涨至 4050 元左右。该企业可以将手中的期货合约平仓，现货市场每吨多花的 1000 元，在期货市场补回了 950 元，也是不错的交易（不含手续费、佣金）。

2. 空头套期保值

空头进行套期保值主要是担心卖出石油沥青时价格下跌或手中的石油沥青库存出现贬值的情况。石油沥青空头套期保值的参与方包括石油沥青产业链的上游和中游企业，如石油沥青生产商、贸易商等。

比如，2022 年 1 月，某石油沥青贸易公司计划在 5 月卖出 5000 吨石油沥青，此时石油沥青价格为每吨 3000 元。那么，该企业为了防止 5 月份石油沥青价格大幅下跌，就可以在 1 月份做空卖出 5000 吨 5 月份的石油沥青期货合约（价格为每吨 3100 元）。

到了 5 月份，石油沥青现货价格下跌至每吨 2500 元，而 5 月份石油沥青期货合约的价格也下跌至 2550 元左右。该石油沥青生产企业可以将手中的期货合约平仓，现货市场每吨少赚的 500 元，在期货市场补回了 550 元，也是不错的交易（不含手续费、佣金）。

第十二章

涤纶短纤期货基本分析策略

涤纶短纤，又称聚酯短纤维，是由聚酯（即聚对苯二甲酸乙二醇酯，简称 PET，由 PTA 和 MEG 聚合而成）再纺成丝束切断后得到的纤维。涤纶短纤是重要的纺织原料，还可用于家装面料、包装用布、填充料和保暖材料等。

涤纶短纤期货于 2020 年 10 月 12 日在郑州商品交易所上市交易。

第一节　涤纶短纤及短纤市场

市场上的涤纶短纤，分为原生短纤和再生短纤两类。其中，原生短纤是由 PET 经过聚合、纺丝、切断而制得，俗称“大化纤”；再生短纤主要以回收的 PET 瓶等为原料，经干燥、熔融、纺丝、切断后制得，俗称“小化纤”。

目前，期货市场交易的涤纶短纤是原生短纤，而且是目前市场上规模占比最大的原生纺纱用短纤产品。

一、涤纶短纤及其产业链

从生产工艺路径来看，涤纶短纤主要由 PET 制成，其产业链如图 12–1 所示。

从目前的生产链条来看，大部分 PET 都被用于生产涤纶纤维制品。涤纶纤维产品中，以涤纶长丝和涤纶短纤居于主要地位。在二者的占比中，又以涤纶长丝为最高。事实上，涤纶长丝占整个涤纶纤维产品的比例在 80% 以上。不过，由于涤纶长丝的品类众多，规格不一，标准化程度低，因此郑州商品交易所选择了涤纶短纤作为交易标的，其实看中的就是涤纶短纤的标准化程度高。

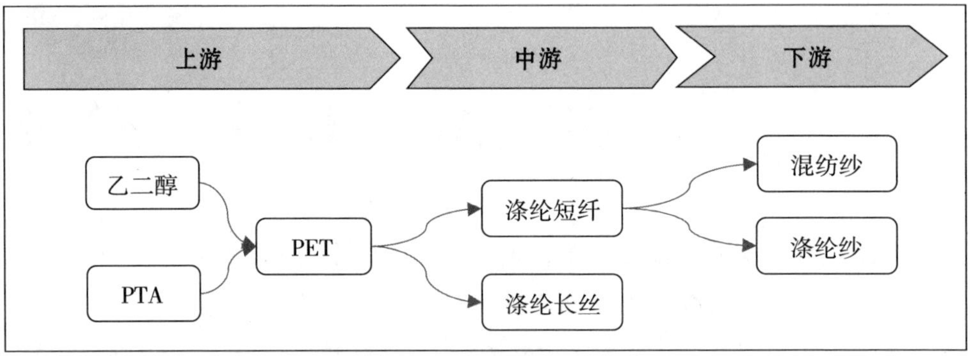

图 12-1　涤纶短纤产业链

二、涤纶短纤的三大主要用途

涤纶短纤的应用领域非常广泛，大致包括以下三大核心类别，如图 12-2 所示。

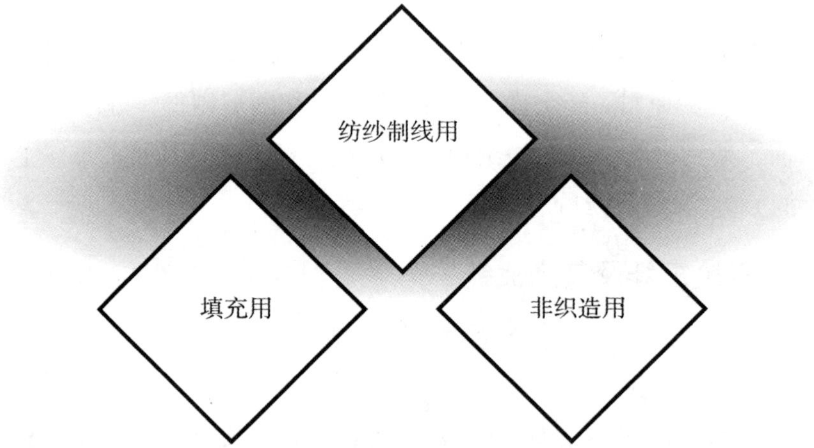

图 12-2　涤纶短纤三大主要用途

1. 纺纱制线用

这是涤纶短纤最主要、最核心的用途。该类用途还可以细分为毛纺和棉纺两个细分领域。毛纺主要包括涤腈、涤毛混纺和制作毛毯等。棉纺用量较大，主要包括涤纶纯纺、涤棉混纺、涤粘混纺和生产涤纶短纤缝纫线。

2. 填充用

涤纶短纤以填充物的形式，作为家装填充料和服装保暖材料。应用领域包括床上用品、棉服、沙发家具、毛绒玩具等的填充。此类短纤多为中空涤纶短纤。

3. 非织造用

非织造用短纤的发展也较为迅速，包括各类非织造布、无纺布、土工布、革基布、油毡基布等。

第二节　涤纶短纤基本供需分析

我国是世界上最大的纺织品生产国和消费国，同样也是涤纶短纤最大的生产国。

一、涤纶短纤供给

自 2010 年以后，伴随着涤纶短纤产能的增加，行业利润受到侵蚀，企业竞争加剧，涤纶短纤行业经历了一段时间的发展阵痛。2017 年，禁废政策落地，原生涤纶短纤行业重新开始焕发生机。其产能与产量具体数据如图 12-3 所示。

从图 12-3 中可以看出，原生短纤行业的产能在 2020 年再度出现了加速上升的态势，而产量自 2018 年以后就出现了逐级上升态势。原生涤纶短纤产能与产量的增长，与 2017 年的“禁废”存在直接的关系，即禁止洋垃圾进口后，原生涤纶短纤开始挤占再生短纤的市场，从而提振了需求，并传递至供给端。

从国内产能分布来看， 涤纶短纤主要集中在江苏、福建等地，各省涤纶短纤产能占比如图 12-4 所示。

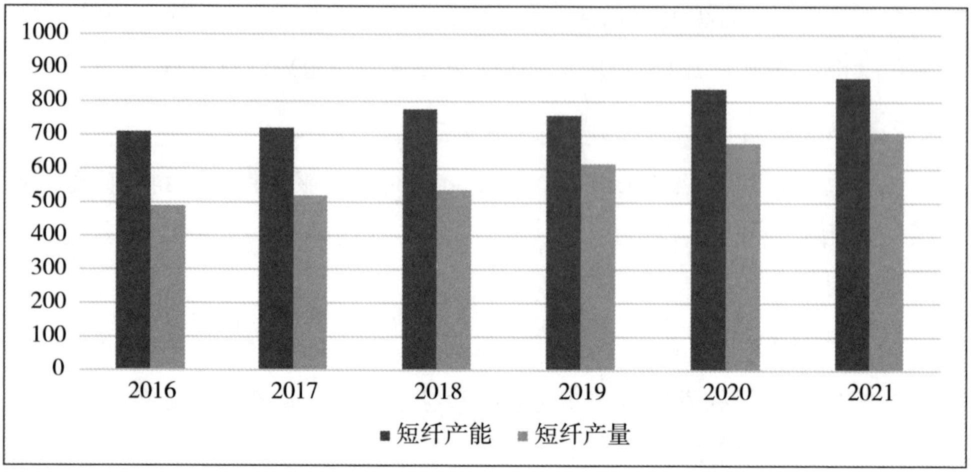

图 12-3 全国原生短纤产能与产量数据（单位：万吨）

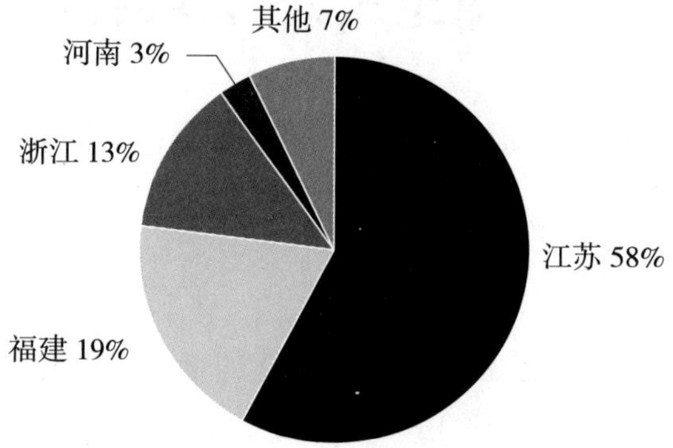

图 12-4 全国涤纶短纤产能占比

从 12-4 中可以看出，江苏的涤纶短纤产能占比超过了整个涤纶短纤产量的一半以上。福建与浙江的涤纶短纤产量占比也比较高，其他省份的产量与产能都十分有限。

整个涤纶短纤行业集中度较高，CR4 超过 45%。产能在 50 万吨以上的企业有 4 家，分别是恒逸化纤、仪征化纤、三房巷、华宏化纤。不过，尽管行业产能集中度较高，但由于行业竞争非常激烈，头部企业也同样缺少定价权。

二、涤纶短纤需求

涤纶短纤作为重要的纺织原料，其下游主要是服装和家纺行业。也就是说，这两个行业的发展直接拉动了整个涤纶短纤行业的发展。

1. 国内涤纶短纤表观需求量

最近几年，涤纶短纤的需求量表现出了明显的加速增长态势。历年表观需求量如图 12-5 所示。

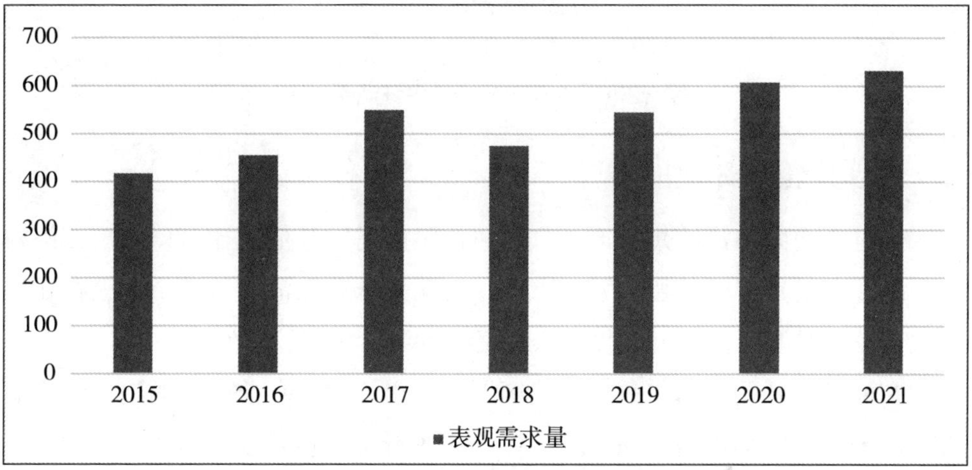

图 12-5　最近几年全国涤纶短纤表观消费量数据（单位：万吨）

从图 12-5 中可以看出，涤纶短纤行业的需求量出现了一定的波动，但整体上维持了上升的格局。当然，整个涤纶短纤行业的消费量增幅也并不是很大，这与纺织行业的发展状况有关。最近两年还受到了疫情的影响，这都抑制了对涤纶短纤的需求。

2. 国内涤纶短纤需求情况

涤纶短纤最主要的消费领域就是纺织业，因而短纤消费量最高的区域往往也是服装产业的大省。各省消费占比情况如图 12-6 所示。

从涤纶短纤消费区域来看，福建的消费占比最高，这与该省服装产业发达有直接的关系。江苏也是我国的纺织服装大省。总之，涤纶短纤的消费占比，在很大程度与该省的服装产业发展程度有关。

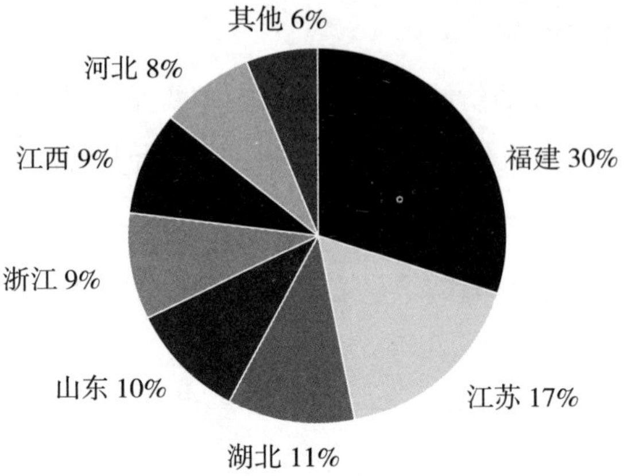

图 12-6　全国各省涤纶短纤消费占比

三、涤纶短纤进出口

通过之前国内涤纶短纤产业产能、产量与需求量的对比可以看出，国内的产能、产量其实已经超过了需求量，这就意味着在涤纶短纤市场上存在供给大于需求的情况，这也是整个涤纶短纤市场竞争比较激烈的原因。

在涤纶短纤的进出口领域，我国属于净出口国，目前每年的进口量都非常少，而出口量却比较高。最近几年，涤纶短纤进出口量数据如图 12-7 所示。

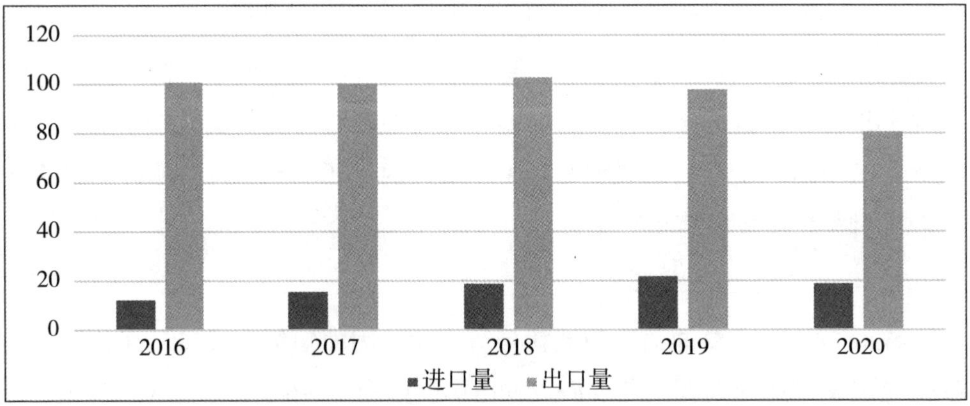

图 12-7　最近几年全国涤纶短纤进出口量数据（单位：万吨）

通过 12-7 可以看出，涤纶短纤产品的出口量要大大高于进口量，且在 2020 年出现了出口量下滑的情况，这与整个国际社会受到疫情的影响直接相关。

1. 进口国

目前，我国每年进口的涤纶短纤数量不多，主要进口国为韩国、泰国、越南、印度尼西亚等。具体的进口量占比如图 12-8 所示。

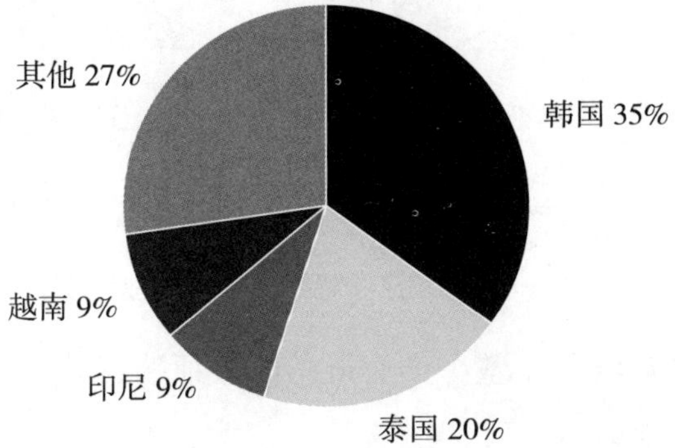

图 12-8 涤纶短纤进口国占比

从图 12-8 中可以看出，韩国为我国涤纶短纤最大的进口来源国。这与韩国拥有先进的差别化短纤生产工艺，且距离我国较近有直接的关系。

2. 出口国

涤纶短纤出口方面，我国涤纶短纤的出口量一直维持在 100 万吨（含原生短纤和再生短纤），主要的出口对象国包括越南、美国、印尼、印度等。出口到各国的短纤产品占比相对比较分散。

第三节 影响涤纶短纤价格的因素

引发涤纶短纤价格波动的因素是多方面的，既有原料成本价格方面的，也有需求变化方面的。其中，以下几个因素比较重要，如图 12-9 所示。

一、原油价格

原生涤纶短纤的原料主要是 PET，而其最终的上游还是以石油为主，因而原油的价格波动同样会对下游涤纶短纤的成本造成较大的影响。其实在整

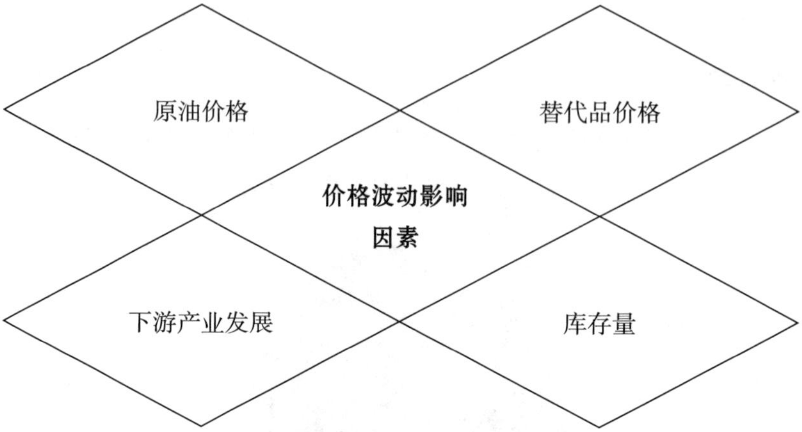

图 12-9 影响涤纶短纤价格波动的因素

个化工领域，原油始终处于整个产业链条的最顶端，对大多数化工产品的价格都起到较大的影响。

下面来看一下原油期货合约价格与涤纶短纤价格走势的对比情况，如图 12-10 所示。

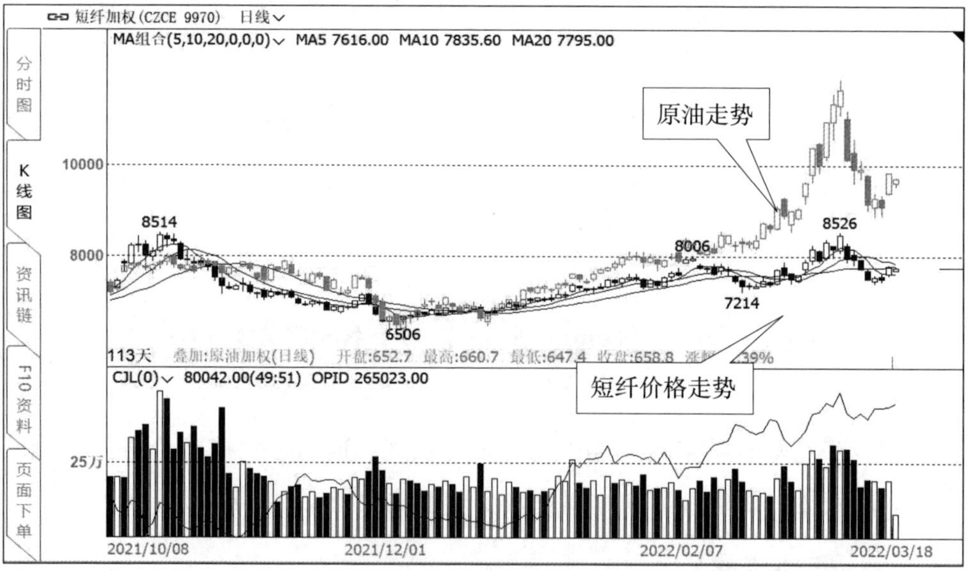

图 12-10 短纤加权与原油加权日 K 线对比走势图

如图 12–10 所示，短纤期货的价格走势在相当长的时间内与原油期货价格走势趋同，但短纤价格的波动一般都要小于原油期货价格。

2022 年 2 月 14 日之后，受俄乌冲突预期升温的影响，原油价格开始加快了上升速度，而短纤的价格走势却并没有随之大幅上升。毕竟短纤的价格波动除了受原油价格影响外，还会受其他市场供需因素的影响。

二、再生涤纶短纤的冲击

市场上，再生涤纶短纤是对原生涤纶短纤替代作用最强的产品。不过，在 2017 年“禁废”之后，原生涤纶短纤开始形成了对再生涤纶短纤的反替代。

“禁废”之后，进口的洋垃圾消失，再生涤纶短纤少了重要的原料来源，这也使得国内聚酯类 PET 瓶、饮料瓶等废品价格上涨，致使再生涤纶短纤生产企业的成本上扬，再生涤纶短纤对原生涤纶短纤的价格优势不复存在，这就促成了原生涤纶短纤对再生涤纶短纤的“反替代”。近些年来，由于再生涤纶短纤行业的利润下滑，开工率不足，原生涤纶短纤市场逐渐扩大。

未来，这种趋势能否延续，还要看再生涤纶短纤行业能否找到新的原料来源或者新的生产工艺来提升竞争力。

三、短纤库存量

涤纶短纤库存包括涤纶短纤生产厂商库存、贸易商库存、港口库存以及涤纶短纤下游企业库存等几部分，这几部分库存共同构成了社会库存量。当社会库存量持续走高时，对涤纶短纤价格具有较强的抑制作用；反之，当社会库存量持续降低时，则意味着涤纶短纤价格存在走高的可能。

不过，由于最近几年涤纶短纤行业下游的纱线企业利润率走低，涤纶短纤的价格一直在低位徘徊，使得很多纱线企业不愿意囤积过多库存，而采取现用现采的模式，这也使得整个下游消费企业的库存量一直不高。

四、需求：服装产业发展情况

涤纶短纤是纺织服装行业不可或缺的原料之一，而纺织服装行业又是涤纶短纤最大的消费领域。涤纶短纤行业的需求会随着纺织服装行业的发展而发展，换句话说，涤纶短纤行业的整体发展趋势，是与服装产业的发展密不可分的。

下面来看一下服装行业的数据，如图 12-11 所示。

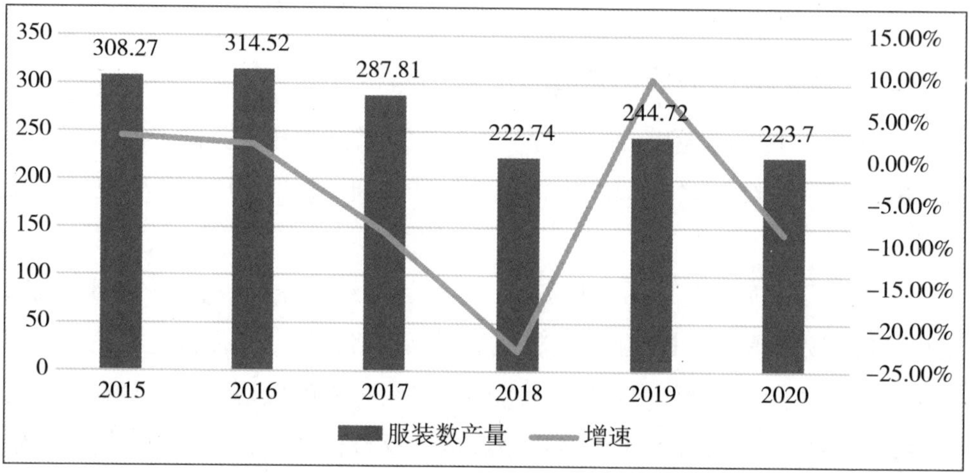

图 12-11 全国规模以上服装企业产量数据（单位：亿件）

从图 12-11 中可以看出，自 2017 年开始，我国服装产业的总体产量一直处于下滑态势，这就意味着，服装产业对涤纶短纤的总体需求缺乏足够的上升支撑。

第四节 涤纶短纤期货及交易要点

作为一种独立的期货品种，涤纶短纤的价格走势尽管与原油关系非常密切，但也有其自身的特点和波动规律。

一、涤纶短纤期货合约及交割要点

在设计涤纶短纤期货合约时，重点考虑了以下几方面内容，如图 12-12 所示。

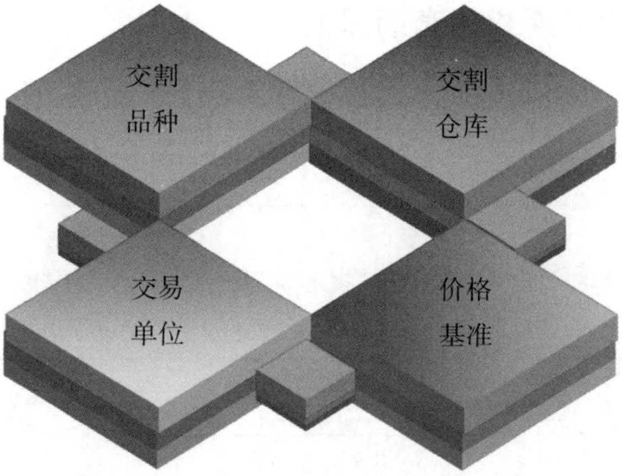

图 12-12　涤纶短纤期货合约设计要点

第一，涤纶短纤交割品种。

涤纶短纤期货基准交割品标准，符合《中华人民共和国国家标准 涤纶短纤维》（GB/T 14464—2017）棉型优等品质量指标的原生纺纱用 1.56dtex × 38mm、圆形截面半消光本色涤纶短纤，且 0.10%≤ 含油率 ≤0.20%，0.30%≤ 回潮率 ≤0.60%，无替代交割品。

同时，涤纶短纤期货实行品牌交割制度，即只有交易所认定厂家的品牌才能进入交割范畴。

第二，在涤纶短纤仓库的交割方面，执行厂库交割模式。可交割厂库位于江苏、浙江、福建等省。进入交割厂库名录的厂库，交割升贴水均为 0 元 / 吨。

第三，交易单位设置。目前涤纶短纤期货合约每手为 5 吨，该设置是综合考虑涤纶短纤市场价格、扩大流通性以及市场运输与包装等方面而设置的一个交易标准。由于下游企业的采购量从几吨到上百吨不等，设置较小的交易单位，有利于小型企业的交易和套保。

第四，交割基准价格。涤纶短纤期货合约的交割基准价为该期货合约的基准交割品在基准交割地出库时汽车板交货的含税价格（含包装）。

二、涤纶短纤期货的套期保值

涤纶短纤期货的套期保值参与者包括但不限于以下几类，如图 12-13 所示。

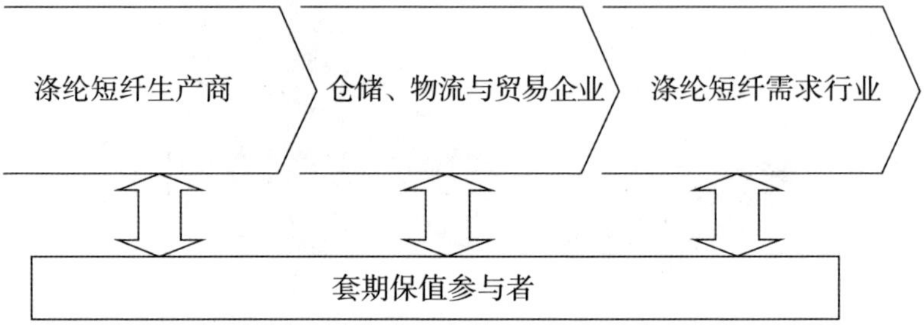

图 12-13　涤纶短纤期货套期保值参与者

1. 生产商

涤纶短纤的生产商是涤纶短纤期货套期保值的重要参与者，这类企业需要防范涤纶短纤价格大幅下行给自己企业造成较大的亏损。

2. 仓储、物流及贸易商

仓储物流企业以及各类地区贸易企业，包括涤纶短纤进口商，也是套期保值的重要参与者。这类企业尽管不是涤纶短纤的生产者或消费者，但手中却可能存有大量的涤纶短纤库存，确保这部分涤纶短纤不贬值，就成为这类企业的首选目标。

3. 下游消费方

涤纶短纤的消费行业包括的企业较多，涵盖了诸多纺织服装企业。这些企业需要购入大量的涤纶短纤生产服装，提前进行套期保值操作，就是其最合理的选择。当然，涤纶短纤的价格走势也会在一定程度上影响这类企业从事套期保值的热情，也就是说，当价格处于低位时，这类企业进行套期保值的热情并不高，而当涤纶短纤价格上扬时，其参与套期保值的热情就会高涨。

三、涤纶短纤市场套期保值操作

涤纶短纤的套期保值也需要遵守期货套期保值的基本规则，即数量相同、月份相近、方向相反原则。涤纶短纤期货套期保值分为多头套期保值和空头套期保值两类。

1. 多头套期保值

涤纶短纤多头进行套期保值，都是出于防止涤纶短纤价格大幅上升侵蚀自身利润的目的而进行的。进行多头套期保值的参与方多为涤纶短纤下游的消费方，以各类纺织服装生产企业为主。

比如，2022 年 1 月，某服装生产企业想要在 5 月份购入 500 吨涤纶短纤，此时浙江地区涤纶短纤现货价格为每吨 7000 元。那么，该企业为了防止 5 月份涤纶短纤价格大幅上扬，就可以在 1 月份做多买入 500 吨 5 月份的涤纶短纤期货合约（价格为每吨 7100 元）。

到了 5 月份，涤纶短纤现货价格上涨至每吨 9000 元，而 5 月份涤纶短纤期货合约的价格也上涨至 9050 元左右。该企业可以将手中的期货合约平仓，现货市场每吨多花的 2000 元，在期货市场补回了 1950 元，也是不错的交易（不含手续费、佣金）。

2. 空头套期保值

空头进行套期保值主要是担心卖出涤纶短纤时价格下跌或手中的涤纶短纤库存出现贬值的情况。涤纶短纤空头套期保值的参与方包括涤纶短纤产业链的上游和中游企业，如涤纶短纤生产商、贸易商等。

比如，2022 年 1 月，某涤纶短纤贸易公司计划在 5 月卖出 2000 吨涤纶短纤，此时涤纶短纤价格为每吨 7000 元。那么，该企业为了防止 5 月份涤纶短纤价格大幅下跌，就可以在 1 月份做空卖出 7000 吨 5 月份的涤纶短纤期货合约（价格为每吨 7100 元）。

到了 5 月份，涤纶短纤现货价格下跌至每吨 6000 元，而 5 月份涤纶短纤期货合约的价格也下跌至 6050 元左右。该涤纶短纤贸易企业可以将手中的期货合约平仓，现货市场每吨少赚的 1000 元，在期货市场补回了 1050 元，也是不错的交易（不含手续费、佣金）。

第十三章

纯碱期货基本分析策略

纯碱，又称苏打、碱面，主要成分为碳酸钠。纯碱作为基础化工原料，被广泛应用于建材、石油化工、冶金、食品、纺织、国防等众多领域。

纯碱期货合约于 2019 年 12 月 6 日在郑州商品交易所上市交易。

第一节　纯碱及纯碱产业链

按照用途划分，纯碱可以分为工业纯碱和食品纯碱两大类别。相比工业纯碱，食品纯碱对砷和重金属的含量都有更为严格的限制。目前，郑州商品交易所上市交易的纯碱为工业纯碱。

一、纯碱产业链

目前，纯碱的生产方法主要包括三种，即天然碱法、氨碱法、联碱法，其整个产业链如图 13–1 所示。

通过图 13–1 可以看出以下几点。

第一，纯碱的生产可以通过三种途径获得，而三种纯碱生产法所生产的纯碱均为轻碱（轻质纯碱）。

第三，重碱，即重质纯碱，是由轻碱经过水合（增加结晶水）得到的，它的密度比轻质纯碱高，堆积度比轻质纯碱高。也就是说，重碱本身就是在轻碱基础上生产出来的，比轻碱要多一道工序。目前，郑州商品交易所交易的纯碱属于重碱。

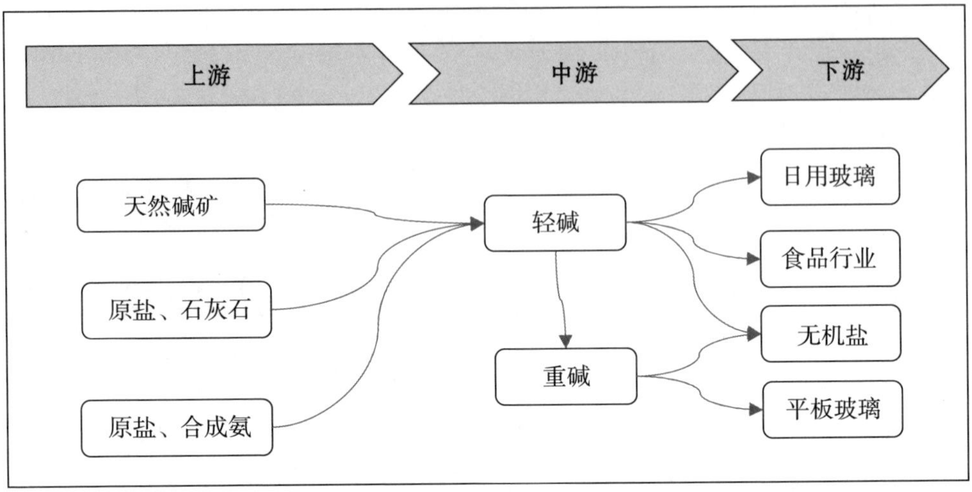

图 13-1　纯碱产业链

第三，目前，纯碱主要是重碱的应用领域在平板玻璃。

二、纯碱的三大来源

通过前面对纯碱产业链的介绍可知，纯碱可以通过三种途径获得。2020 年，三者产量占比如图 13-2 所示。

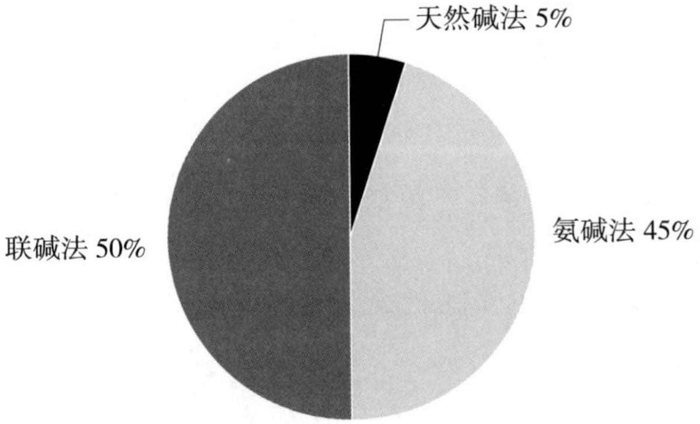

图 13-2　纯碱生产法

第一，天然碱法的生产需要以拥有碱矿为基础。目前，全世界已经探明的天然碱矿主要存在于中国、美国、土耳其、墨西哥以及南部非洲少数国家。天然碱法生产的纯碱占比不高。

相对而言，天然碱法生产的纯碱质量好、环保、低耗能、低成本，但受到较强的地域限制，只有拥有天然碱矿的地区才能使用该方法。

第二，氨碱法是以原盐和石灰石为原料。该方法易于实现大规模生产，原料容易获得，但环境污染严重，原盐利用率低。

第三，联碱法则是以原盐、合成氨为原料。该方法较氨碱法环保，原盐利用率高，但品种不受控制。

总之，氨碱法、联碱法为目前主流的纯碱生产方法。我国用这两种方法生产的纯碱数量位居世界首位。

第二节　纯碱基本供需分析

我国是世界上纯碱产能和产量最大的国家。

一、纯碱供给

最近几年，纯碱的消费量趋于稳定，其产量也同步处于稳定状态。整个纯碱产业的产量波动并不是很大，其产量具体数据如图 13-3 所示。

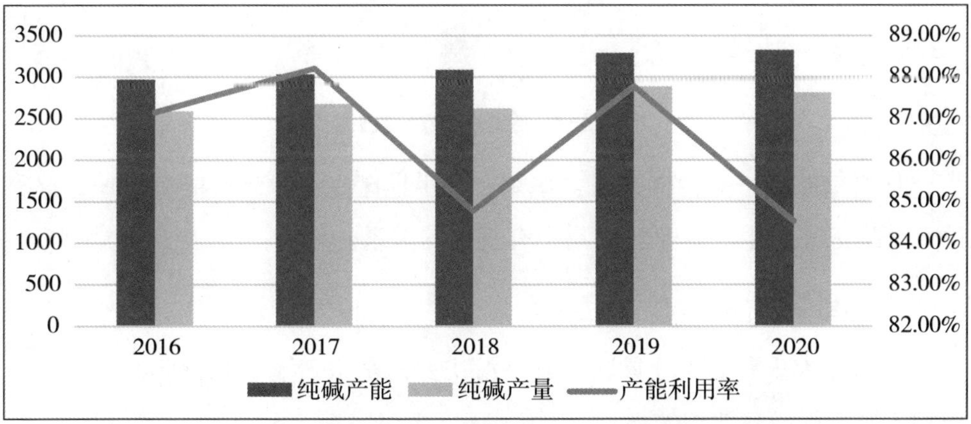

图 13-3　全国纯碱产能与产量数据（单位：万吨）

从图 13-3 中可以看出，纯碱产量整体上维持在 2600 万吨到 2900 万吨的水平，且在最近三年出现了一定幅度的上升。整个纯碱产能包括轻碱与重碱的产能。重碱产能在最近几年的产量占比逐渐上升，目前重碱的产量已经能够与轻碱平分秋色。未来，随着重碱应用领域的扩展，还有望进一步提升。当然，对于纯碱生产厂家来说，重碱也只是比轻碱多了一道生产工序，企业可以根据市场需求以及重碱与轻碱的价格，适当调整二者的产量。

从产能利用率来看，最近几年的产能利用情况维持在85%左右，反映出市场上产能与产量相对平衡的一种状况。未来，产能利用率有望继续走高。

从国内产能分布来看，纯碱产能主要集中在华东、华中以及西北等地，各地区纯碱产能占比如图13-4所示。

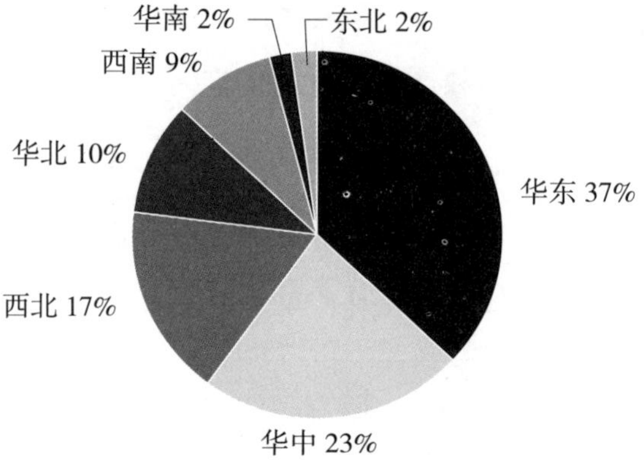

图13-4 全国纯碱产能占比

从全国纯碱产能占比来看，华东和华中地区是绝对的产能集中地，这与这几个地区纯碱生产企业较为集中有直接的关系。

二、纯碱需求

纯碱作为重要的工业原料，其下游主要是平板玻璃，该行业的发展直接拉动了整个纯碱行业的发展。

1. 国内纯碱表观需求量

最近几年纯碱的需求量表现出了平稳增长的态势。历年表观需求量如图13-5所示。

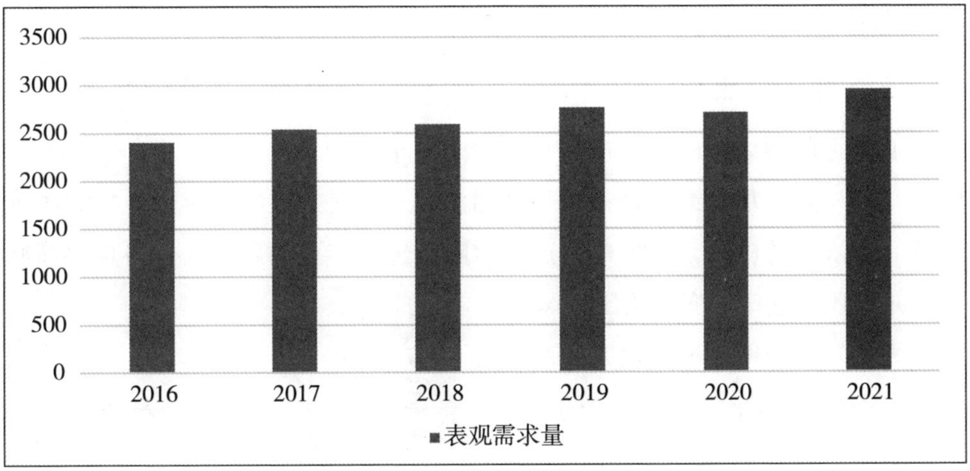

图 13-5　最近几年全国纯碱需求量数据（单位：万吨）

从图 13-5 中可以看出，纯碱行业的需求量出现了一定的波动，但整体上维持了小幅上升的格局。当然，整个纯碱行业的消费量增幅也并不是很大。

2. 国内纯碱需求情况

纯碱最主要的消费领域就是玻璃行业，因而纯碱消费最高的区域往往也是玻璃产业的大省。纯碱各消费领域占比情况（2021 年数据）如图 13-6 所示。

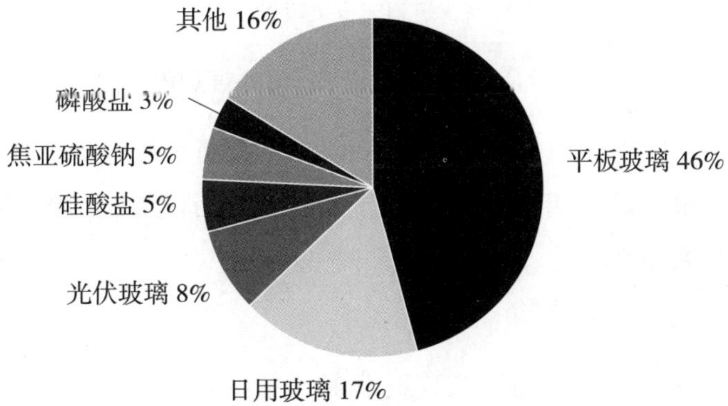

图 13-6　纯碱各消费领域占比

从纯碱的消费构成来看，三大玻璃（平板玻璃、日用玻璃、光伏玻璃）支撑了纯碱 71% 的消费，其中日用玻璃主要由轻碱生产，而平板玻璃和光伏玻璃则由重碱生产。未来，随着新能源产业的发展，光伏玻璃的需求有望进一步走高。

三、纯碱进出口

通过之前国内纯碱产业产能、产量与需求量的对比可以看出，国内的产能、产量与需求基本维持在一个平衡的状况。其实，在很多年以前，我国纯碱是一直依赖进口的，只是最近这些年随着纯碱产业的发展，进口量逐渐减少，并且还从进口国变成了出口国。

最近几年纯碱进出口量数据，如图 13–7 所示。

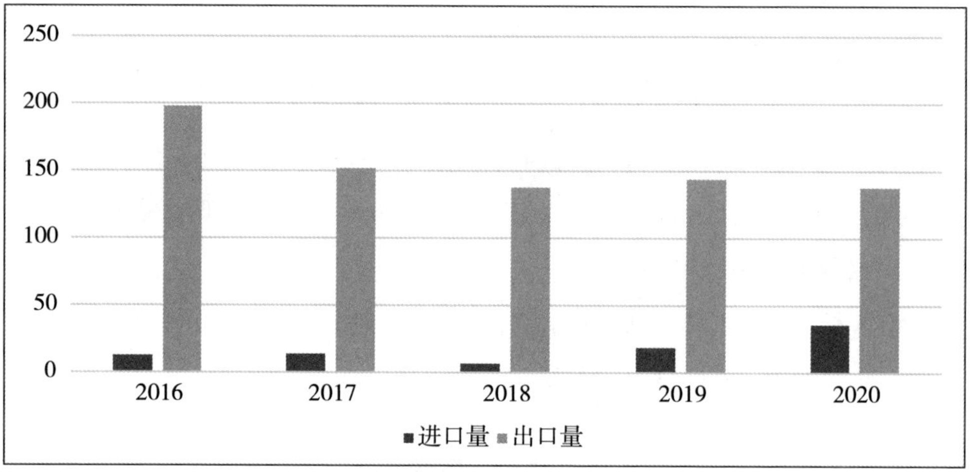

图 13–7　最近几年全国纯碱进出口量数据（单位：万吨）

通过 13–7 可以看出，纯碱的出口量要大大高于进口量。之前经历了一波出口量的下滑，2018 年纯碱出口量下滑至 137 万吨，之后纯碱出口量一直在 140 万吨左右徘徊。

1. 进口国

目前，我国每年进口的纯碱数量不多。主要进口国为美国、土耳其等。

2. 出口国

纯碱出口方面，我国纯碱的出口量最近一些年出现了下滑态势，目前每年的出口量在 140 万吨左右，主要出口至亚太地区，包括越南、韩国、菲律宾、日本等国。

第三节　影响纯碱期货价格的因素

引发纯碱价格波动的因素是多方面的，既有原料成本价格方面的，也有需求变化方面的。其中，以下几个因素比较重要，如图 13-8 所示。

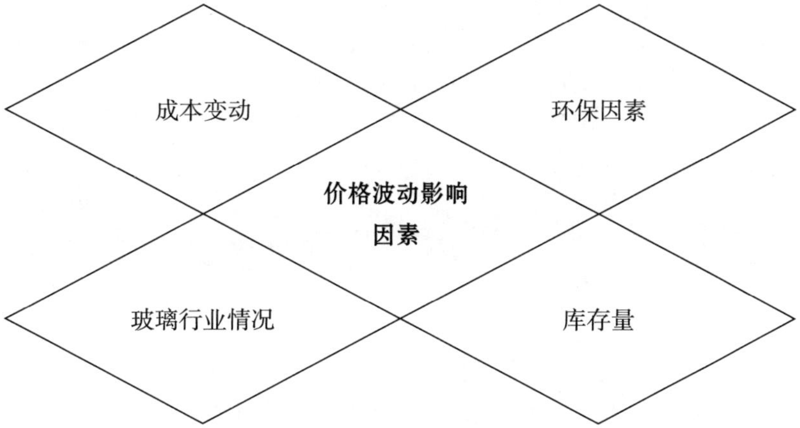

图 13-8　纯碱价格波动影响因素

一、成本变动：煤炭价格

日前，天然碱法生产的纯碱成本相对较小，但产量同样也比较小。市场上 95% 以上的纯碱都是通过联碱法和氨碱法生产的，这两种生产工艺都需要投入大量的成本。一般来说，这些成本构成包括以下几个方面。

第一，原盐。

原盐占纯碱成本的比重大约为 20% ～ 25%。由于原盐在我国储量十分丰富，价格一直在低位徘徊，所以原盐对纯碱成本变动的影响十分有限。

第二，石灰石。

氨碱法是以石灰石为主要原料的。在氨碱法生产工艺中，石灰石占成本的比重在 15% 左右。石灰石本身就是比较重要的矿产资源，未来价格存在一定的上升可能。

第三，煤炭。

在纯碱生产成本中，煤炭所占的比重达到了三分之一左右。煤炭价格波动的力度也比较大，这就可能对纯碱的整个生产成本产生较大的影响。下面来看一下纯碱加权与郑煤价格走势的对比图，如图 13–9 所示。

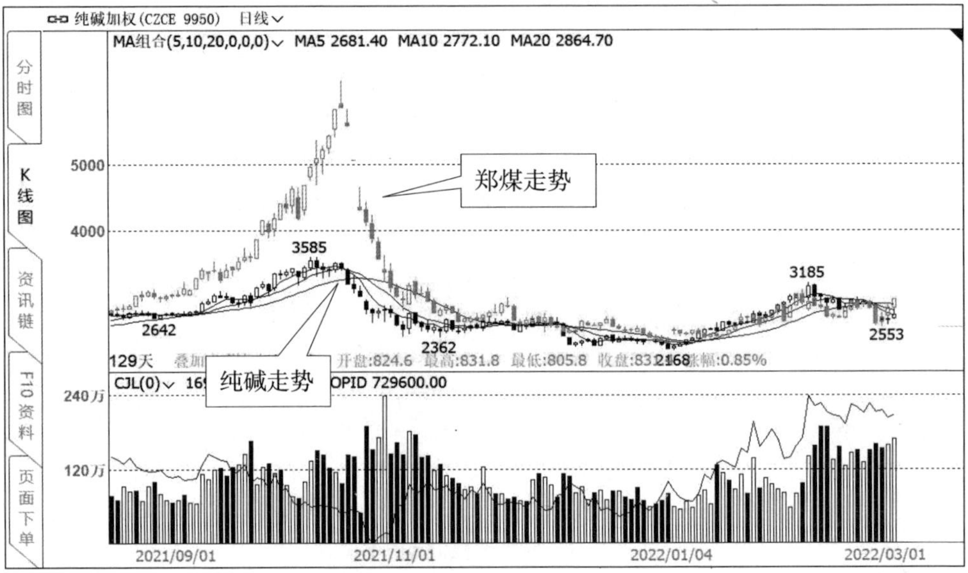

图 13–9　纯碱加权与郑煤加权的日 K 线对比走势图

从图 13–9 中可以看出，纯碱的价格走势与郑煤的走势还是具有很强的一致性的，只是郑煤在 2021 年 9 月到 10 月期间出现暴涨时，纯碱只是小幅度上升，并未出现暴涨态势，而在郑煤下跌的影响下，纯碱的价格出现了下跌走势。

总之，通过二者的对比可以看出，二者走势具有很强的同步性，只是纯碱的波动要小于郑煤。毕竟煤炭只是纯碱成本的一部分而非全部，且纯碱的价格还受多方面的供需因素影响。

二、环保因素

在纯碱产业链中，环保监管是可能对供需两端都产生重要影响的变数。

第一，对供给端的影响。

纯碱的生产过程会带有较大的污染，因而在环保监管趋严的背景下，各大纯碱生产企业势必会增加停车检修、升级改造的步伐，这都会对整个纯碱的供给产生较大的影响。目前，平均每个月需要检修停产的产能可能在数十万吨的水平，这在整个纯碱产能中所占的比重是很高的。

第二，对需求端的影响。

在整个纯碱的下游消费领域中，玻璃产业的占比是最大的，而玻璃的生产本身也是一个高耗能、高污染的行业，也就是说，玻璃行业同样要受到环保监管的限制。一旦玻璃行业因受监管而产能下降时，势必会对上游的纯碱需求造成较大的影响。

三、平板玻璃与光伏玻璃

纯碱的下游消费领域主要是玻璃行业。在玻璃领域中，生产平板玻璃和光伏玻璃需要的是重碱，日用玻璃的原料为轻碱。也就是说，平板玻璃和光伏玻璃的产量决定了大部分重碱需求量。

1. 平板玻璃

平板玻璃是纯碱下游最大的消费领域，因而平板玻璃的产能对整个纯碱产业的需求有重要的影响。下面来看一下平板玻璃的产能情况，如图 13–10 所示。

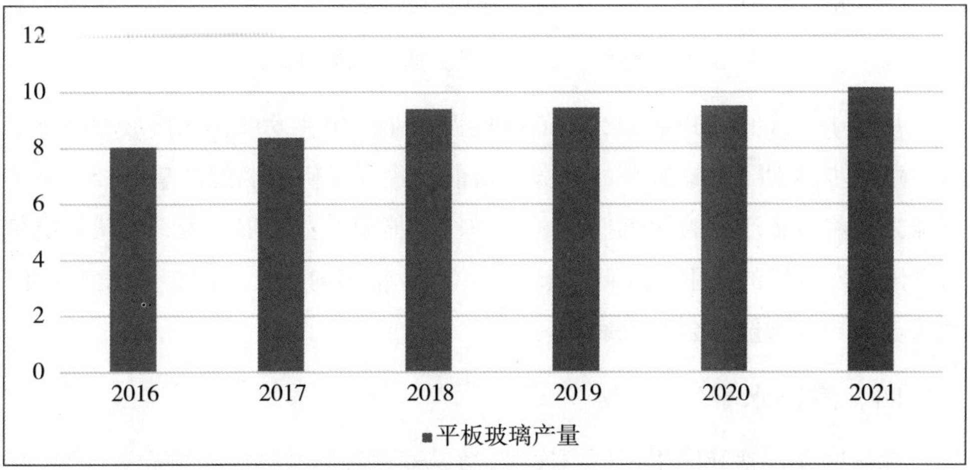

图 13–10 全国平板玻璃产量数据（单位：亿重量箱）

从图 13-10 中可以看出，最近几年平板玻璃的产量一直呈现缓慢增长的态势。不过，平板玻璃的销量在很大程度上还与房地产行业的发展有关。最近几年甚至未来数年内，房地产行业将很难见到大幅增长的态势，这在一定程度上决定了平板玻璃的需求很难出现大幅增长的情况。

2. 光伏玻璃

最近几年，得益于新能源产业的快速发展，光伏玻璃的产量出现了较大幅度的增长。下面来看一下光伏玻璃最近几年的产量情况，如图 13-11 所示。

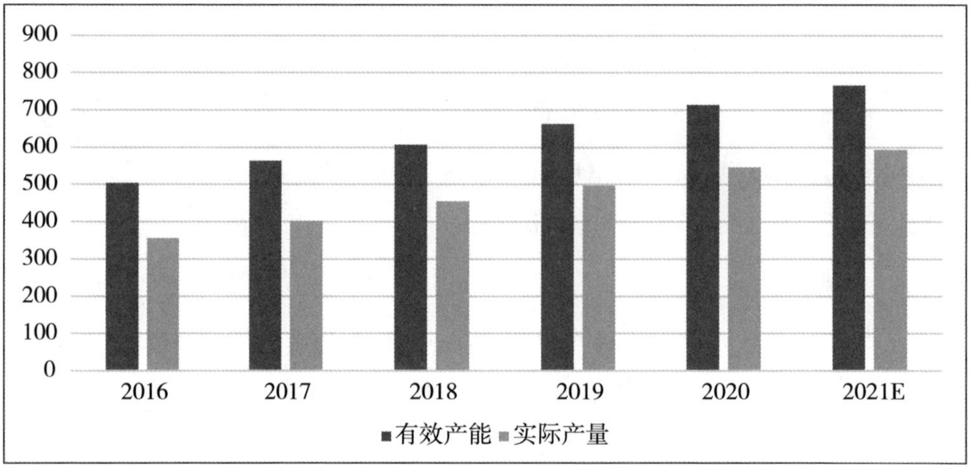

图 13-11 全国光伏玻璃产量数据（单位：百万 m^2）

从图 13-11 中可以看出，随着新能源产业的快速发展，光伏玻璃的产能与产量同步出现了大幅走高的态势。目前，我国光伏玻璃的产量已经占到了全球光伏玻璃总产量的 90% 以上。从整个新能源产业发展来看，光伏发电量占全国总发电量的比重还很低。未来，该产业持续向好发展的势头仍然存在，光伏玻璃的需求量也会继续攀升。

四、库存水平

纯碱库存包括纯碱生产厂商库存、贸易商库存以及纯碱下游企业库存（特别是玻璃生产企业的库存）等几部分，这几部分库存共同构成了社会库存量。

当社会库存量持续走高时，对纯碱价格具有较强的抑制作用；反之，当社会库存量持续降低时，则意味着纯碱价格存在走高的可能。

第四节　纯碱期货及交易要点

作为一种独立的期货品种，纯碱的价格走势尽管与煤炭关系非常密切，但也有其自身的特点和波动规律。

一、纯碱期货合约及交割要点

在设计纯碱期货合约时，重点考虑了以下几方面内容，如图 13–12 所示。

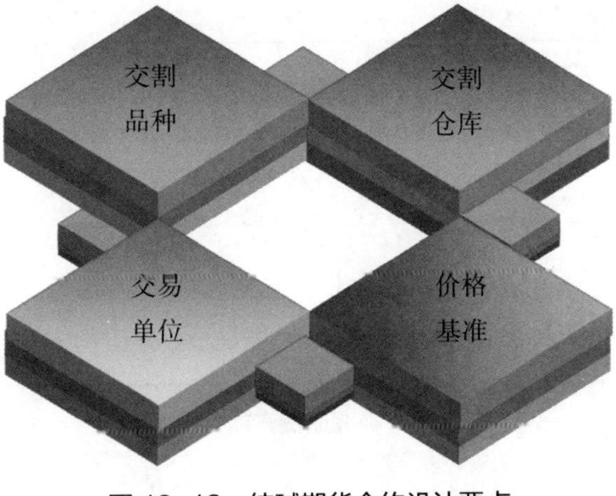

图 13–12　纯碱期货合约设计要点

第一，纯碱交割品种。

纯碱期货基准交割品标准，符合《中华人民共和国国家标准 工业碳酸钠及其实验方法第 1 部分：工业碳酸钠》（GB/T 210.1—2004）Ⅱ类优等品重质纯碱，且氯化钠含量 ≤0.6%。

同时，纯碱期货实行品牌免检制度，即交易所认定的产能超过 50 万吨、质量较好、市场认可度高的纯碱品牌确定为交割免检品牌。

第二，在纯碱仓库的交割方面，执行厂库交割模式。可交割厂库位于河北、湖北等地。基准交割设置在河北，主要是由于河北沙河地区玻璃产能较大，纯碱采购规模较大。

第三，交易单位设置。目前纯碱期货合约每手为 20 吨，该设置是综合考虑纯碱市场价格、扩大流通性以及市场运输与包装等方面而设置的一个交易标准。由于下游企业的采购量从几吨到上百吨不等，设置较小的交易单位，有利于小型企业交易和套保。

第四，交割基准价格。纯碱期货合约的交割基准价为该期货合约在基准交割地出库时汽车板交货的含税价格（含包装）。

二、纯碱期货的套期保值

纯碱期货的套期保值参与者包括但不限于以下几类，如图 13-13 所示。

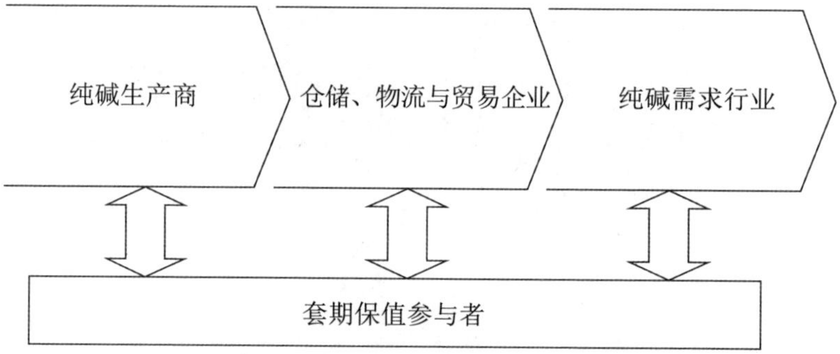

图 13-13　纯碱期货套期保值参与者

1. 生产商

纯碱的生产商是纯碱期货套期保值的重要参与者，这类企业需要防范纯碱价格大幅下行给自己企业造成较大的亏损。

2. 仓储、物流及商贸企业

仓储物流企业以及各类地区贸易企业，包括纯碱进口商，是套期保值的主要参与者。这类企业尽管不是纯碱的生产者或消费者，但手中却可能有大量的纯碱库存。因而确保这部分纯碱不贬值，就成为这类企业的首选目标。

3. 下游消费方

纯碱消费行业包括的企业较多，涵盖了诸多玻璃生产企业。这些企业需要购入大量纯碱生产玻璃，提前进行套期保值操作，就是其最合理的选择。当然，纯碱价格走势也会在一定程度上影响这类企业从事套期保值的热情。也就是说，当价格处于低位时，这类企业进行套期保值的热情并不高，而当纯碱价格上扬时，其参与套期保值的热情就会高涨。

三、纯碱市场套期保值操作

纯碱的套期保值也需要遵守期货套期保值的基本规则，即数量相同、月份相近、方向相反原则。纯碱期货套期保值分为多头套期保值和空头套期保值两类。

1. 多头套期保值

纯碱多头进行套期保值，都是出于防止纯碱价格大幅上升侵蚀自身利润的目的而进行的。进行多头套期保值的参与方多为纯碱下游的消费方，以各类玻璃生产企业为主。

比如，2022 年 1 月，某平板玻璃生产企业想要在 5 月份购入 1 万吨纯碱，此时河北地区纯碱现货价格为每吨 2200 元。那么，该企业为了防止 5 月份纯碱价格大幅上扬，就可以在 1 月份做多买入 1 万吨 5 月份的纯碱期货合约（价格为每吨 2250 元）。

到了 5 月份，纯碱现货价格上涨至每吨 3000 元，而 5 月份纯碱期货合约的价格也上涨至 3020 元左右。该企业可以将手中的期货合约平仓，现货市场每吨多花的 800 元，在期货市场补回了 770 元，也是不错的交易（不含手续费、佣金）。

2. 空头套期保值

空头进行套期保值主要是担心卖出纯碱时价格下跌或手中的纯碱库存出现贬值的情况。纯碱空头套期保值的参与方包括纯碱产业链的上游和中游企业，如纯碱生产商、贸易商等。

比如，2022 年 1 月，某纯碱贸易公司计划在 5 月卖出 5000 吨纯碱，此时纯碱价格为每吨 2200 元。那么，该企业为了防止 5 月份纯碱价格大幅下跌，就可以在 1 月份做空卖出 5000 吨 5 月份的纯碱期货合约（价格为每吨 2250 元）。

到了 5 月份，纯碱现货价格下跌至每吨 1800 元，而 5 月份纯碱期货合约的价格也下跌至 1830 元左右。该纯碱贸易企业可以将手中的期货合约平仓，现货市场每吨少赚的 400 元，在期货市场补回了 420 元，也是不错的交易（不含手续费、佣金）。

第十四章

橡胶期货基本分析策略

目前，期货市场交易的橡胶期货共有两种，分别为天然橡胶（SCR WF）和20号胶。这两个品种均为天然橡胶。

天然橡胶广泛应用于国民经济生活的各个方面。天然橡胶期货于1993年11月在上海期货交易所上市，属于老牌期货品种。20号胶期货于2019年8月12日在上海国际能源交易中心上市交易。

第一节 橡胶及橡胶产业链

天然橡胶是关系国计民生的重要战略性物资，在交通运输业、医疗卫生业、工业、农业、建筑业以及国防工业中都有广泛的应用。

一、橡胶分类

从大的类别来看，橡胶主要分为天然橡胶和合成橡胶两大类别，如图14-1所示。

从图14-1中可以看出，整个橡胶可以大致分为天然橡胶和合成橡胶两类。由天然橡胶和合成橡胶组合在一起，就是复合橡胶和混合橡胶。

目前，橡胶类期货上市的两个品种都属于固体橡胶。标准胶中的“WF”和烟片胶中的3号烟片胶，为上海期货交易所上市的天然橡胶期货交割的基准品种；标准胶中的# 20，为上海能源期货交易中心上市的期货交割基准品种。

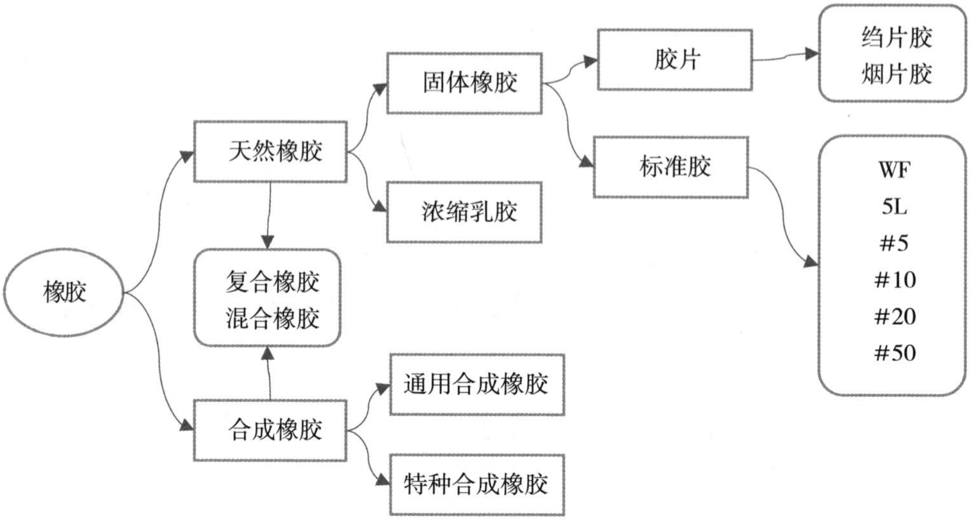

图 14-1　橡胶分类

二、天然橡胶产业链

整个天然橡胶产业链如图 14-2 所示。

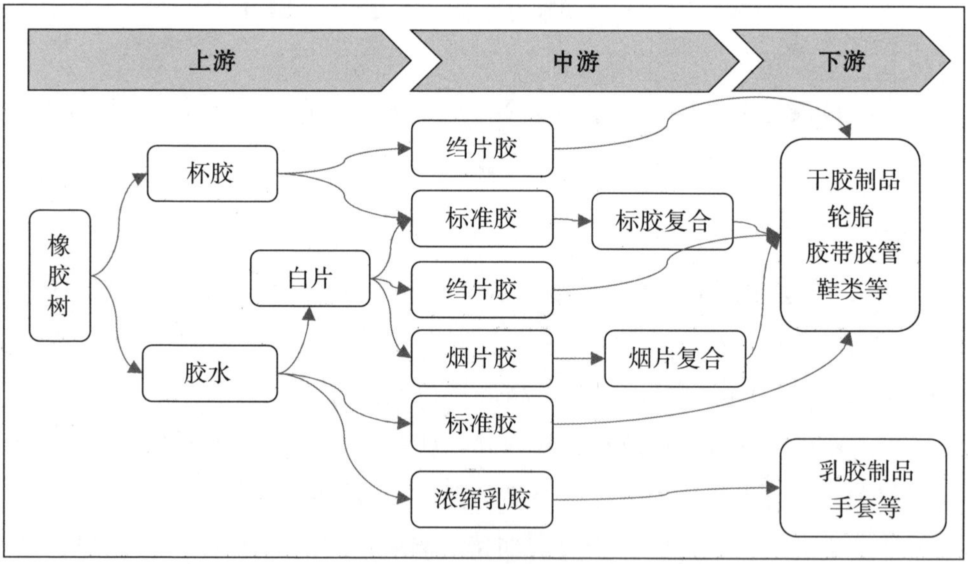

图 14-2　天然橡胶产业链

通过天然橡胶产业链可以看出，尽管天然橡胶产业的中游可以细化为若干种类的胶，但在下游的消费领域，主要还是干胶和乳胶制品两大类别，而且期货上市品种主要对应的还是干胶制品所需的天然橡胶。

三、天然橡胶与 20 号胶

天然橡胶和 20 号胶同属天然橡胶，又同属于标准胶，但二者还是存在很多不同之处的。

第一，来源不同。

天然橡胶期货的交割基准品为全乳胶（SCR WF）和 3 号烟片胶，其中以全乳胶为主。全乳胶的原料是全鲜乳胶，直接来源于胶水，而 20 号胶来源于杯胶。通常情况下，胶水的价格要高于杯胶，这也是正常情况下天然橡胶（SCR WF）期货合约价格高于 20 号胶的原因。

第二，质量标准不同。

天然橡胶期货合约交割标的全乳胶杂质含量极低，而 20 号胶允许有一定的杂质（低于 0.2%）。同时，20 号胶对门尼粘度有明确的要求（83 ± 10），而全乳胶则没有相应的要求。

第三，用途不同。

全乳胶（SCR WF）的主要应用领域在乳胶制品领域，同时，全乳胶产量相对较低，无法满足轮胎企业对橡胶的需求，即使算上烟片胶也不够。而 20 号胶最主要的应用领域就是轮胎。20 号胶期货上市后，直接吸引了大量的轮胎企业参与交易。

第二节　天然橡胶基本供需分析

我国是世界上最大的天然橡胶消费国，每年需要进口大量的天然橡胶。

一、天然橡胶供给

天然橡胶的供给可以从全球和国内两个维度来分析。

1. 天然橡胶全球供给

从全球供给情况来看，天然橡胶的产量经历了连续几年增长后，出现了一波回落态势，其产量具体数据如图 14-3 所示。

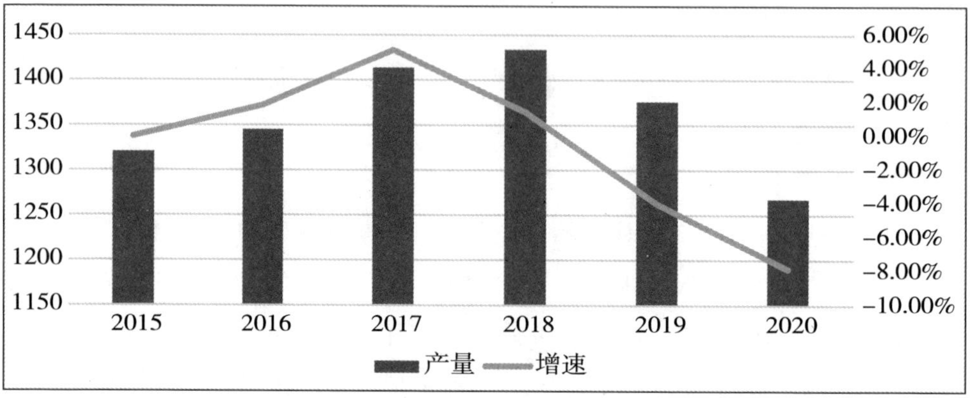

图 14-3 全球天然橡胶产量数据（单位：万吨）

从图 14-3 中可以看出，天然橡胶的产量在经历了几年的连续增长后，自 2019 年后出现回落态势。由于天然橡胶的产量受气候等因素影响较大，特别是 2020 年受疫情的影响，产量出现了大幅下行。

由于橡胶树的生长需要满足一定的温度要求，因而天然橡胶的主产地主要集中在 10° S ～ 15° N 之间。2020 年天然橡胶主产国的产量如图 14-4 所示。

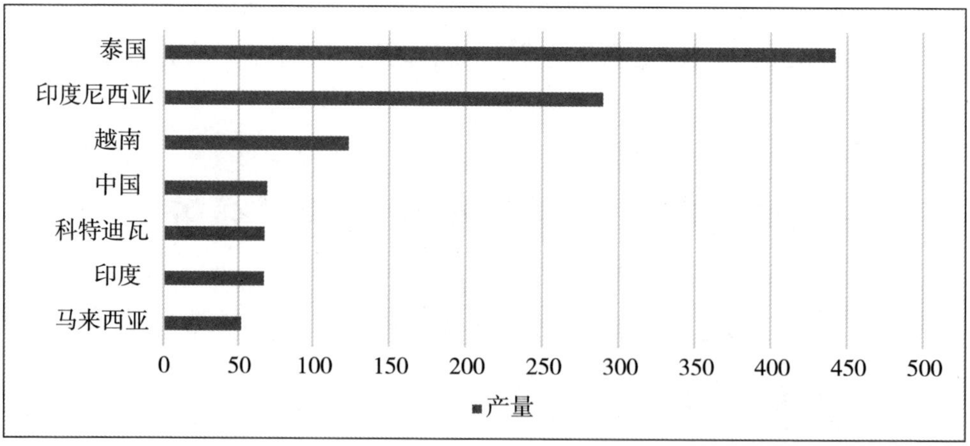

图 14-4 全球橡胶主产国产量数据（单位：万吨）

从图 14-4 中可以看出，东南亚地区是世界上天然橡胶的主要出产地区，其中，泰国是最大的天然橡胶出产国。

目前，全球橡胶产量中的 70% 用于制造轮胎。而用于制造轮胎的橡胶中，80% 左右为 20 号胶。在天然橡胶的整体产能中，各类橡胶占比如图 14-5 所示。

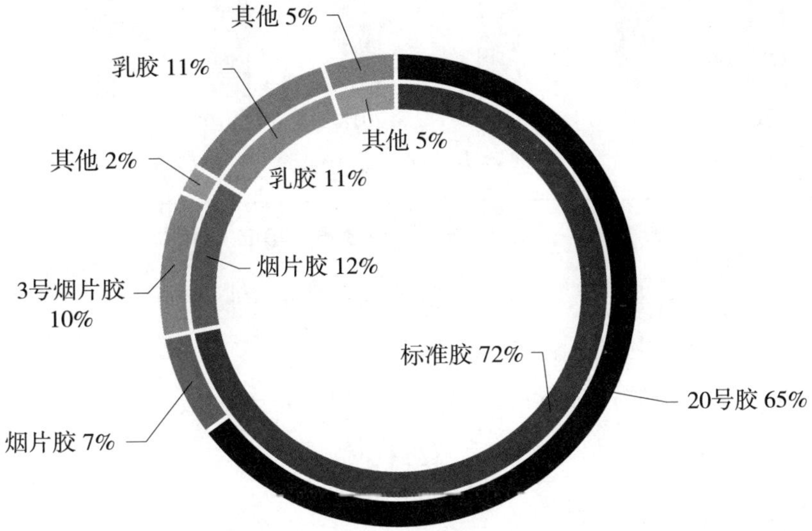

图 14-5　各类天然橡胶产量占比

从图 14-5 中可以看出，整个天然橡胶供给量中，20 号胶所占的比重是非常大的，也只有 20 号胶才能满足日常增长的轮胎产业对橡胶的需求，这也是国内增设 20 号胶期货的原因所在。

2. 天然橡胶国内供给

从国内供给情况来看，天然橡胶的产量与全球产量几乎是同步的，也在经历了连续几年增长后，出现了一波回落态势，其产量具体数据如图 14-6 所示。

从图 14-6 中可以看出，天然橡胶的产量在经历了几年的平稳运行后，自 2019 年后出现了回落态势。由于天然橡胶的产量受气候（台风）、自然灾害（白粉病）等因素影响较大，特别是 2020 年受疫情的影响，产量出现了大幅下行。

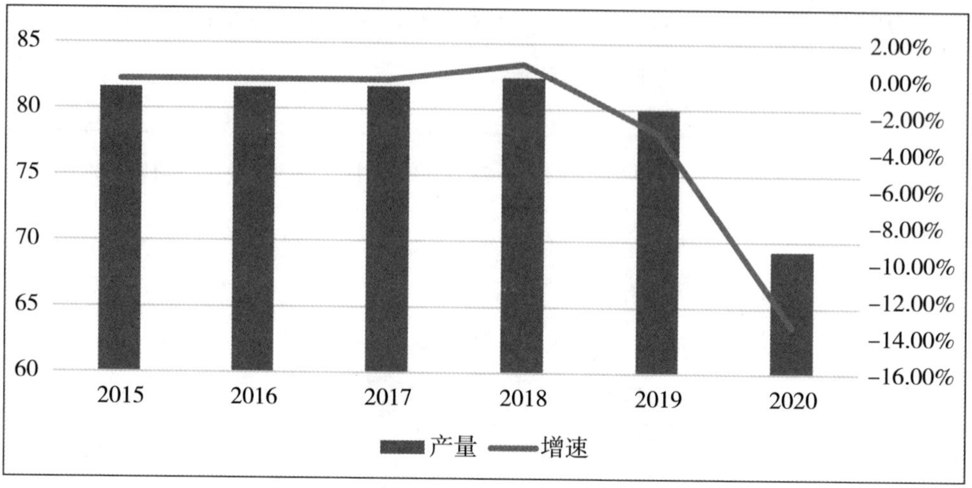

图 14-6　全国天然橡胶产量数据（单位：万吨）

由于地理位置和气候的原因，我国适宜种植橡胶树的地区并不多。我国的橡胶产地主要集中在云南和海南等地。

同时，我国橡胶产地供应的橡胶主要以满足天然橡胶（SCR WF）交割品为主，20 号胶的产量仅为 12 万吨左右的水平。

二、天然橡胶需求

天然橡胶作为重要的工业原料，其下游主要是轮胎、各类乳胶制品行业。特别是轮胎行业的发展，直接拉动了整个天然橡胶行业的发展。

1. 全球天然橡胶表观需求量

最近几年天然橡胶的需求量表现出了平稳增长的态势。历年表观需求量如图 14-7 所示。

从图 14-7 中可以看出，天然橡胶行业的需求量出现了一定的波动，但整体上需求量维持在 1200 万吨到 1400 万吨之间的水平。最近两年受疫情的影响，需求量出现了下滑态势。

2020 年，天然橡胶消费量最大的三个国家，分别为中国、印度和泰国，具体数据如图 14-8 所示。

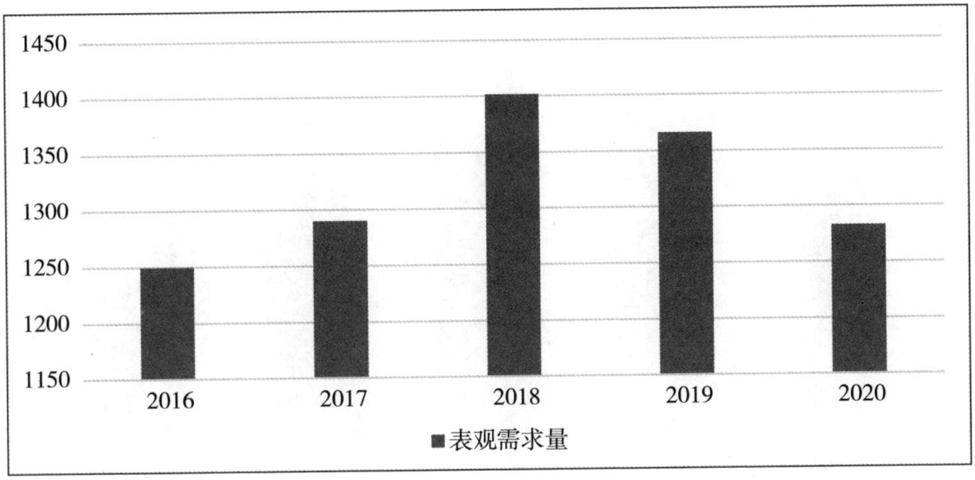

图 14-7　最近几年全球天然橡胶需求量数据（单位：万吨）

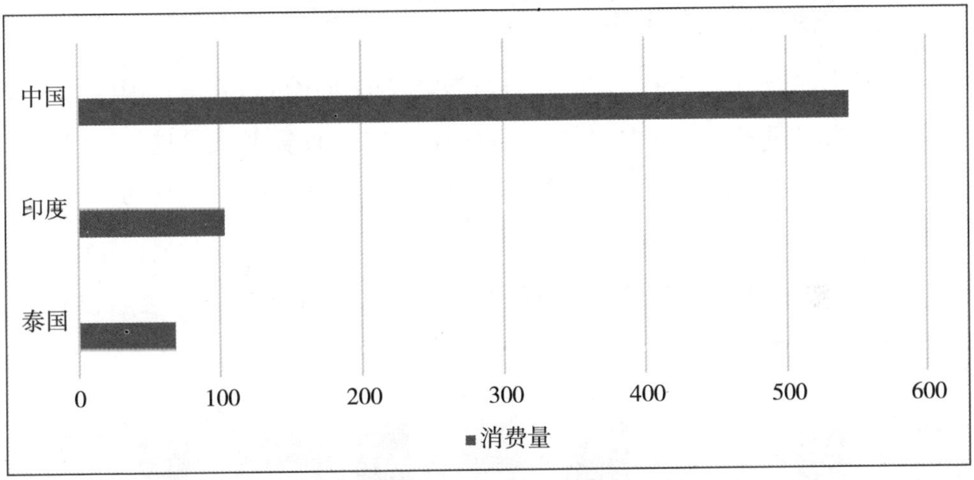

图 14-8　全球橡胶主要消费国消费数据（单位：万吨）

2. 国内天然橡胶表观需求量

最近几年，国内天然橡胶的需求量也同样表现出了先扬后抑的运行态势。历年表观需求量如图 14-9 所示。

我国天然橡胶的消费量走势与全球消费量走势基本一致，只不过我国的消费量高点在 2017 年出现，而全球的消费量高点在 2018 年出现。2020 年，同样受疫情的影响，消费量出现了大幅的下滑。

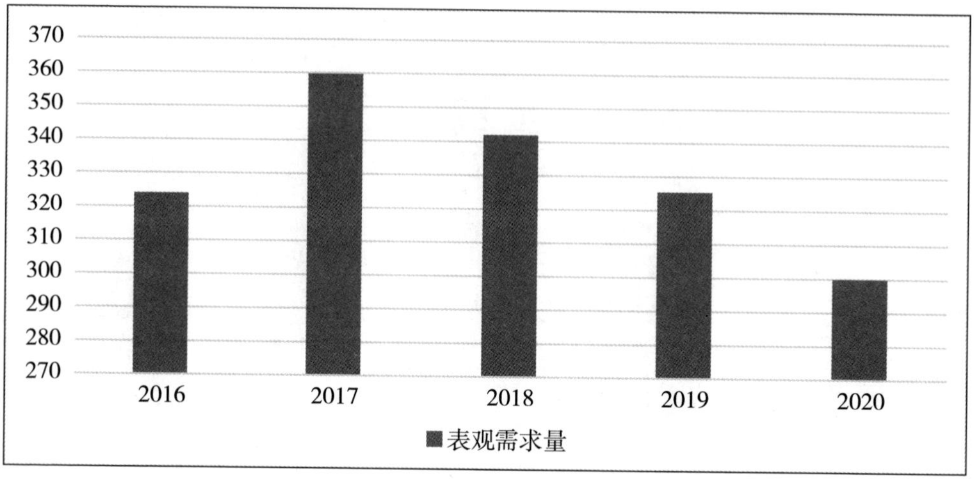

图 14-9　最近几年全国天然橡胶需求量数据（单位：万吨）

三、天然橡胶进出口

通过之前国内天然橡胶产业产量与需求量的对比可以看出，国内的产量与需求量之间存在一个巨大的缺口，这个需求缺口就需要大量进口天然橡胶来补足。换句话说，在天然橡胶领域，我国对外依赖度是非常高的。进口天然橡胶是我国天然橡胶最重要的供给来源。

最近几年，天然橡胶进出口量数据如图 14-10 所示。

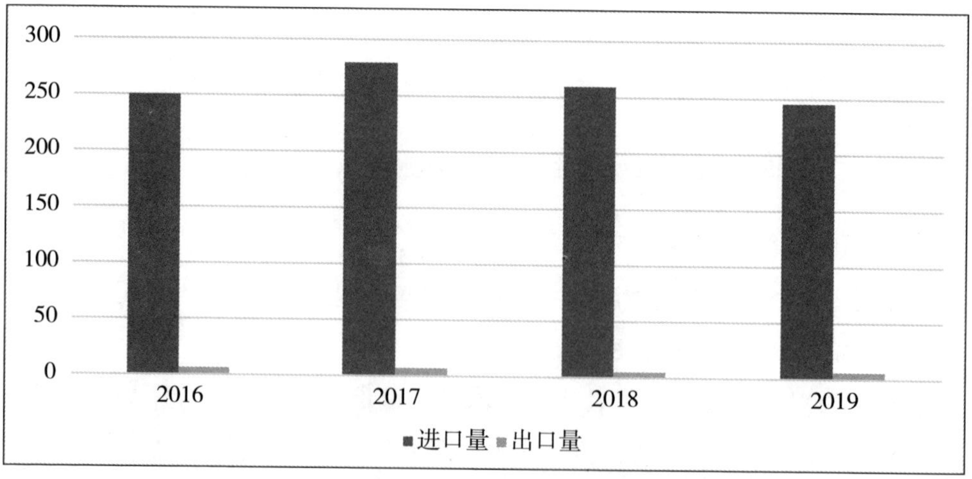

图 14-10　最近几年全国天然橡胶进出口量数据（单位：万吨）

通过图 14-10 可以看出，天然橡胶的进口量要大大高于出口量。与进口量相比，出口量几乎可以忽略不计。天然橡胶的出口量长期徘徊在 1 万吨的水平，而进口量都在 250 万吨左右的水平。

第三节　影响橡胶期货价格的因素

天然橡胶是一种特殊的商品，从本质上来看，其更应该属于农产品范畴，但由于其下游关联着诸多化工产业，因而将其归入化工板块。天然橡胶期货价格波动的影响因素包括以下几个方面。

一、供给：橡胶树种植面积

天然橡胶的产量与橡胶树种植面积直接相关。橡胶树种植后，一般来说，需要七年左右的时间才可以开始割胶，第九年才能进入高产期。也就是说，假如 2021 年种植的橡胶树，要在 2028 年才能开始割胶，2030 年才能进入高产期。橡胶树的高产期一般能够持续 15 年到 20 年。

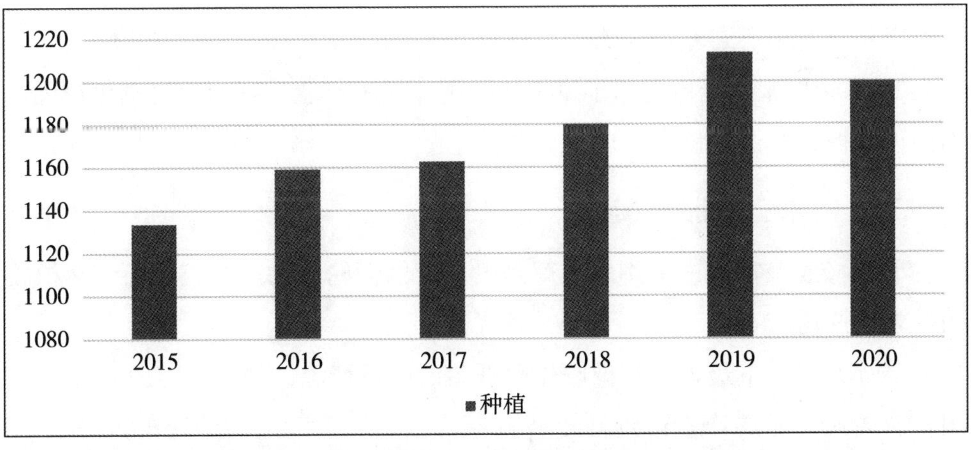

图 14-11　全球橡胶数种植数据（单位：万公顷）

从图 14-11 中可以看出，整体上，全球橡胶树的种植面积是持续上升的，只在 2020 年出现了小幅回落。与种植面积相对应的是开割面积，即能够实际出胶的橡胶树面积。目前，橡胶树开割面积逐渐上升，在 2020 年已经达到了 923.86 万公顷的水平。

从这一点上来看，未来几年，全球橡胶的供给量应该还是会维持在小幅上升的水平。不过，每年的新增种植面积还是应该重点关注的。

二、供给：产量变化

尽管可供开采的橡胶树面积处于上升水平，但实际能够出产的胶量却是存在很大不确定性的。这种不确定性包括以下几个方面。

第一，自然环境因素。

由于橡胶树的种植区域都在赤道附近，而这一地带常常会受到台风等自然灾害的影响。同时，橡胶树还会有一些特殊的病虫害等，这都可能会对当年的天然橡胶产量产生影响。

第二，橡胶价格。

橡胶的价格会影响橡胶种植户割胶的积极性，进而影响橡胶的亩产情况。一般来说，天然橡胶价格越高，割胶的积极性就会越高，橡胶的亩产可能会更高。

第三，其他不可预见因素。

2020 年以来，全球遭遇了疫情的冲击，橡胶产业受到的冲击也比较大，因而天然橡胶的供给量也出现了下滑。

三、需求：轮胎产量

天然橡胶最重要的应用领域就是轮胎，因而轮胎的产量直接与天然橡胶的需求量挂钩。

下面来看一下最近几年橡胶轮胎外胎的产量情况，如图 14–12 所示。我国橡胶轮胎外胎的产量最近几年一直保持在 8 亿条以上。尽管在 2018 年到 2020 年出现了小幅回落，但 2021 年还是恢复至将近 9 亿条的水平。这也就直接决定了对天然橡胶，特别是 20 号胶的巨大需求量。

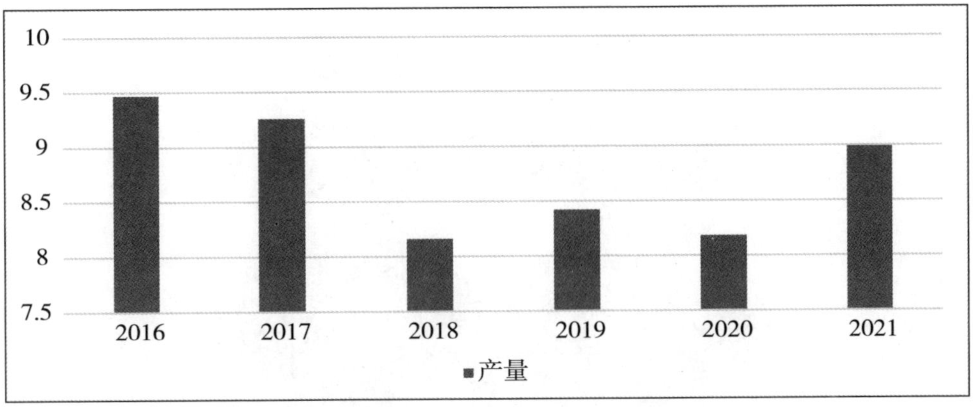

图 14-12　我国橡胶轮胎产量数据（单位：亿条）

四、中游：库存量数据

天然橡胶库存包括产区天然橡胶厂商库存以及胶农库存、港口保税区库存以及天然橡胶下游企业库存（特别是轮胎企业的库存）等几部分，这几部分库存共同构成了社会库存量。当社会库存量持续走高时，对天然橡胶的价格具有较强的抑制作用；反之，当社会库存量持续降低时，则意味着天然橡胶价格存在走高的可能。

第四节　橡胶期货及交易要点

作为一种独立的期货品种，天然橡胶的价格走势与原油存在一定的关联（受合成橡胶替代效应的影响），但远不如其他化工产品与原油的相关性。天然橡胶价格波动有其自身的特点和波动规律。

一、天然橡胶期货合约及交割要点

在设计天然橡胶期货合约时，重点考虑了以下几方面内容，如图 14-13 所示。

第一，天然橡胶交割品种。

整个天然橡胶系列产品中，共有两个期货交割品种。其一为上海期货交

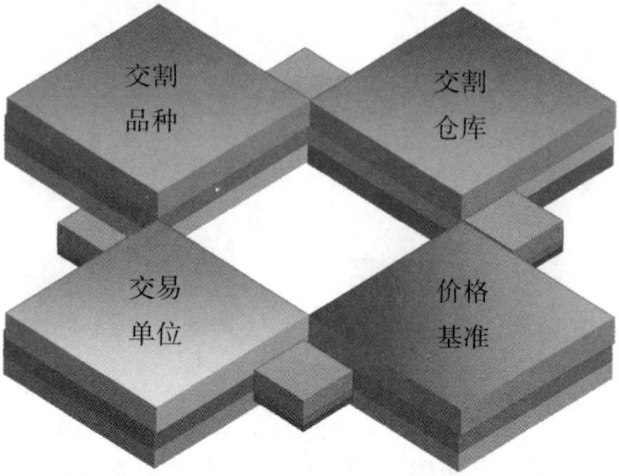

图 14-13　天然橡胶期货合约设计要点

易所上市的天然橡胶，其二为上海能源交易中心上市交易的 20 号胶。

天然橡胶期货的交割基准品为国产天然橡胶（SCR WF），质量符合国标 GB/T8081—2008。或者为进口 3 号烟胶片（RSS3），质量符合《天然橡胶等级的品种与包装国际标准（绿皮书）》（1979 年版）。

20 号胶的交割基准品为符合上海国际能源交易中心 20 号胶质量标准。

第二，在天然橡胶仓库的交割方面，天然橡胶（SCR WF）与 20 号胶还稍有不同。

由于天然橡胶（SCR WF）期货的交割标的以国产天然橡胶为主，进口 3 号烟片胶为辅，因而交割仓库主要分布在产地（云南、海南）、消费地（山东等地）和沿海港口城市（上海、天津、青岛等地）。

20 号胶则主要采用“仓库交割 + 保税交割”的模式，主要考虑消费地以及集散地的因素。由于轮胎的生产地主要集中于山东、江苏、浙江、安徽等省，而进口橡胶的集散地则集中于华东与华南各个港口的保税区，因而交割仓库也大都设置在这些区域。

第三，交易单位设置。目前天然橡胶期货（SCR WF）合约和 20 号胶期货合约均为每手 10 吨，该设置是综合考虑天然橡胶市场价格、扩大流通性以及市场运输与包装等方面而设置的一个交易标准。

第四，价格基准。橡胶期货的国际联动性非常强，而且由于天然橡胶期货已经平稳运行了三十年，目前已经成为国内现货市场的定价基准，同时对日本、新加坡的现货交易价格有一定的引导作用。随着 20 号胶期货交易量的逐渐增大，也开始成为行业内现货交易的定价基准。

二、天然橡胶期货的套期保值

天然橡胶期货的套期保值参与者包括但不限于以下几类，如图 14–14 所示。

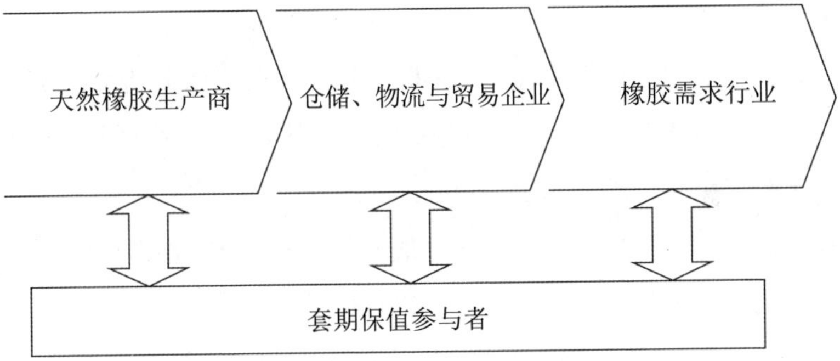

图 14–14　天然橡胶期货套期保值参与者

1. 生产商

天然橡胶的生产商是天然橡胶期货套期保值的重要参与者，这类企业需要防范天然橡胶价格的大幅下行给自己企业造成较大的亏损。国内参与者主要集中于云南、海南等地的种植园。

2. 仓储、物流及贸易商

仓储物流企业以及各类地区贸易企业，包括天然橡胶进口商，也是套期保值的主要参与者。这类企业尽管不是天然橡胶的生产者或消费者，但手中却可能有大量的天然橡胶库存。确保这部分天然橡胶不贬值，就会成为这类企业的首选目标。由于国内消费的天然橡胶大部分都是从国外进口的，特别是 20 号胶，进口贸易商的套保需求更加强烈。

3. 下游消费方

天然橡胶的消费行业包括的企业较多，涵盖了诸多轮胎生产企业、乳胶制品企业等。特别是轮胎生产企业，需要购入大量的天然橡胶生产橡胶轮胎，提前进行套期保值操作，是其最合理的选择。

三、天然橡胶市场套期保值操作

天然橡胶的套期保值也需要遵守期货套期保值的基本规则，即数量相同、月份相近、方向相反原则。天然橡胶期货套期保值分为多头套期保值和空头套期保值两类。

1. 多头套期保值

天然橡胶多头进行套期保值，都是出于防止天然橡胶价格大幅上升侵蚀自身利润的目的而进行的。进行多头套期保值的参与方多为天然橡胶下游的消费方，以各类橡胶轮胎生产企业为主。

比如，2022 年 1 月，某轮胎生产企业想要在 5 月份购入 1000 吨天然橡胶，此时河北地区天然橡胶现货价格为每吨 14500 元。那么，该企业为了防止 5 月份天然橡胶价格大幅上扬，就可以在 1 月份做多买入 1000 吨 5 月份的天然橡胶期货合约（价格为每吨 14600 元）。

到了 5 月份，天然橡胶现货价格上涨至每吨 16000 元，而 5 月份天然橡胶期货合约的价格也上涨至 16050 元左右。该企业可以将手中的期货合约平仓，现货市场每吨多花的 1500 元，在期货市场补回了 1450 元，也是不错的交易（不含手续费、佣金）。

2. 空头套期保值

空头进行套期保值主要是担心卖出天然橡胶时价格下跌或手中的天然橡胶库存出现贬值的情况。天然橡胶空头套期保值的参与方包括天然橡胶产业链的上游和中游企业，如天然橡胶生产商、进口商等。

比如，2022 年 1 月，某天然橡胶贸易公司计划在 5 月卖出 2000 吨天然橡胶，此时天然橡胶价的格为每吨 14500 元。那么，该企业为了防止 5 月份天然橡胶价格大幅下跌，就可以在 1 月份做空卖出 2000 吨 5 月份的天然橡胶期货合约（价格为每吨 14600 元）。

到了 5 月份，天然橡胶现货价格下跌至每吨 12900 元，而 5 月份天然橡胶期货合约的价格也下跌至 12950 元左右。该天然橡胶贸易企业可以将手中的期货合约平仓，现货市场每吨少赚的 1600 元，在期货市场补回了 1650 元，也是不错的交易（不含手续费、佣金）。

四、天然橡胶（SCR WF）与 20 号胶区间套利操作

天然橡胶（SCR WF）与 20 号胶同属于天然橡胶，多有相似之处。因此，在期货市场上，二者之间的价格走势可以为投资者作重要的参照。

一般来说，天然橡胶（SCR WF）的价格会略高于 20 号胶。二者的现货价格、期货价格的价差相对稳定，具有很高的相关性，且具备同涨同跌的特性，比较适合投资者进行区间套利操作。

套利操作的本质就是基于价差的投机。从理论上来说，两个商品价格之间应该保持相对稳定的价差，当二者之间的价差出现放大或缩小时，套利资金就会进入进行套利操作，从而推动价差回到合理的区间之内。

下面来看一下天然橡胶（SCR WF）加权和 20 号胶加权的价格走势情况。

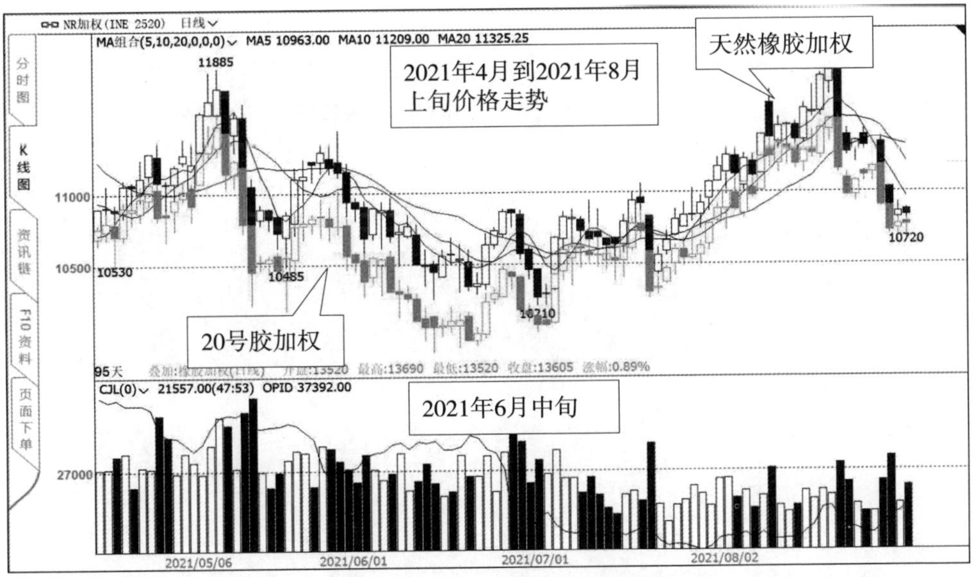

图 14-15　天然橡胶（SCR WF）加权与 20 号胶加权的日 K 线对比走势图

从图 14-15 中可以看出，自 2021 年 4 月中旬开始，天然橡胶（SCR WF）期货合约的价格与 20 号胶期货合约同样经历了一波先上涨再下跌、再上升的振荡过程。二者的价差也同样经历了由小到大，再由大到小的过程。这种价差的变化，其实非常有利于投资者进行跨品种套利操作。特别是 2021 年 6 月中旬，二者之间的价差开始放大，这就是一个绝佳的套利空间。投资者可执行“买入 20 号胶，卖出天然橡胶（SCR WF）”的套利操作，其后，当价差回归正常时，执行平仓操作即可。